国家出版基金项目
NATIONAL PUBLICATION FOUNDATION

中国少数民族设计全集

The Design Collection of Chinese Ethnic Minorities

土族

中国少数民族设计全集编纂委员会 编

山西人民出版社 人民美术出版社

图书在版编目（CIP）数据

中国少数民族设计全集．土族／中国少数民族设计全集编纂委员会编；陈见东等著．—太原：山西人民出版社，2019.10
ISBN 978-7-203-11063-7

Ⅰ．①中… Ⅱ．①中… ②陈… Ⅲ．①土族－民族文化－研究－中国 Ⅳ．① K28

中国版本图书馆 CIP 数据核字（2019）第 242255 号

中国少数民族设计全集．土族

编　　者：	中国少数民族设计全集编纂委员会
著　　者：	陈见东　等
责任编辑：	史美珍
复　　审：	吕绘元
终　　审：	阎卫斌
装帧设计：	谢　成

出 版 者：	山西人民出版社　人民美术出版社
地　　址：	太原市建设南路 21 号
邮　　编：	030012
发行营销：	0351－4922220　4955996　4956039　4922127（传真）
天猫官网：	https://sxrmcbs.tmall.com　电话：0351－4922159
E — mail：	sxskcb@163.com　发行部
	sxskcb@126.com　总编室
网　　址：	www.sxskcb.com

经 销 者：	山西出版传媒集团·山西人民出版社
承 印 者：	山西出版传媒集团·山西新华印业有限公司
开　　本：	889mm×1194mm　1/16
印　　张：	25.25
字　　数：	261 千字
印　　数：	1—1 000 册
版　　次：	2019 年 10 月　第 1 版
印　　次：	2019 年 10 月　第 1 次印刷
书　　号：	ISBN 978-7-203-11063-7
定　　价：	340.00 元

如有印装质量问题请与本社联系调换

中国少数民族设计全集编纂委员会

总 主 编（按年龄排序）
张夫也　王立端　戴晋明　廖　军　王　琥　李豫闽　过伟敏　顾　平
王　强　李　岗
执行主编　王　琥
编务统筹　张明山

中国少数民族设计全集编辑工作委员会

主　　任　刘伟冬
编　　委（排名不分先后）
王　琥　王　峰　王　强　王立端　王浩滢　白　波　过伟敏　许　星
许边疆　李　岗　李　丽　李豫闽　成光虎　肖　飞　余　强　汪传跃
罗　力　杨明朗　陈　述　陈见东　邱　珂　胡万明　顾　平　郑　静
郭立忠　姬　莹　张夫也　张泽国　张明山　张秋平　张耀引　梁盛平
樊　进　谢　玮　熊　伟　熊　微　熊建新　蔡克中　葛　芳　鞠　斐
魏　洁　廖　军　戴晋明

中国少数民族设计全集出版工作委员会

主　　任　胡彦威　周　伟
执行主任　姚　军　欧京海
编务统筹　阎卫斌　周小龙
编　　辑（排名不分先后）
王新斐　史美珍　冯　昭　冯灵芝　吉　昊　吕绘元　刘小玲　任秀芳
孙　琳　孙宇欣　李广洁　李建业　李　靖　员荣亮　张小芳　张志杰
张书剑　何赵云　陈俞江　吴春华　武　静　周小龙　柳承旭　郝文霞
赵　玉　赵晓丽　席　青　秦继华　高　雷　郭向南　阎卫斌　崔人杰
傅晓红　蔡咏卉　翟丽娟　樊　中　薛正存　魏　红　魏美荣
整体设计　谢　成

中国少数民族设计全集·土族

本册著者　陈见东　王元杰　高鹏杰　沈雅楠　王　政
　　　　　　刘应军（土族）
参与撰写　康　棣　黄　冉　徐常乐　迟亚妮　梁　成
　　　　　　张贺峰　陈春园　梁显龙　张青伦

求同存异　和合共荣

刘伟冬

中华民族，是一个由56个民族组成的大家庭。在漫长的文明发展史中，汉族和各少数民族都为中华文明的繁荣发展贡献了自己的聪明才智。纵观中华文明史，其实就是一部各族群之间"求同存异，和合共荣"的文化演进史。

从根子上讲，4000年前的"中国"，仅指北方中原地区，居住在这里的相传是上古时期黄帝部落和炎帝部落的后裔，故而自称"炎黄子孙"。其时的"中国"，不过是黄河中下游（西起陇山，东至泰山）区域。在千年发展与民族融合之后，尤其是晋末"衣冠南渡"，南迁的中原汉族与南方百越民族彻底融合，来自北方的鲜卑等民族融入汉族，使汉族前所未有地壮大发展，逐渐形成后来疆域辽阔、人口众多、物产繁盛、文化昌明的中华民族的主体族群。特别值得强调的是，自从作为一个民族整体之后，中华民族就从未中断过自己的民族发展史——这在世界历史上是硕果仅存、独一无二的。

中华民族具备兼容并蓄、虚心好学的民族天性。仅以设计学范畴的事例讲：在数千年文明发展历史中，中华民族在不断向外输出优秀的文明成果（如烧造之陶瓷砖瓦、营造之榫卯斗拱、织造之丝绸刺绣、锻造之"失蜡"分模等），影响全人类的日

常生活与生产方式的同时，也不断地吸纳域外各民族的优秀文明成果，如汉魏之印度佛教和西域音乐、隋唐之西亚服饰和家具、宋元之东洋印染和漆艺、明清之西洋机器与建筑……在中华民族内部，这样的文化交流更是从未停止过，而且是风生水起、枝繁叶茂，愈发流畅、深入，中华民族各族群之间"求同存异，和合共荣"的文化大演进，共同创造了中华民族极为灿烂辉煌的造物文明历史。仍以设计学范畴为例：原本是匈奴人发明的单足绳圈，被晋代的汉族人设计成铁质双镫；最早是鲜卑人原创的毡毯卷边，被晋代的汉族人改造成"高桥马鞍"，这宗中国式马具设计案例，被誉为"13世纪中国传入欧洲的最重要文化成果"（李约瑟语）。再如，西域（今新疆地区）是全世界最早的皮靴生产地，哈尼族为主的红河地区出现了全世界最早的梯田。再如，全世界最早的"干栏式建筑"和全世界最早的稻米人工育种、栽培，均起源于长江中下游的百越地区；全世界最早的竹藤编结器物起源于闽越地区……由中华民族共同创造、发明，后来又影响了全人类文明进程的优秀造物设计案例很多，不胜枚举。几千年中华民族的文明史，就是各种文化多元融合、共同发展的最好例证。不了解中华民族内部各族群的文明交流史，就无法真正理解中国文化史，也不能理解为什么中华民族总是能在逆境中成长强大。甚至可以说，能否完整地理解中华民族的文化史，是检验每一个当代中国知识分子（特别是文史哲专业的学者）文化立场的"试金石"。

随着改革开放的逐渐深入，各民族地区的经济与社会状态已发生了天翻地覆的变化。令人遗憾和担心的是，由于各地区政策执行力度不平衡，保护措施不得力，少数民族的文化特性正在逐步衰退，有些地区的少数民族文化特征甚至已经消失殆尽，仅仅

存在于徒具形式，充满口号、标语的民族文化村旅游景点中。有学者预言，再不加快整理抢救工作，中国的少数民族可能在物质形态和文化内涵的特征上，若干年后将不复存在。

从少数民族地区反映古代中国社会某些面貌的文化遗存看，这些少数民族之所以一直与汉族地区差距巨大，存在多方面的原因，其中历代汉族统治者对少数民族的歧视政策是主要原因。此外这些地区本身就处于偏僻荒地，不是沙漠就是山区，自然条件远不及汉族聚集地区，社会发展水平滞后。20世纪50年代，有相当比例的少数民族在当时仍处于原始农耕社会或奴隶制社会，不要说通电、通水、通汽车，不少人一辈子连铁器长什么样都没见过。部分少数民族聚集地的各种自然条件也较差，缺肥少水，基本生活来源，一靠老天爷恩赐的"望天收"农作物；二靠家庭手工作坊制作些竹藤编结物和土织、土陶等土特产来换取粮食；三靠养猪、兔、羊和鸡、鸭、鹅等家禽来换取日用品，如灯油、农具、衣物和油盐酱醋等；四靠为土司、头人和大户们出卖劳力（社会底层奴隶身份），年老即被抛弃。中华人民共和国成立后，党和政府在这些地区实行社会主义改造，打倒以土司、巫师和头人为首的剥削阶级，将土地和生产资料一律收归集体所有，解放了全体少数民族民众，使他们历史上第一次有了自由劳作和生活的权利。

中华人民共和国成立之初，党和政府就高度关注民族事务问题，为如何保护、关心各少数民族制定了一系列方针、政策，也为当代中国社会处理民族问题、保护民族文化树立了光辉典范。中央人民政府政务院于20世纪50年代初发布了《关于民族事务的几项决定》，为新中国民族政策奠定了最初的思想基础，其主要内容是：一、各大行政区军政委员会（人民政府）须指导各有关

省、市、行署人民政府认真推行民族区域自治及民族民主联合政府的政策和制度，并随时向政务院报告推行经验，请示者须事前向政务院请示。二、各大行政区军政委员会（人民政府）须指导各有关省、市、行署人民政府认真并有计划地实行政务院在1950年颁发的《培养少数民族干部试行方案》，并将该项工作进行情况定期加以检查，每半年向政务院报告一次。中央民族学院及西北、西南、中南各军政委员会和新疆省人民政府的民族学院，必须依计划实行，并向政务院报告。三、政务院于1951年下半年适当时间将同时召开有关少数民族的卫生、教育及贸易三个专业会议，责成政务院文教委员会、中财委指导中央卫生部、教育部、贸易部开始筹备，并责成中央民族事务委员会协助进行。有关部门如农业部、文化部也须派人参加。四、责成中央人民政府各委、部、会、院、署、行注意建立有关民族事务的业务。五、在政务院文教委员会内设民族语言文字研究指导委员会，指导和组织少数民族语言文字的研究工作，帮助尚无文字的民族创立文字，帮助文字不完备的民族逐渐充实其文字。六、扩大中央民族事务委员会委员名额，责成中央民族事务委员会提出补充名单的建议，并于1951年下半年召开中央民族事务委员会扩大会议，检查与总结关于推行民族区域自治及民族民主联合政府的经验。

20世纪50年代，中央人民政府和政务院，曾多次组织"中央慰问团""土改工作队"和"普查工作队"等，花费大量人力和物力，深入各少数民族地区，进行了大量较为翔实的社会历史调查。50年代这轮由政府统筹、由中央民委组织行政领导和人类学、社会学专家学者以及民族同志组成工作队与考察队的少数民族大考察活动，1953年正式启动，1956年结束（个别地区延期至1958年才结束）。直接成果之一，就是为1956年国务院公布的55

个少数民族的正式定名和划分，提供了可靠的依据。

从当时考察的资料看，各少数民族的社会发展水平参差不齐，不少民族呈现类似汉族曾经历过的各种历史发展状况，为我们今天考察、了解并研究过去的历史以及各学术分支问题，提供了绝好的活体范本。比如以"设计发生学"研究为例，以山寨（村落）为主的初级社会组织形态，原始手工业在农耕环境中的地位，原始造物的手工技艺与设备、工具等，都是我们极感兴趣的研究对象。

在西北、西南和东北各少数民族聚集地区，有些古时流传下来的本民族手工造物技术，迄今仍保存良好。其吸收了汉族和其他兄弟民族的技术长处之后演变出来的各时段手工造物技术，则印证了各民族互相融合、取长补短的史实。更有些原始手工艺，特别具有艺术和历史研究价值。以维吾尔族人为例，本世纪初，笔者在新疆喀什城艾格孜艾日克老街看到几样手工艺绝活：其一是整条街的维吾尔族乐器店，除了热瓦普、曼陀林和冬不拉等少数维吾尔族知名乐器外，全是些笔者叫不上名来却似曾相识的弹拨乐器和拉弦乐器，于是从心里认可了"西域古乐成就了中国传统民乐"这句话所言不谬。其二是亲眼所见一个拖着鼻涕的不到10岁的维吾尔族小男孩，拿着电砂轮在铜壶上信手飞快地刻着精美细腻的图案，一不要底稿，二没有图纸，真是佩服得五体投地，也相信了"汉族人长于热铸，西域人长于冷锻"这个说法。其三是在喀什近郊著名的大巴扎"金器一条街"上看见近百家金店生意红火，家家门前毡毯上都围坐着一群金店伙计和顾客，正在热烈讨论、共同设计着花样繁多的未来金饰嫁妆，感受到了"中国传统样式的金银首饰工艺，最富有创意的设计和最先进的工艺制作，原来在维吾尔族人手里"这句大实话。还有，笔者

在云南景洪县城集市上，曾亲眼见过景颇族老乡用古老的"焖烧法"烧出的红彤彤的土陶——跟笔者一知半解的仰韶彩陶的烧制工艺几乎一模一样。还有，笔者在大西北甘陕宁各省亲眼所见的回族、保安族、裕固族和东乡族老乡巧手做出的那些花样繁多、样式复杂的面塑造型，真是个个精妙绝伦。这方面的事例实在太多了。

50年代的少数民族地区社会大普查，以及半个多世纪以来社会各界对其丰富而珍贵的考察、研究，意义深远，价值极为重大。这些地区客观上保存的较为完整的、与数千年前中国原始社会最初形态近似的许多社会特征，为我们研究社会的最初形态形成和当时的经济、文化、政治的基本状况以及"设计发生学"的相关课题，提供了珍贵的类型学"活化石"范本，价值非凡。改革开放以来，这些少数民族地区也获得了前所未有的巨大发展，人民生活日新月异；但与此同时，少数民族地区的民族性在不可避免地愈发衰减、退化，甚至消失。如果我们再不采取保护措施，若干年后，各少数民族的许多宝贵民族文化遗产将无法挽救地彻底消亡，这部分同属于全人类精神财富和中华民族集体智慧的宝藏，我们将再也看不到了。

在"设计发生学"问题上，我们一向秉持文化多元论的观点，认为人类文明是全世界人民共同创造的，各国家、地区、民族均做出过大小不一、形态各异的贡献；同理，中华民族的灿烂文明是中国的各族人民共同创造的，每个民族都对中华传统文化做出过贡献，也都应当得到尊敬和肯定。中国的各少数民族在中华文明漫长的演化过程中，都曾经以自己独特而充满智慧的文明成果，补充、完善甚至改良着中华文明。比如，古代西域的龟兹古国各民族创造或引自西亚的弹拨乐器和拉弦乐器以及音律、曲

式，彻底改造了中国古代音乐，新创作出代表中国古乐精髓的江南丝竹；南疆的维吾尔族和北疆的哈萨克、塔塔尔、塔吉克等族首创了制革术，并引进古波斯革皮书籍装帧术和制靴术、制毡术、毛衣编结术；海南岛的黎族率先种植棉花并纺织棉布，传入内地后棉织业逐渐形成中国古代手工行业的"天下第一营生"……保护少数民族的民族文化特性，就是保护我们的历史遗产，就是传承我们的文明。我们应进一步发扬文化兼容的优良传统，把振兴中华的百年民族复兴梦，逐步落实为将大中华建设成为中国各民族共同拥有的美好家园。

由上千名来自全国各高等艺术院校的教授、研究生组成的55支团队参与编撰的《中国少数民族设计全集》（55卷），正是有识之士基于对各少数民族的民族文化特性正在快速衰减、消亡的严重现实问题的深切忧虑而进行的抢救、发掘、整理中国少数民族文化遗产的重要文化工程。经过两年精心筹划，六年努力写作，在国家出版基金管理部门的支持下，在山西人民出版社和人民美术出版社的策划和组织下，目前《中国少数民族设计全集》的书稿编撰工作已基本完成，即将付梓。在长达八年的漫长过程中，全国兄弟院校各团队涌现出的各种可歌可泣的事迹经常感动着笔者，并不时鞭策着全体作者克服千难万险，一路向前。有的分卷作者身患绝症仍不眠不休地忘我工作，有的分卷作者遭遇各种意外仍坚持工作。特别是，很多民族同志公而忘私、不计较个人得失，有人不惜将自己赚钱的企业关张歇业，全身心地投入各自所负责分卷的繁重编撰工作中；有人义无反顾地将自己珍藏多年的本民族实物、资料和研究成果无偿提供给相关分卷作者。大家万众一心，克服各种复杂得难以想象的困难，以确保这部凝聚了众人八年心血的巨著，能按计划如期完成。借此机会，笔者谨

代表本丛书编委会全体成员，向领导、编辑和作者们表示衷心的感谢！

作为一项文化创举，笔者深信《中国少数民族设计全集》必将在未来岁月的长期检验中，愈发显现其非凡的、独特的文化价值。

2017年夏季于南京

前言

一、概 述

土族是中华民族大家庭中的一员，属于我国古老民族之一，具有悠久的历史文化。现有人口约29万人（2010年第六次人口普查），主要分布在青海省互助土族自治县、大通回族土族自治县、民和回族土族自治县、黄南藏族自治州的同仁县以及海东市乐都区，其他则散居于海北藏族自治州的门源回族自治县以及海西蒙古族藏族自治州等地；另外还有3万多人聚居于甘肃地区。

土族普遍信仰藏传佛教，尊崇宗喀巴传力的格鲁教（俗称黄教）。除了藏传佛教之外，萨满教也是土族人民心中的原始信仰，其名曰"孛幹"。这种宗教相信宇宙之万物皆有神灵存在。土族人民信奉宗教、遵守礼节，他们的许多生产生活、风俗活动都是围绕着教义展开的。其中以背佛经转山活动为代表。

背佛经转山是以整个自然村落为单位，内部所有信仰者参与的宗教信仰活动。在活动过程中，除极个别家庭因严重缺乏男性成员而不得已请人替补之外，原则上不吸收外部成员，内部的成员也不参加其他村落集体性的宗教信仰活动，因此，这种活动是比较封闭而神圣庄严的。背佛经转山的日期每一个村落也不一样，每年这种活动的次数也并非固定，如果当年庄稼收成好，来年只是做一次小规模的转山活动。背佛经转山这类宗教信仰活动，是土族农业经济发展到一定时候而产生的一种文化现象，土族人民信仰藏传佛教，期望借助佛教的光明来趋避自然灾害的黑暗，实现丰衣足食的愿望。因此，在以农耕经济为主的土族人民当中是每年的一件大事。

民俗活动是每一个民族的历史伴随文化现象，它体现在民族生活的方方面面，是各民族社会文化最重要的组成部分之一。土族民俗活动是土族人民历史层层积淀而形成的风尚、习俗体现，是由土族人民传承的丰富的文化事象的总和，其民族特色浓郁而丰富。

最有代表性的就是花儿会和纳顿节。每年六月份来临，山花烂漫，男女青年都要到此谈情说爱，交流感情。唱花儿是土族人们文化生活中主要的形式之一。男女老少几乎人人会唱爱唱。传统的花儿会一般少则一天，多则数天，在此期间，歌声此起彼伏连绵不断，场面十分热烈。与花儿会不同，纳顿节是土族传统节日，以传统的大型舞蹈为主要活动形式，规模宏大，场面较为隆重热闹，活动范围广达数十里。

几千年前土族先民来到美丽富饶的青海湖定居，世世代代在此繁衍生息，发展到今天已经成为拥有众多人口、灿烂文化的少数民族，和其他55个民族一起活跃在历史舞台上。关于土族的起源目前说法不一，归纳起来大致有两种主要说法。

其一认为土族是吐谷浑后裔，是一种比较早的观点。吐谷浑说最早出现在《蒙藏周报》1929年发表的《青海各民族纪略》一文，文中指出："土人，除蒙、藏、汉、回四种民族之外，还有一种民族，叫作土人，是别的省份里所没有的……有人说，他们是晋时吐谷浑的后裔，但没有可靠的证据。"后来的张启昀先生更加肯定吐谷浑说，他认为"此类土人为青海省独有"，否定了世人因为土族与蒙古族语言相近而认为土族起源于蒙古族的观点。吐谷浑在南北朝时曾建立政权，率领族人定居于青海湖畔，在历史上占有重要地位。后为吐蕃所灭，迁至甘凉肃一带，残留于青海的族人后自称土人，加之明初由南方迁居而来的新移民而形成土族的原始形态。陈寄生先生在《甘肃青海土族之史的考察》及《青海土人为吐谷浑后裔考》中明确提出吐谷浑说。他运用历史学的角度论证观点。一些外国学者从语言学角度得出土族是蒙古族或与东胡有一定渊源的结论。1980年，顾颉刚先生指出，土族自称有土谷家、土户家，土谷、土户即吐浑、退浑的音转，并在《从古籍中探索我国西部的古代民族——羌族》一文中较为详细地论证了吐谷浑与土族相承关系。

其二认为土族是蒙古后裔，这是一种流传较为广泛的观点。在《西陲宣化使公署月刊》1936年发表的第一卷《青海旅行记》中提出："我们现在对于青海土人种族的源流，可以下一个蒙古种的结论。"文中指出：土族先民的语言袭用蒙古语，外形酷似蒙古族人民，黄色的皮肤，黝黑的头发，黑色的眼睛和厚厚的嘴唇，地理位置上又与蒙古族相邻。由此认为土族起源于蒙古族。张德善先生也曾撰文说："青海土族，本可概括与蒙古族内。"汪公量先生则给出了相应的历史依据证明蒙古说：土族先民曾分两期开进河湟流域定居，一支队伍同自东徂西的鞑靼合并成为土族第一支源族，后来又接纳了成吉思汗远征军中的遗留部队。直到元末，蒙古兵马依然长期驻扎屯田在西宁州附近。这些蒙古人的后裔成了土族第二支源流。秦永章先生在《甘青宁地区多民族格局形成史研究》中提供了许多史料依据，其中有汉文记载的土族族称、语言、本族口碑资料、藏文史料等。此外还从服饰、饮食、宗教信仰等角度考察，认为蒙元时期进入甘青地区的蒙古人是今天土族主体构成的主要来源。

另外还有一种非主流性的观点认为土族是晋王李克用的后裔，即沙陀突厥说。这些记载大都来自民间口头传说以及李土司家族谱记载。

由于土族本身人口较少，又处于极端的地理环境中，甚至没

有属于自己的书面语言，能够在滚滚历史长河中保留下来，不屈不挠、繁衍生息，不得不说这本身就是一个伟大的奇迹。土族人能够发展到今天，与他们勤劳勇敢、坚忍不拔的民族特征有极大的关系。他们在自身的发展进程中创造了丰富的物质文明和精神文明，他们和毗邻的各民族和平相处、互相学习，成为中华文明宝库中的一朵绚丽奇葩。

二、生产生活活动及劳动工具的特征

土族在历史上属于纯粹的游牧民族，元代以后开始耕作田地，接触农业，但还没有完全脱离游牧生活。明朝时期汉人大量移入，导致土族开始向农业生产过渡。在经历了明、清、民国之后，土族的农业得到了空前的发展。

如今的土族田间地头已经很少看见传统的人力耕作方式，二牛抬杠带入机械生产，拖拉机割草机开进了土族居民家中，农业转向科技化机械化。但今天的老式土族居民家中，仍然能看到传统农业生产工具，而这些劳动工具仍然体现出一定高度的制作技术水平，是凝聚了土族人民智慧的结晶。这些劳动工具不止具有浓烈的民族特征以适应生产环境，还结合了毗邻的其他少数民族风格，更是吸取了大量汉族的科学技术，大大方便了农民生活。例如撒种子盒，精巧细腻的做工展现了土族人民极高的智慧，细节处的合理设计体现出他们质朴实在的生活理念。

土族人民吃苦耐劳的性格来源于艰苦的生活条件和地理环境。他们早期从事畜牧经济，与所有的游牧民族一样，饮食结构自然是以肉、酪为主，青稞、小麦、大麦是他们的主要粮食作物。一直到今天，奶茶、酥油茶、糌粑和手抓羊肉仍然出现在他们的餐桌上，甚至被当作上等饮食，招待客人时就端出大块肥肉和大份炒面。随着游牧经济向农业经济的过渡，土族的饮食结构也随之发生了改变，馍馍、锅盔和饺子出现在他们的餐桌上。

三、生活器具的艺术化设计特征

明清时期，土族的手工业有了一定程度的发展，制陶工艺在土族生产活动中被广泛使用，陶制生活器皿在生活用具中占有极大的比重。青海与甘肃地区制陶工艺历史悠久，有着很高的艺术价值和使用价值，发展至著名的马家窑文化时已达到远古彩陶文化的顶峰。典型的马家窑陶器包括细陶土制成的罐与碗，常以黄色或红色作底色，上有亮黑色的装饰。装饰图形的特色为弯曲漩涡线条，中心点缀圆点，另外也有波浪形线条或平行交叉的线条设计，在罐或瓮上尤其常见。

青海土族的生产工具和农耕技术与附近汉族大体一致。随着经济发展，手工业制造也在不断进步，出现了更为方便实用、美观精致的器皿。而该陶罐作为日常生活使用的器皿，以简单的设计和做工幸运地被保留下来，今天仍然能在土族居民家中找到。

木器制作也是其传统的民间工艺。土族人民制作的木器设计简洁，制作简单，操作方便，深受人们的喜爱。造型虽不繁复，但不失典雅大方，木质的材料较之其他材质显得尤为坚固而有韧性，耐磨性能好，密致性强，具有很好的抗腐性，成本低廉，而且经久耐用，不易破碎。

近年来，随着社会生产力迅速发展，日用品制作工艺日趋精细，花样也愈加多样化，丰富了土族人民的日常生活。同时随着时代的变迁，科学技术不断发展，木质陶制作为重要材料已渐渐淡出人们的视野，取而代之的是各类玻璃、塑料等质地的制品。

四、服饰特征及盘绣艺术

土族文化,历史悠久,在元末明初以族体身份登上历史舞台,此后大量出现在文字典籍记载之中。在漫长的历史进程中,土族居民创造了独特的历史文化和民俗风尚,包括色彩丰富的艺术装饰、音律动人的音乐和姿态优美的舞蹈等等。这些艺术形式都表现了土族人民对生活的热爱,表达了一定浪漫主义情怀。

其中最具民族特点的就是土族传统服饰。土族古老悠长的历史文化发展使其形成了独特的民族风格,时代的发展使土族服饰有了较多变化,但基本的形式并未发生变异:翻沿帽子保持喇叭口形状,开衩式旗袍、腰带、长筒靴鞋继续保持着传统的魅力。不变的特征,表明了土族是来自北方草原的游牧民族。土族服饰男女有别、老幼有别、季节有变化,样式之多,令人惊叹。而土族服饰特点集中体现在色彩运用和盘绣艺术上,形成了不同于其他民族的服饰文化。在色彩上,土族喜好七彩之色,用红、黄、白、蓝、绿、黑、紫等七色作为袖套缝制在袍子或短衣的袖口,另配以首饰装饰,与青山绿水极为融洽。而最具代表性的还要数土族的盘绣艺术,它甚至成了土族的重要标志。

土族人民对于美的要求之高体现在生活中的方方面面,大到墙壁绘画,小到首饰盒纹样都精益求精。盘绣,是智慧的土族人民的劳动结晶,它美丽大方,色彩艳丽,是青藏高原上一颗璀璨的明珠。盘绣艺术历史悠久,风格独特,用料考究,加工精心,制作手法巧妙,图案构思丰富而奇特。土族人民将盘绣艺术运用到服饰装饰中,分别在领口、前胸、下沿、袖口以及胸、腰、腹、脚等部位。从博物馆中展出的马鞍、盔甲和战袍等服饰中也能看出盘绣装饰。众所周知,土族先民是游牧民族,军队披坚执锐,而盘绣具有结实耐磨的特征,符合军备要求。传承千年的土族盘绣,其传承方式以母传女的继承方式为主，其文化与艺术的价值不可低估。土族盘绣色彩缤纷，图案逼真，体现出本民族的审美态度和价值判断。现在，盘绣已经被收入国家非物质文化遗产名录，相信在人民政府的大力保护和倡导下，盘绣这朵高原之花将会越开越艳丽。

目前，随着经济全球化潮流的涌动，大众服饰越来越多地进入了土族人的生活当中，对土族服饰造成了一定的影响。现在，除了老年人之外，大家在日常生活和生产劳动中都穿着便利的大众服饰，仅在宗教活动、婚丧嫁娶、节庆集会等活动中才穿戴民族服饰。

五、建筑与人文环境

日常土族民居也十分具有民族特点。土族群落常常形成大杂居、小聚居的居住特点，青海省互助土族自治县聚居的土族，习惯定居耕牧，村落都建在周围有耕地的山坡下的缓坡地带、山沟里。"日麻"为土族语，汉语"庄廓"之意。"日麻"一般都是单门独户小庭院，占地面积三四百平方米，筑正方形围墙，有在墙头续砌1米左右梢墙。大门多为单扇门，门顶上还有一间小门楼。大门最主要的装饰为门头木雕，装饰花卉云纹图案。大门一面的墙半腰用白卵石镶嵌宝塔形图案。主体建筑风格以松木雕花为主，大门色彩则以土黄色与青砖色为主，与自然环境相辅相成。

土族人家大门的方向依山势而定，并在主房对面设置。安大门时特别注意选择照山，也就是大门必须对准正前方最高大、最雄伟、最完整的山。照壁的顶部放置三块用以镇邪的白石头，一般在照壁背后种三株松树或杨树为陪衬，在照壁墙洞里往往还放一只石狮子。庭院围墙都比较高，而且墙面光滑整齐。整个墙体成梯形，四个墙角的顶部放置四颗白石头，表示安神（土地神）。土族人

居住的主房称之为"大房",这种木质结构的建筑,大胆吸收了北方地区常见的平房类民居特点,独具匠心嵌上了花草鸟兽之类的装饰,均由当地民间工匠亲手 精心雕刻而成,材质以松木为主,体现了土族原生态民居的审美趣味和庄严感,将土族民间艺人的理念、艺术表 现手法代代传承了下来,流传至今。

院内正中有正方形的小花园,花园的中心部位竖有嘛呢旗杆,旗杆上悬挂着印有六字真言或平安经的蓝白布经幡,以避邪除灾,保佑四季平安。每户庭院中央设有中宫,其下埋有宝瓶,靠主房的方向设一尊煨桑炉。年长者每逢初一、初八、十五的清晨,洗漱后在煨桑炉点燃柏树枝叶,煨桑敬佛,云雾缭绕,香飘满院。

高寒地区的土族人,除了夏天,人们大都睡热炕。热炕有两种,炕面用泥做的叫泥炕,用木板做的叫板炕。土族人无论农闲时话家常,劳作后品酽茶,还是全家吃饭,佳节待客,都把热炕作为家庭活动的中心。暖融融的热炕上,除了花团锦簇的缎被缎褥,大方雅致的毛毡厚毯,还有摆在炕边的炕桌等炕上家具。

土族民居的家具也极具艺术特色和民族风格。炕桌多为长方形的藏式饮茶桌,还有与火盆架大小相对、高低相等的连套桌。炕桌高不盈尺,宽不足米,一般以尖杨柳木嵌边,以黑刺木或桦木作套芯,漆以桐油,桌边光洁清淡,桌心纹繁色浓,显得格外雅致。藏式饮茶桌面上还以彩色油漆画上花卉禽兽、山水楼宇等图案,其色泽绚丽,画面动人;桌面下,安装着单面或双面抽屉,可随手放置茶碗,十分便利。连着火盆架的炕桌,则别有意趣。隆冬季节,屋外雪花飘飘,北风阵阵,屋内则炭火腾腾,笑语声声。

土族人炕上家具除了炕桌还有门箱、炕柜等。门箱专门用来存放衣服布料,是理想的点缀物件。炕柜上与屋顶衔接,下与炕面相连,浑然一体,分外大方。土族人的门箱、炕柜的门面上绘有凌霜吐香的梅花、挺拔苍劲的松树等。

结　语

土族人民自古以来就在世代传承的疆域里劳动生息，一直以勤劳勇敢、坚忍不拔的精神开拓前进。在人类社会发展的各个时期，他们用创造性的劳动，施展聪明才智，谱写出具有民族特色的历史篇章。他们在不断地继承和发扬民族的优良传统和优秀文化，用自己的力量推动历史的车轮前行。

编者认为，对于土族悠久历史的研究并不是一蹴而就的，本书的编写只是一个初步的尝试。只有保持严谨的学术精神，持之以恒，不懈努力，才能完成一部完整、系统的土族研究作品。

目录

第一章 土族传统建筑

土族北庄古城堡传统聚落 002
民国土族本康 006
民国土族油坊 010
土族民居院场 014
土族平轮水磨坊 017
土族柴房 021
土族木门 024
土族土灶台 028

第二章 土族传统服饰

土族"黑虎下山"绑腿带 032
土族带毛皮帽 034
土族男子毡帽 037
土族已婚女子毡帽 041
土族男子棉布高领斜襟白短褂 043
土族女式褡裢 047
土族女子插花礼帽 050
土族女子花袖衫 054
土族女子四角方巾 057
土族盘绣花头腰带 060
土族五彩珠项链 063
土族男子大领斜襟羊毛长棉袄 066
土族女子绣花腰鞋 069
土族男子绣花双楞子鞋 073
土族侧开红坎肩 076
土族耳坠 079

土族流苏　083
土族男子大襟长袍　088
土族拼接式女外裤　091
土族辫筒　094
土族新娘扭达　099
土族纳什金服饰　103

第三章　土族传统餐饮

土族陶质水罐　108
土族提携式烧水铁罐　111
土族带嘴水罐　114
八十年代土族陶质单柄油罐　117
土族小油壶　120
民国土族陶质褐釉酒罐　122
土族陶质褐釉酿酒缸　125
土族食物刨磨器　129
土族焜锅　132
土族搪瓷碗　135
土族舀水抄　137
土族舀水勺　141
土族长柄木勺　144
土族炒面盒　147
土族兔子皮炒面袋　150
土族食盒　152
土族木碗橱　156
土族木质镂空筷筒　159
土族竹编筷子笼　161

第四章　土族传统生活用具

土族木推车　166

土族马鞍　170

土族木质筛子组合工具　174

土族石臼　178

土族针线包　181

土族制皮工艺刮刀　184

土族铁质手刀　187

土族双柄刮刀　190

民国土族熨斗　193

土族胡麻转子　197

土族火盆和火盆架　201

土族油灯　204

当代土族储物桶　208

土族床脚柜　211

土族彩绘木盒　213

土族木方盒　215

土族饰品盒　218

土族烟丝盒　220

土族木柜　223

土族小木几　226

土族银质烟斗　228

第五章　土族传统生产工具

土族皮质连枷　232

土族石磨　235

清末土族木质十字打孔器 238
土族草叉 241
土族镰刀 243
土族耧车 246
土族木质推板 250
土族梼子 253
土族铁辕犁 256
土族柳编背篓 259
土族推耙 262
土族木质钉耙 265
土族木铲 267
土族撒种盒 269
土族筛（箩） 272
土族织布机 276
土族木槌 281
土族手拉风箱 283

第六章　土族传统手工艺

土族盘绣纹样 290
土族羊皮梆梆舞手鼓 294
民国土族吹奏器及饮水器牛角号杯 298
现代土族钢制轮子秋 300
土族女子两根发辫 304

第七章　土族传统民俗和宗教造像

土族花轿 308
土族婚礼习俗 311

现代土族砖砌煨桑炉　316
土族煨桑罐　319
土族嘛呢旗杆　321

后记　325

第一章 土族传统建筑

土族北庄古城堡传统聚落

图一　土族北庄古城堡传统聚落主图

　　北庄古城堡建于四周山林环抱、地面较为平坦的中心地带或者缓坡地带，不仅光照充足，而且避风，同时在缓坡地带也利于排水。聚落附近的可耕作区种上不多不少的农作物，但这并非是古城堡居民的唯一生活来源。从远处看，北庄古城堡呈现出一种封闭内向型的村落组织结构，每家每户的地理界限、人际关系分明，形成相对独立的封闭社区。北庄古城堡的村庙建在聚落的边缘处，这也是土族传统聚落一贯的建筑规划传统。从远处看，村庙白色的建筑清晰可见。

　　进入村落的内部，有一个十分显著的特点，就是内部的每家每户都由土墙分割，边界明显，但又紧紧相连。这是土族居民的一种封闭性的社会生态特征。聚落农忙时居民通力合作，男女老少皆为之，无事则各居其所。从建筑上看，聚落的建筑以石头、黏土为主要建材。屋顶多为平顶，并且有些屋顶围有木制篱笆。

　　北庄古城堡居民的房屋多为两层，底下一层有两个房间，两个房间被中间的大门隔开，门口铺有几层石阶，大门两边也由石块装饰而成。进入门内便是通往二楼的台阶。二楼的房顶是北庄古城堡特有的建筑，屋檐前后四个角如尖喙翘起，中间铺满砖瓦，大有古代宫廷建筑的特点。并且每家每户大多树木环抱，体现人与自然的和谐统一。聚落最重要的建筑当属村庙。土族的每个聚落都有村庙这一建筑，当地居民有着自己的宗教信仰。门楼由上下两层构成，外墙用灰色以及白色的涂料粉刷。木制屋檐伸出很长的一段距离，凸显着一种威严神秘的气氛。

北庄古城堡聚落的建筑规划风格，是土族居民生活风俗的产物，土族人民群居而生，封闭性强，有着自己的生活习性、宗教信仰，其村落俨然是一个秩序井然、庄严肃穆的小型社会。（梁成）

图片来源
图一　王元杰　摄影
图二、图四、图五、图七　承恺　制图
图三、图六、图八　高鹏杰　摄影

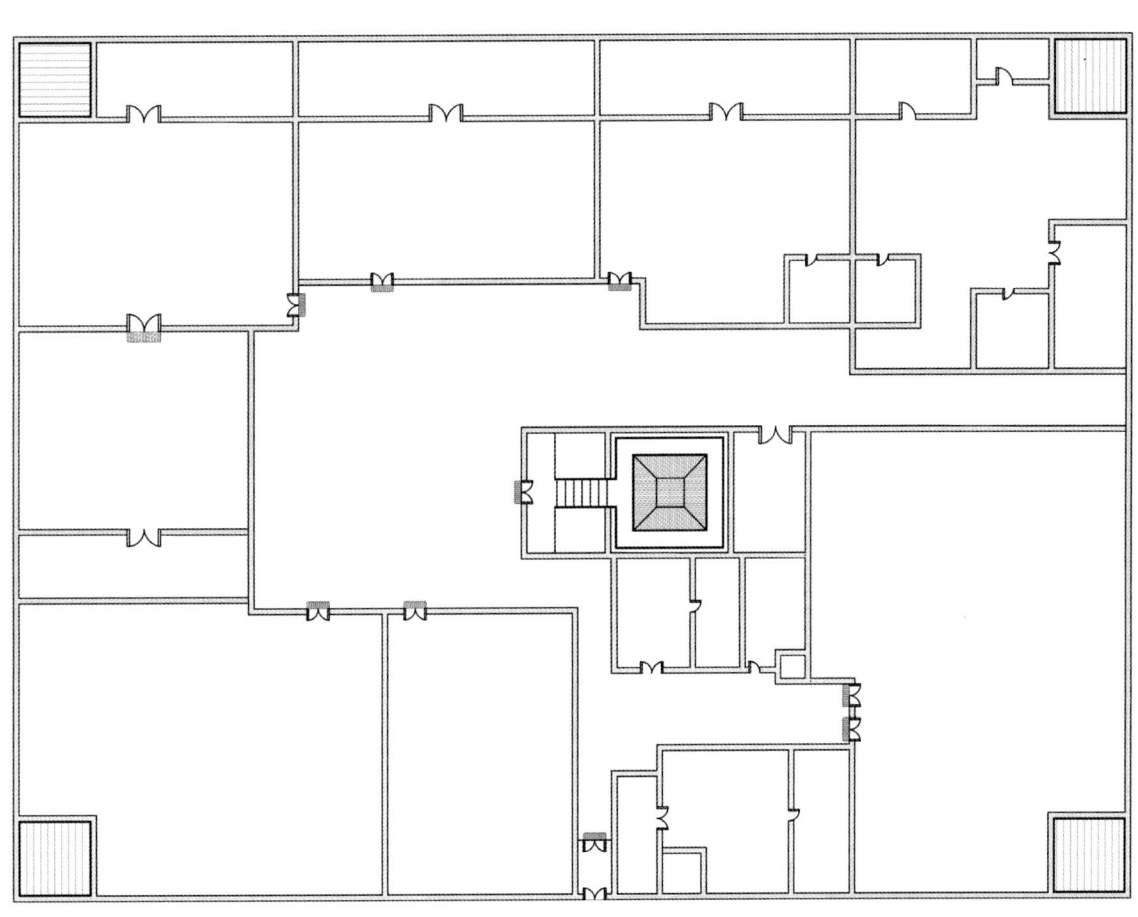

图二　土族北庄古城堡传统聚落平面示意图

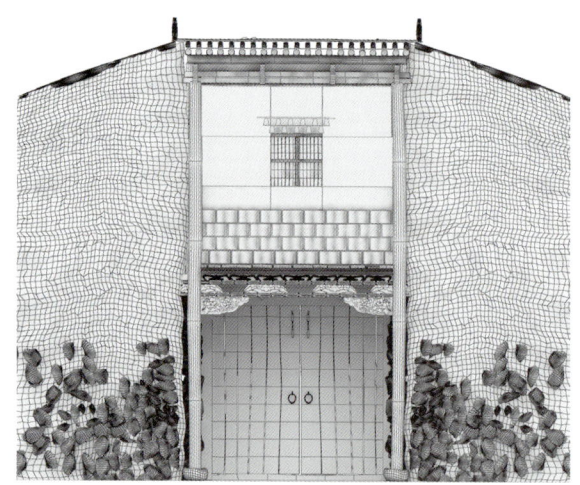

图四 土族北庄古城堡传统聚落门楼模型效果图

图三 土族北庄古城堡传统聚落门楼效果图

图五 土族北庄古城堡传统聚落门楼模型解析图

图六 土族北庄古城堡传统聚落效果图

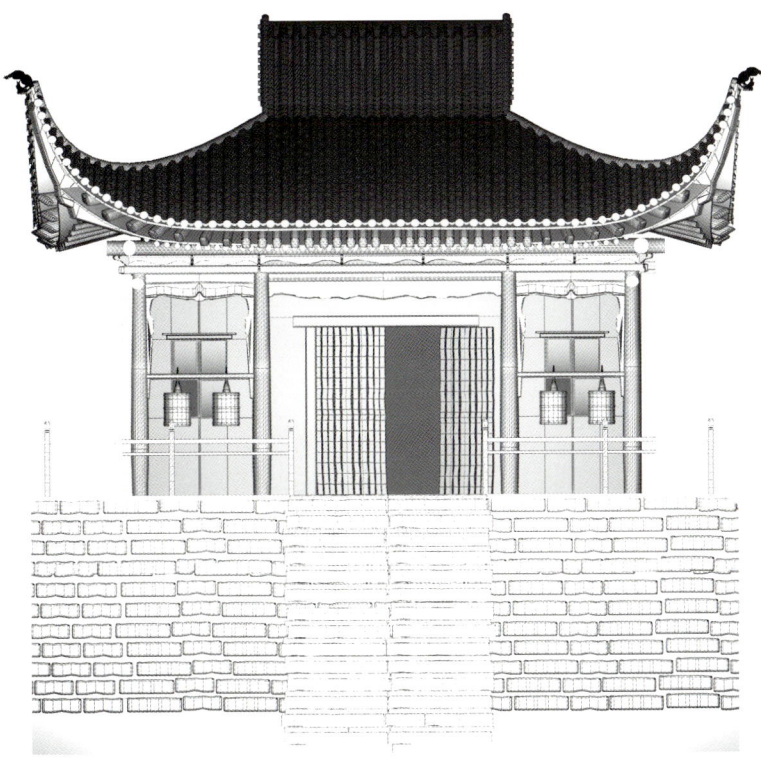

图七　土族北庄古城堡传统聚落寺庙模型效果图

图八　土族北庄古城堡传统聚落寺庙内部装饰图

民国土族本康

图一　民国土族本康主图

"本康"二字是藏语，意为十万佛像所居住的殿堂，是源于藏族的一种建筑。修本康是一种祈福禳灾的宗教文化现象。本例中的"本康"坐落于青海互助土族自治县。

"本康"是座四方的亭子，顶部是瓦，内部为纯手工雕刻的木榫结构。周围立有木质圆柱，亭子内的正中央有一砖石砌成的佛殿，四面墙体以石灰抹平，其上作画。画的正上方有一木质牌匾，两边有对联与之呼应。亭子四周各有台阶与入口。本康，通常选址于村庄前或者风水宝地，经由通晓五行八卦的喇嘛卜卦后，方可动工修建。因作用的不同，本康可分为不同的类型，有长寿三尊本康、度母本康、马头明王本康、莲花生大士本康、小神塔本康等等，其宗旨与出发点都是：祈求平安，消除灾难，佑护四方生

图二 民国土族本康仰拍图

灵。本例中的为度母本康。每年初三、十三等日围绕"本康"念经，也就是转山。本康是非常神圣的地方，因而其四周必须保持干净，不能倒垃圾，不能动土，以示对佛的敬重。每年请喇嘛念经，还要一名"煨桑"人和一名吹海螺（什冬）的人，意思是用它的声音去呼唤诸佛，使佛觉醒并驱除一切灾难，给当地百姓造福，并寓意平安吉祥。

本康作为藏传佛教文化的存在形式，历史横跨1000多年，今天已成为研究佛教文化不可或缺的重要组成部分。本康集建筑、绘画、雕塑于一体，神圣而庄严，对后人研究佛教文化、绘画、建筑及雕刻都起着非常重要的作用。（罗德艳）

图片来源
图一至图三 王元杰 摄影
图四至图八 承恺 制图

图三 民国土族本康房檐结构图

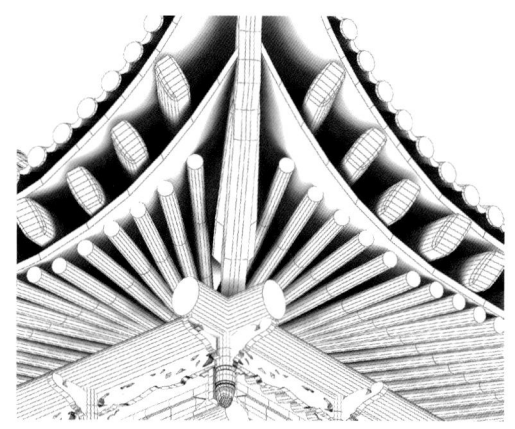

图四 民国土族本康房檐细节示意图

图五 民国土族本康模型效果图

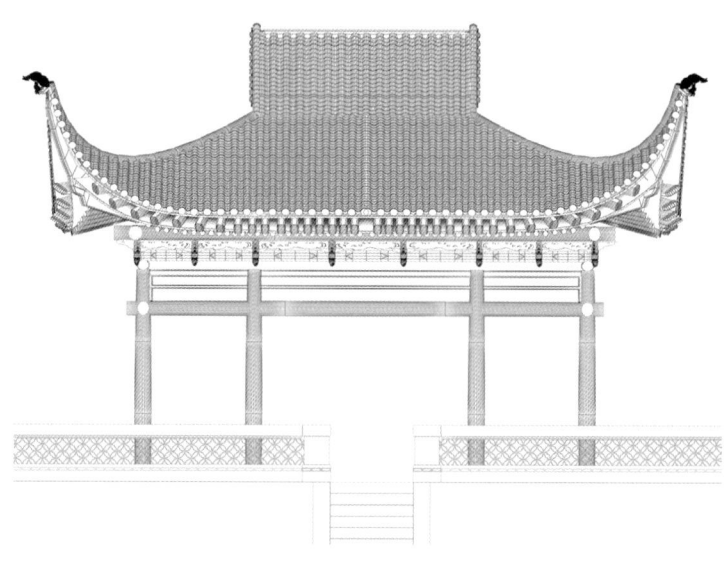

图六 民国土族本康模型正视图

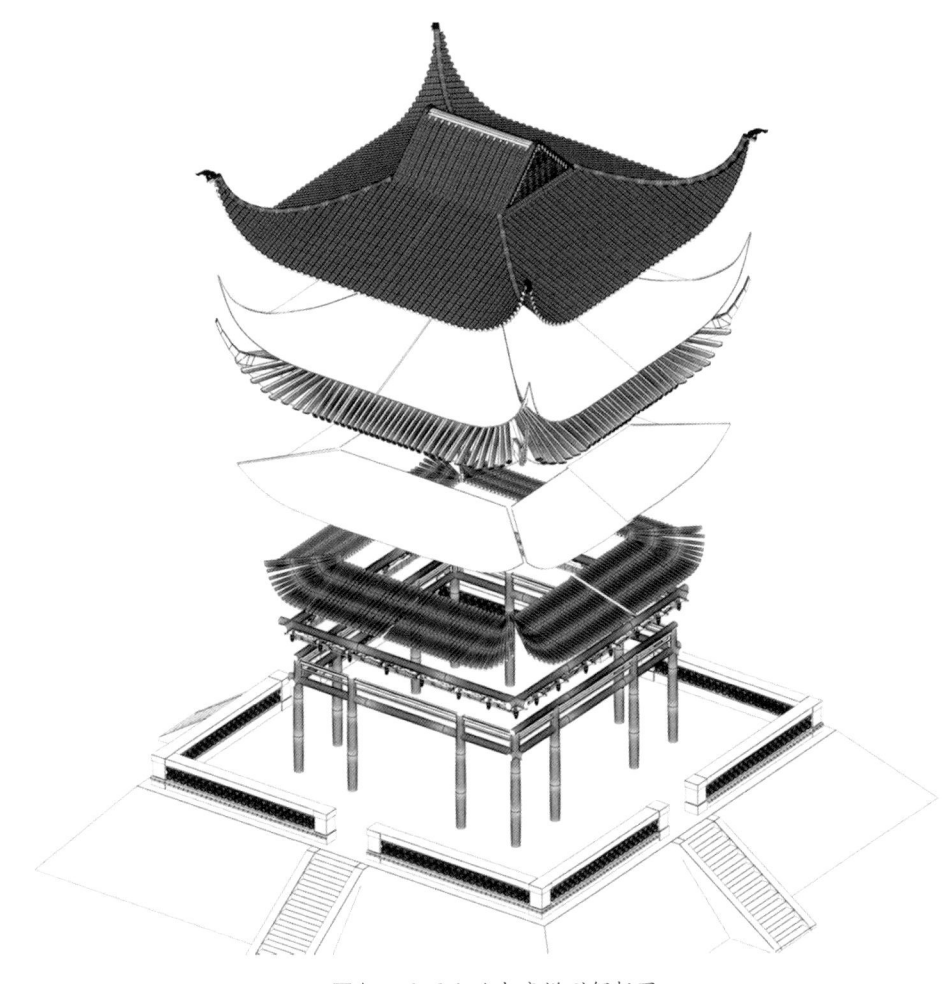

图七　民国土族本康模型解析图

图八　民国土族本康房檐模型示意图

民国土族油坊

图一　民国土族油坊主图

　　民国土族油坊是土族人民用来将收割好的油料压榨成食用油的作坊。传统油坊是一座院落，院墙及平房的墙体都由石头垒砌而成。当地有一种说法，即"石头垒墙墙不倒"。所有的窗子都是木质，间隔着打榫，置入三四根木棍。平房里面放着一整套全手工榨油设备。

　　本案例采自青海互助土族自治县。传统油坊为木石结构，是由油梁、石磨、石坠子、蒸笼、砂锅等设施构成。油梁在传统油坊里占据了主要位置，屋顶上的房梁和油梁相比倒显得渺小了。两根油梁分别由长大约15米，直径0.7米的最结实的柏木做成。油梁起到省力杠杆的作用，主要用来挤压出油。

建油坊时要先安油梁后盖房，否则那两根如此巨大的油梁木料真的无法进入。石磨靠牲畜的拉力转动，将油料磨成浆。石坠子就像一个巨大的秤砣，上面还凿有一个直径10厘米左右的环，是专门用来穿绳子的。砂锅是由生铁铸造而成，也称铁锅，直径达1.2米，用来将晒干的油料炒熟。圆形木桶是用来盛装油料浆的，直径大约1米，高约0.8米。大灶台由泥坯和草茎砌成，灶台上的蒸笼，是用当地一种木头做成的，用来蒸石磨磨出的浆。它不同于柳条或竹子编织的用来蒸馒头包子的蒸笼，而是直径接近2米的巨型蒸笼，一笼能蒸100多公斤磨好的油料。

　　榨油是复杂的过程，将原汁原味、香气

四溢的油榨出需要二十多道工序。传统的榨油方法是：先将油料晒干，然后把油料放进炒锅，用微火炒（要不停地翻动，炒到用手指捻开即可），把炒好的油料用石磨磨成浆后，再把磨好的浆倒在用稻草铺好的木桶里，均匀地将其压实，用麻绳捆成一块块圆圆的厚油饼。最后把油饼叠放在榨油的油梁下，系上重900多公斤的石坠子，凭人力拉动油梁挤压，支点下的油饼在重大的压力下，清澈透明的油便缓缓地顺着油槽往下流入盛油的大缸中。

传统油坊凝结了古代劳动人民的智慧和心血，由于这种传统油坊占用空间大、耗时长、效率低，如今已被现代化的榨油机所取代。但这将作为人类的遗产驻足于历史的记忆中，现在及以后的人们仍然会怀念那传统油坊压榨出的绿色、环保、健康的食用油。

（罗德艳）

图片来源
图一、图五　高鹏杰　摄影
图二至图四　承恺　制图
图六至图八　陈见东　摄影

图二　民国土族油坊模型侧视图

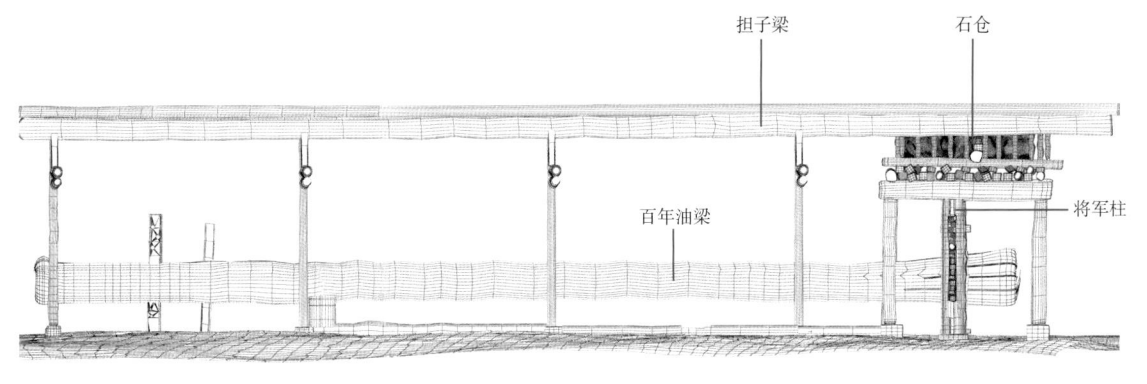

图三　民国土族油坊结构名称图

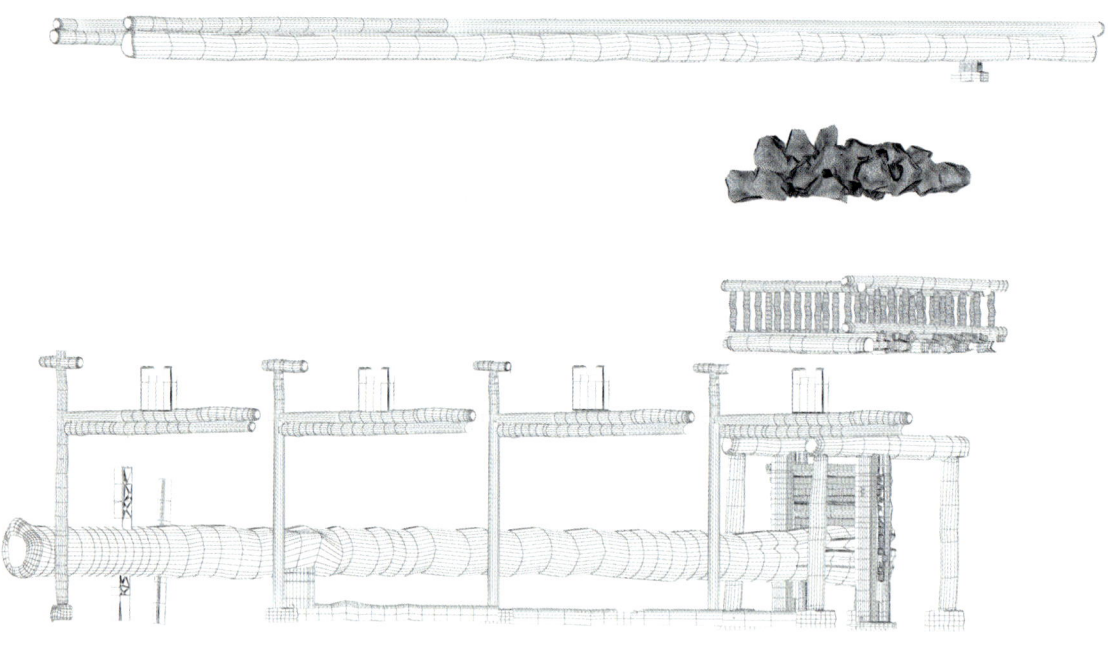

图四　民国土族油坊模型解析图

图五　民国土族油坊室内全景效果图

图六 民国土族油坊场景纵深图

图七 民国土族油坊局部细节图

图八 民国土族油坊室内局部示意图

第一章 土族传统建筑

土族民居院场

图一　土族民居院场主图

　　院场，是土族每户人家几乎都有的一个特定的庭院，土语称"日麻"（即庄廓）。土族民居院场（以下简称院场），距今已有100多年的历史。土族人民的生产方式由游牧转为农耕，而后开始定居，起居习俗因地制宜，一般聚族而居，依山傍水。院场则是土族民居的主要形式，其结构可分土木结构和砖木结构两类。土族大部分村落都设有"本康"（十万佛像或佛殿）、敖包（嘛尼堆）、"苏克斗"（挡雹阵），其功能分别为保佑地方平安、风调雨顺、抵挡冰雹灾害。

　　土族"院场"式民居典型的空间组合方式为"三坊一照壁"。"坊"为一栋三开间的两层房屋，底层的明间为堂屋，是会客礼仪中心；次间为长辈卧室，内设有火炕，上放火盆和炕桌，连接锅灶，烧饭时方可供暖；耳房比正房在等次位序上低一等，一般作晚辈卧室或其他辅助用房；漏角用作厨房、仓库、厕所、畜圈等。第二层的主间为佛堂，三间敞通，其余为贮藏区；堂屋前有宽大的厦廊，作为日常休息、家务及宴客之所。由坊围合成的三合院正房面对的院墙上有一垛照壁，此种布局称为"三坊一照壁"。照壁墙洞内放置一只石狮用于镇邪，照壁背后，一般种三株松树或桦树作为陪衬。

　　住宅的木制栋梁和门窗上，大多雕刻或描绘着象征牛羊健壮、五谷丰登的花纹浮雕，雕饰古朴典雅，精巧细腻，花纹疏密相间，繁简得当。因受藏传佛教影响，土族庭院院场中部一般都树立一根高二十米左右的嘛呢旗杆，悬挂印有六字真言或者平安经的蓝白底色经幡，避邪除灾，保佑四季安康；另砌有中宫、桑炉，为土族人民做佛事的祭坛；此外，还设一座四方宝瓶台，其地下埋有宝瓶，上部靠主房方向，设一尊香炉。中老年人逢初一、初八、十五的清晨，洗漱后点燃柏树叶、乳香等敬佛，香烟缭绕，满院飘香。

土族民居的特点是：做工精细、美观结实，庭院结构既借鉴了汉族合院式住房形式，并有所创造和发展，同时又融入了藏传佛教的文化信仰。（沈雅楠）

图片来源
图一　王元杰　摄影
图二、图三　王元杰　制图
图四　张家灵　制图

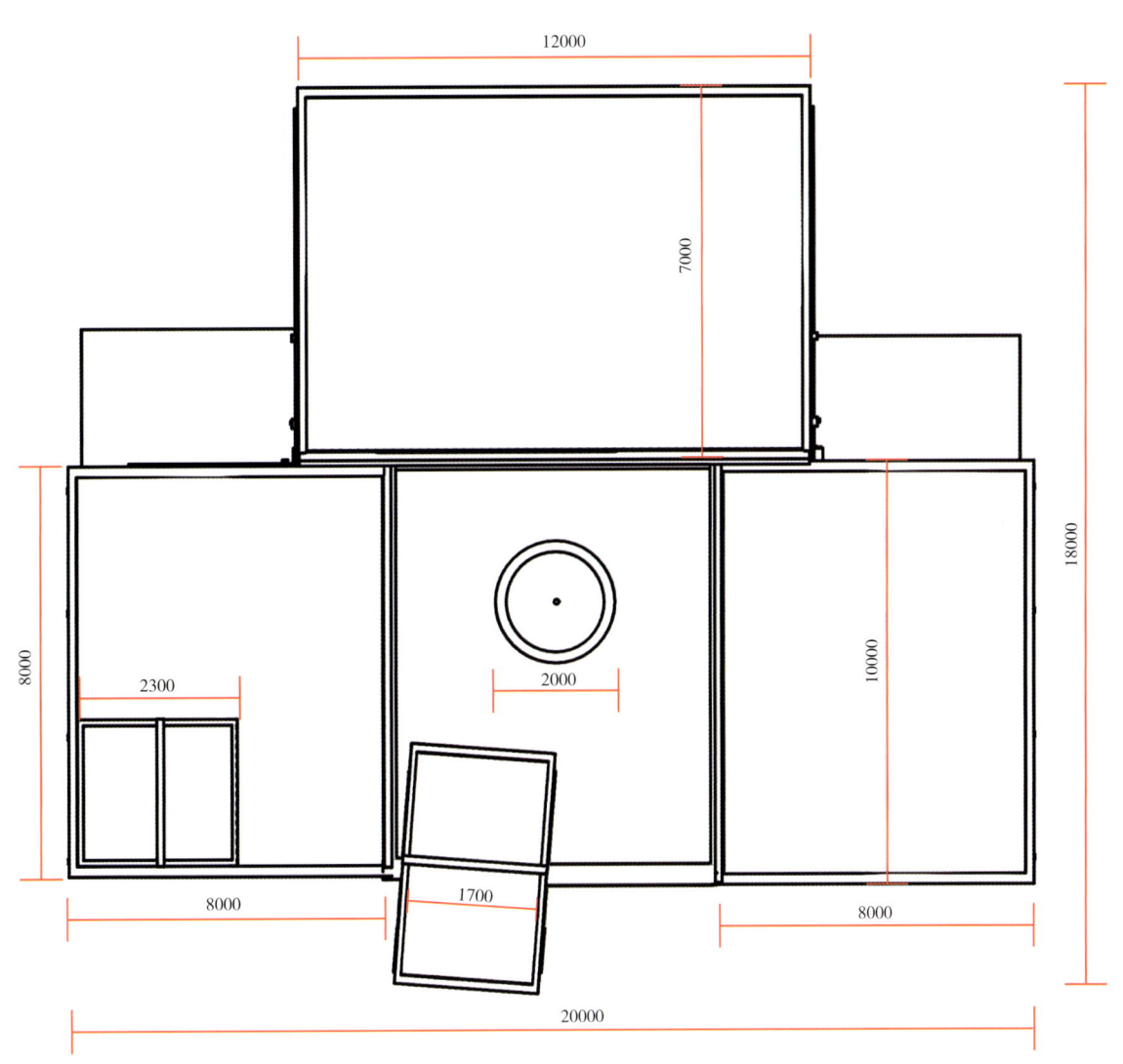

图二　土族民居院场尺寸图（单位：mm）

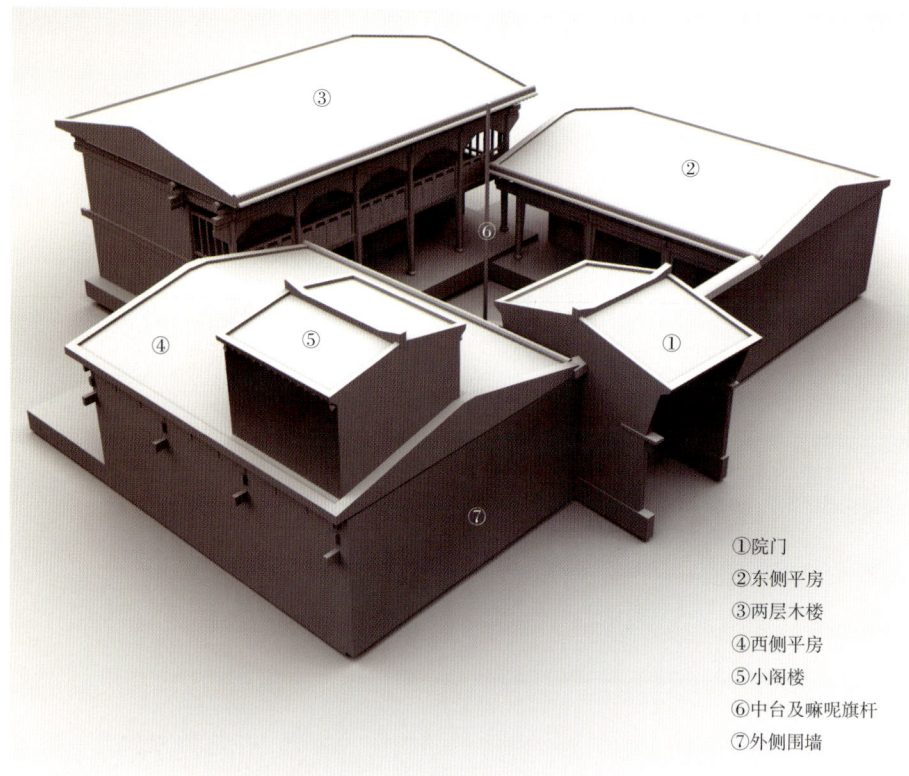

①院门
②东侧平房
③两层木楼
④西侧平房
⑤小阁楼
⑥中台及嘛呢旗杆
⑦外侧围墙

图三　土族民居院场结构名称图

图四　土族民居院场局部效果示意图

土族平轮水磨坊

图一　土族平轮水磨坊主图

土族平轮水磨坊采自青海互助土族自治县台子乡格隆村，为清朝同治年间制。水磨坊为石木结构，属于高架干栏式建筑，由上下两部分构成，上层为木房，下层为石吊脚，支撑在距离水面2.6米高的溪水上。长6.8米、宽3.8米、高5.2米，建筑面积为25.84平方米。这种平轮水磨坊由引水道、水轮、磨轴、石磨盘、磨房、粮斗等部件构成。水轮为木制同心圆形式，外圆由16个轮轴连接圆心，直径为4000毫米，内圆圆心则由8个轮轴连接，直径为1100毫米。水磨坊的内部，可以存放磨轴、石磨盘、粮斗等工具。

"磨引溪流水自推"，在石磨坊的下部就是水面，水磨坊的建筑部分悬空在水面上，下面的水流动，则会带动磨轴，磨盘便随之转动。水磨坊主要是借助水势落差为动力，冲击水轮，引擎石磨，通过借助水的力量，源源不断地磨出面来。这种昼夜不停运转的磨面工具，是土族人民世世代代把青稞、小麦、豌豆加工成面粉的古老机器，可以说它日磨千斤，节能又环保，古老又科学。

从水磨坊的侧面来看磨坊是半架在水面上，门口在岸，其余部分悬空在水面处，磨轴从水中伸入到房子内部，水面上设有一水轮，有水流的时候，便会带动水轮转动，经过磨轴，将转动传送至磨盘上，磨盘便随之转动，以此作为动力。这种设计节省了人力物力,是土族同胞擅于利用地势、因地制宜改善劳动方式的力证,显示出了劳动人民懂得利用自身环境、利用自然的聪明才智。

这种水磨从南方传入西部已有1500年历史,结构紧凑、部件完整,为深入研究土族利用水利发展农业生产的技术,提供了佐证。现为土族博物馆一级文物,已成为一项非物质文化遗产。(黄冉)

图片来源
图一、图四至图六　高鹏杰　摄影
图二、图三　高鹏杰　制图

图二　土族平轮水磨尺寸图(单位:mm)

转芯　　　　　　外磨轮　　　　　　　　支架

图三　土族平轮水磨结构名称图

内磨轮

图四　土族平轮水磨坊内景图

图五 土族平轮水磨坊内景局部图

图六 土族平轮水磨坊水轮图

土族柴房

图一　土族柴房主图

土族柴房主要用于存放干柴、枯草及庄稼的秸秆等可燃物质，作为土族人民烹饪时所不可或缺的燃料。柴房墙壁用泥土夯实而成，墙体长5600毫米，宽2300毫米，高2700毫米，顶部架有木棍数条为梁，横竖交错，排放一致，其上平铺杂草并用泥浆加固，具有良好的防雨防雪功能，房顶长5900毫米。柴房内中部用两根木棍支起至顶，做脊，使得柴房不易坍塌，起加固作用。该柴房采用木构框架和泥土夯实相结合，在形式上，则属于干栏式和夯筑式建筑相融合的雏形。因柴房柴禾种类多、数量较大、易燃，故常安置于后院、背阴通风处，远离住房。此外，柴房也是设置地窖、菜窖的良好场所，因为它的防雨雪作用较好，能使得地窖、菜窖受到最佳保护。

盛夏季节，草木繁盛，天气炎热，用火量减少，柴房无需存放大量柴禾，因此，可用于喂养家禽和牲畜等。农闲之时，柴房可用作存放农具及其他杂物。柴房是土族人民烹饪的产物，其构造简洁，土族人民常就地取材，用勤恳、聪慧，使得它在功能上发挥至最大最广。

如今，柴房已是人类烹饪史上一个文明的印记，因其构造简洁，在书面用语中常有谦称之意，后期与"陋室""寒舍""篷门"等词出现在百姓的生活中，因柴房环境氛围淳朴、怀旧，也常被用于绘画题材。（沈雅楠）

图片来源
图一、图四、图五　王元杰　摄影
图二、图三　王元杰　制图

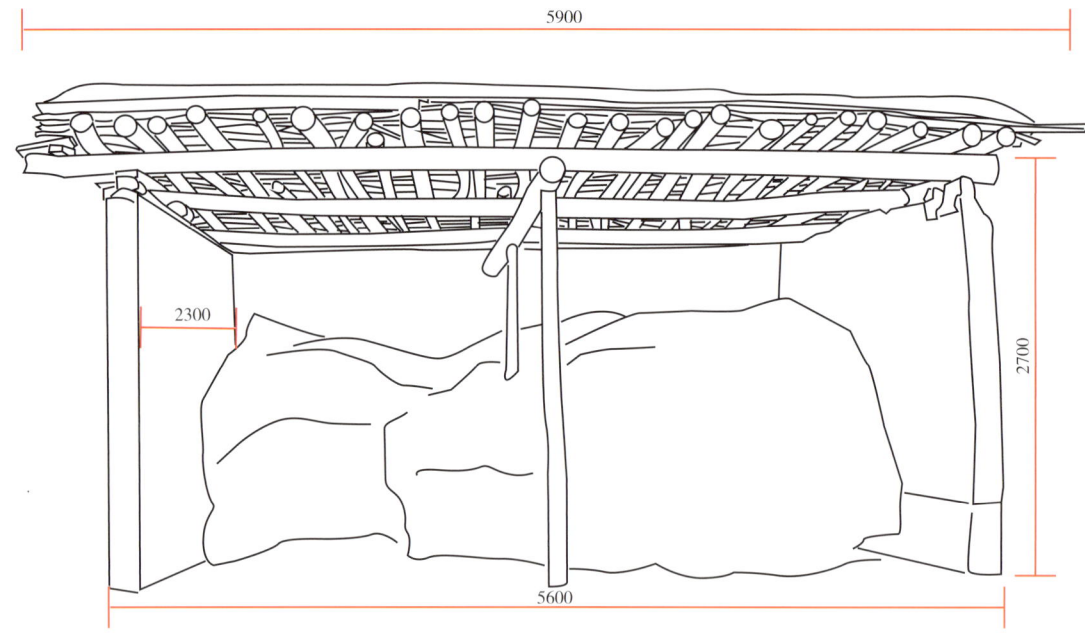

图二　土族柴房尺寸图（单位：mm）

图三　土族柴房结构名称图

图四 土族柴房场景图

图五 土族柴房房顶细节图

第一章 土族传统建筑

土族木门

图一　土族木门主图

　　门古已有之，其不仅能够避风雨防寒暑，也是建筑等级的象征。在古代，门象征着富贵贫贱、盛衰荣枯，故有"门面"一词，因而门被赋予浓厚的中国传统文化内涵。土族民居建筑门饰隐含了中国传统古老而又深沉的世俗观念，给予人们强烈的感染力，是具有中国传统文化价值的建筑艺术遗产。

　　土族木门由门檐、门楣、门扇、门槛、门枢、门框、门闩等几大部分构成，整体为木质结构。土族房屋或庭院门楼两侧上方为砖面墙垛，顶部长椽出檐，形成檐廊，门檐由泥砖、望板、檐椽契合而成，檐椽是从檐顶到门楣之间的一段木质构件，其功能是承托屋面荷载。

门楣，是指正门上方门框上部的横梁，都以粗重坚实的木料制作。在古代，土族只有朝廷官吏府邸才能在正门之上标示门楣。门楣上饰有花鸟禽兽图腾，彰显社会地位，被称作"光耀门楣"，是人们对于社会地位和财富向往的直观表达。门楣也有区分之说，一般按二、四、十二之数。简单来说，门楣上有两个门档，对应为五至七品官员；门楣上有四个门档，对应四品以上官员；十二个门档，只能是亲王以上的品级才能用。该门楣以木质浮雕和镂雕相融合，面层雕饰常选用四季花卉、鸟禽动物、几何图形，雕刻题材主要采用拟物手法，带有神秘的图腾文化色彩，表达人们对灵物俗信崇拜的观念。门楣上部为四条横木，上下排放里外错落不一，共四层，采用贯通式榫接。第一层横木雕刻云纹图案，寓示吉祥如意。二层从左向右依次雕刻着"梅花喜鹊图""西番莲""竹菊图"，分别寓示着喜庆、廉洁、富贵等，寄托了土族人民美好的愿望。三层为西番叶卷纹。四层雕刻分别有"梅花寒鹿图"又意"禄"；"蝙蝠图"意为"福"；"双狮图"其狮双目圆睁，露齿怒目，以避不祥，亦守御之意；"富贵牡丹图"的雕刻可谓造型与色彩兼备、精细流畅，堪称佳品。门楣最下层选用两块木片，榫接于门框顶端倒角处，左右对称，其上雕刻"牡丹孔雀图"，线条流畅，形态妩媚，绘声绘色，寓意富贵吉祥。

门扇则指门上可以关启的扇叶，其为两扇结构，木质，表面平滑，内侧嵌入铁质门闩。其门框较宽，约为40厘米，门槛则为门框下端的横木条，高近10厘米。门槛在风水学中有很重要的意义。在中国传统建筑中，大门入口都会设有门槛，在风水学中，其作用为回避外部不吉进入家中。

土族木门以浮雕和镂雕并用，往往选用质地细密坚韧且不易变形腐蚀的木材，如楠木、银杏、樟木、柏木、紫檀、沉香木等。其雕刻步骤与其他民族木雕有相近之处，第一步，要先绘出画稿，再用墨线勾摹放大到雕材上。第二步，雕制粗胚是整个作品的基础，往往以简练的几何形体概括造型，体现出层次、动势、比例、重心等，强调整体感，初步形成作品的内外轮廓。凿制粗坯从上到下，从前到后，由表及里，层层深入推进。凿制细坯从整体着眼，调整比列、布局，然后将具体造型落实并成型，同时也要为修光留有余地。整个过程刀法圆熟流畅，展示表现力。第三步，修光。运用精雕细刻和薄刀法修去细坯中的刀痕凿垢，使作品表面细致。刀迹细密清晰，流畅劲挺，或者粗犷开张，展现出极强的艺术表现力。第四步，深入打磨。依据艺术的构思需要，用粗细不同的砂布搓磨。要求先用粗砂，后用细砂，顺着木纹纤维反复打磨。第五步，着色上光，也有不上光而保持原木色泽的。（沈雅楠）

图片来源
图一、图五、图六　王元杰　摄影
图二至图四　王元杰　制图

图二　土族木门尺寸图（单位：mm）

图三　土族木门结构名称图

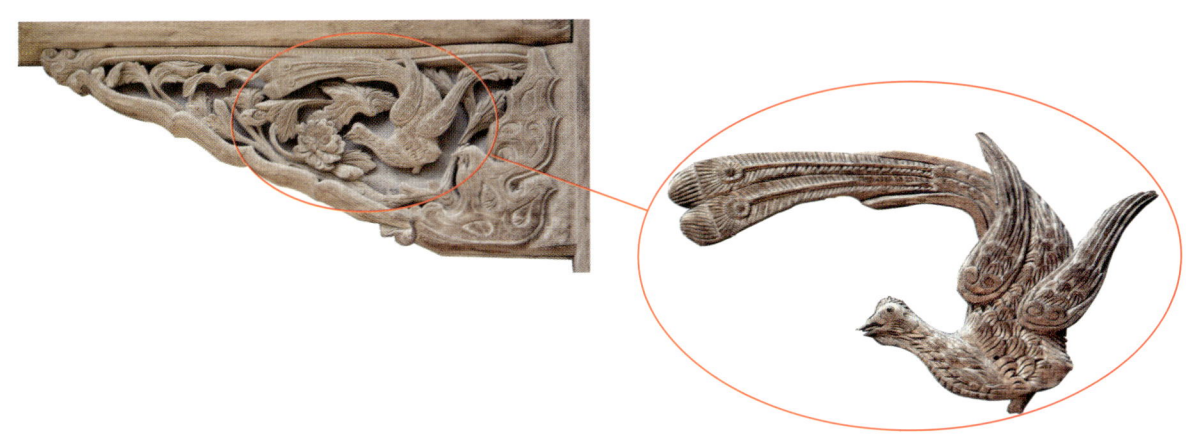

图四　土族木门木雕图案细节图

图五　土族木门房檐结构示意图

图六　土族木门房梁木雕细节图

土族土灶台

图一　土族土灶台主图

土族土灶台是用黏土、石灰和泥土的混合料夯实而成，再加入少许稻草，使泥土更具有黏性，以防其开裂脱落。灶台常安置于厨房墙角处，灶台也称锅台，是土族人民在烹饪或酿酒时所需的一个操作平台，烹饪方式也较为齐全，可用来蒸、炒、煮、炖、煎等食物。其为两人操作，一人在锅下生火，一人在锅上做饭，烟雾缭绕，香气满院，无不流露出古老而淳朴的家乡之气。说起厨房，土族人民不约而同会用黑厨房、土灶台、大水缸、一日三餐不离柴来形容。

土灶台设计为长方形阶梯状，总长为1200毫米，分为左右两层灶台面，左端高650毫米，宽460毫米，放置水缸或天锅（陶制酿酒缸），右端高为950毫米，宽740毫米，用于安置铁锅，其中间留有直径为530毫米的圆形凹孔，铁锅放置于内，二者尺寸完美契合，铁锅放置一般高于灶台面50毫米。右侧面留一个口作灶眼，用于添柴生火。在土族，常以木柴、干草、麦穗作为生火燃料，燃烧完的草灰用锄头从灶眼部掏出，撒入田地方可作肥料使用。灶眼高为180毫米，宽100毫米，与锅底相通。灶眼口还设有单轴铁门，当锅下无人操作时则关闭铁门，可防止燃烧的干柴落地而引发火灾。

土灶台在土族可以用作烹饪，还可用作蒸馏器具烧制蒸馏青稞酒。在土族，蒸馏器具有鲜明的民族特征，其主要结构可分为四大部分：一、釜体部分（即灶台部分），用于加热，产生蒸汽。二、甑体部分，用于酒醅的装载。土族早期的蒸馏器中，釜体和甑体是连在一起的，这较适合于液态蒸馏。三、冷凝部分，在古代称为天锅（即酿酒缸），用来盛冷水，酒汽在天锅的另一侧被冷凝。四、酒液收集部分，位于天锅底部，根据天锅形状不同，酒液收集位置也有所不同，如果天锅是凹形，则酒液汇集器在天锅正中部位之下方，如果天锅是凸形（穹状顶），则酒液汇集器在甑环形边缘内侧。

（沈雅楠）

图片来源
图一、图三、图四　王元杰　摄影
图二　王元杰　制图

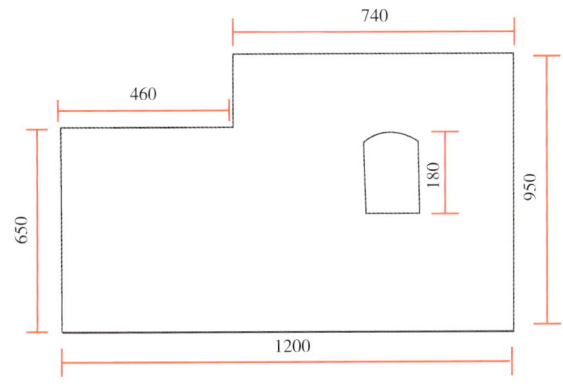 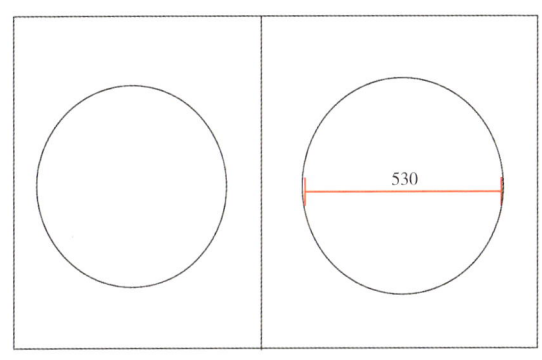

图二　土族土灶台尺寸图（单位：mm）

图三　土族厨房场景图

图四　土族土灶台场景图

第二章 土族传统服饰

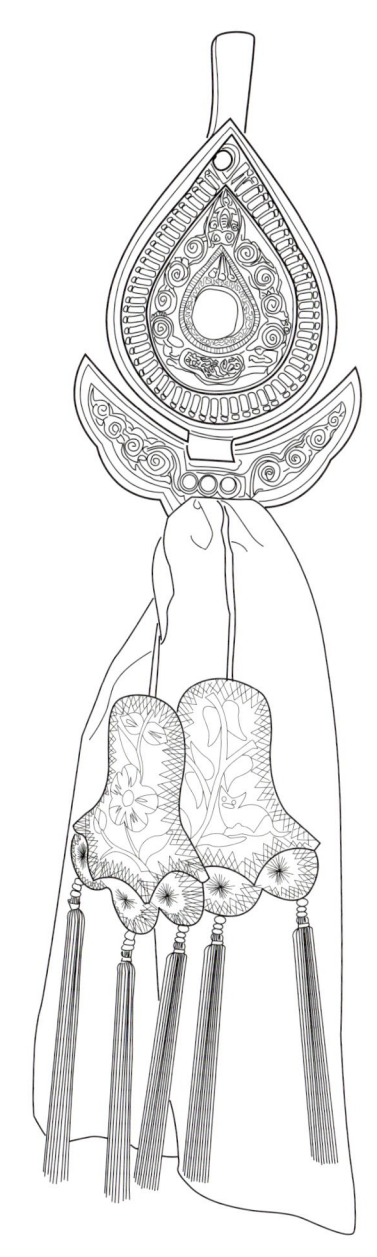

土族"黑虎下山"绑腿带

图一　土族"黑虎下山"绑腿带主图

土族"黑虎下山"绑腿带是土族青壮年男子服饰，用于束住裤脚。土族青年男子喜好扎绑带，绑带在土族语中被称为"过加"，是"裹脚"的转音。"黑虎下山"绑腿带是土族独有的民族服饰，一般的绑腿带都是单色的，这种绑腿带由两块不同颜色的粗棉布缝接而成，一块是黑色粗棉布（也有的用褐色布），长90厘米，另一块是白色粗棉布，长110厘米，另配有两根红色绳子，用于扎紧绑腿带，长150厘米。

土族男子穿蓝色或黑色大裆裤，系两端绣花的白色长裤腰带和花围兜，小腿缠"黑虎下山"绑腿带，显得精神抖擞，因土族青壮年男子扎腿时习惯将黑色的一边放在上面，绑腿带故得名"黑虎下山"。"黑虎下山"绑腿带在土族还代表着爱情，土族青年女子会为自己的恋人缝制一副"黑虎下山"绑腿带，象征他们的爱情坚贞不渝。土族是马背上的民族之一，自古就开始为了争夺草场和地盘的征战。绑腿带是骑马行军的必备物品，设计简单，缝制容易，便于批量制作。绑腿带具有以下优点：第一，保护裤子，防止裤腿被马镫之类的挂坏；第二，可以充当绳索，如帮助受伤者包扎、搬运；第三，保护脚踝，可以有效防止扭伤；第四，绑腿可以防止出现血脉下积和长途行军时小腿酸胀等症状。

自古以来绑腿带是武士最为重要的装束之一，绑腿带通过挤压静脉的血液，促进血液回流来提高人的行动能力，看上去每个武士都精神抖擞，很是威风。但是绑腿带也有它固有的缺陷，遇火、毒等沾染类武器时，绑腿带反而成了致命的装束。后来在战争中，武士们在一般情况下也就不再穿戴绑腿带。如今，土族男子基本上不再使用绑腿带了。

"黑虎下山"绑腿带出现的具体年代现在已经无法考证，然而它必是土族人民在生

产、生活之中对于经验的积累与提炼，是土族人民智慧的结晶。（王政）

图片来源
图一　高鹏杰　摄影
图二、图三　高鹏杰　制图

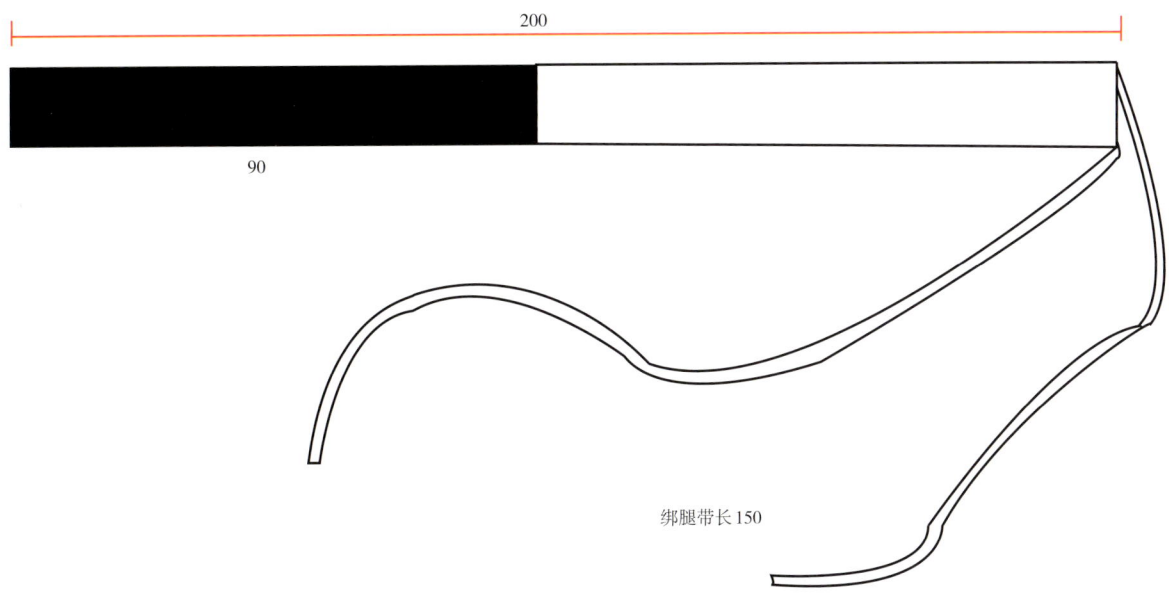

图二　土族"黑虎下山"绑腿带尺寸图（单位：cm）

图三　土族"黑虎下山"绑腿带效果示意图

土族带毛皮帽

图一　土族带毛皮帽主图

土族带毛皮帽采自青海互助土族自治县文化馆，材质以羊皮和狐皮为主。黑色或白色的是羊皮帽。用毛蓝布缝成喇叭口，喇叭口内再缝以羊羔皮，可翻上翻下，翻上可以开阔视野，翻下可以抵御风雪。带毛皮帽顶端在羊皮上缝着一块黑布，顶上加有一颗核桃大的黑顶子。黄色的是狐皮帽。外部是狐狸皮毛，内部通体缝着毛红布，毛红布一端在帽子顶端收口，另一端是帽子的边沿。皮帽直径27厘米，高8厘米。皮帽是土族人民冬春季节的佩戴，狐皮帽一般是妇女的佩戴，既美观又保暖，羊皮帽一般是老年男子的佩戴，其貌不扬，然而结实耐用。

畜牧业一直是土族重要的经济形式，羊的多少曾一度是土族人民衡量财富多寡的重要标志，因此羊皮被广泛应用。青海地区拥有广袤的草场，狐狸数量众多，狐狸皮长而柔软，华丽而富有光泽，是毛皮中的上品，也被土族人民用于皮帽的制作。如今狐狸被列为青海省重点保护动物，国家重点保护动物，已经被禁止猎杀，但青海狐狸养殖业也是相当的发达，其出产的狐狸毛皮依然可以满足需求。

土族皮帽的设计对动物毛皮各个部分进

行了充分的利用，最大限度地保证既实用又美观大方。其制作精细讲究，展现了土族的风俗和服饰文化，蕴含着浓厚的文化底蕴。

（王政）

图片来源

图一　高鹏杰　摄影
图二至图四　高鹏杰　制图

图二　土族带毛皮帽效果示意图

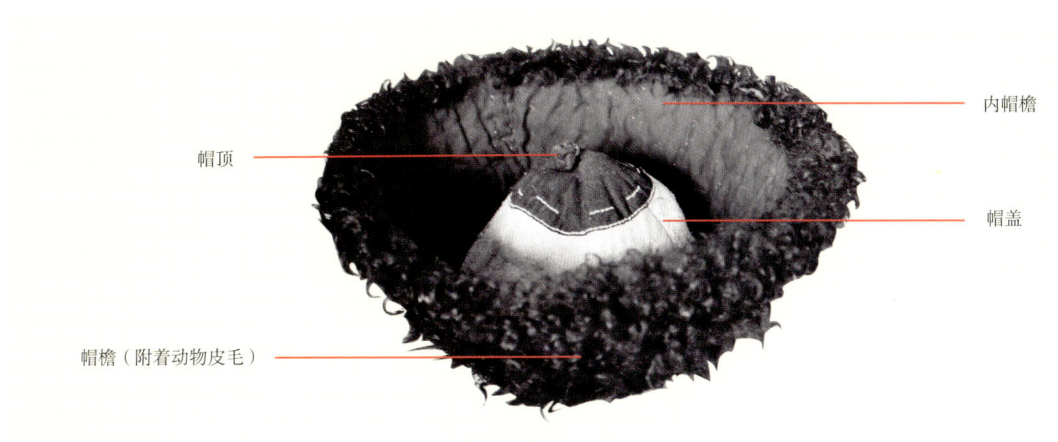

图三　土族带毛皮帽结构名称图

第二章　土族传统服饰

图四　土族带毛皮帽佩戴情境图

土族男子毡帽

图一 土族男子毡帽主图

土族男子毡帽采自青海互助土族自治县文化馆，是土族男子日常所佩戴的帽子。土族青壮年男子通常戴红缨帽，是织锦镶边的圆筒形毡帽，土族语称为"加拉·莫立嘎"。相传由清代朝帽改变而来，因帽顶缀一绺长五寸左右的红缨，故别名"鹰嘴啄食"毡帽，其样式为后帽檐向上翻，前帽檐稍向前舒展。老年人戴的是卷边毡帽，用毛蓝布缝成喇叭口状，口内缝以羊皮，既可上翻也可以舒展，帽尖缀一核桃大小的红绿线顶子。毡帽整体成元宝造型，四周凹陷中间凸出。通常长约27厘米，宽约21厘米，最高处可达8厘米左右，顶部凸出部分底径约16厘米，帽口口径约13厘米。土族帽子的佩戴也随着时代而改变，古时候，青壮年男子戴的毡帽种类繁多，不仅有镶边白毡帽，也有黑毡帽和礼帽，如今，黑毡帽或礼帽多为老年男子所佩戴。

毡帽是一种毡制的帽子。毡是指用兽毛或化学纤维制成的片状物，可做防寒用品和工业上的垫衬材料。毡帽的主要生产原料是羊毛，生产工艺主要是羊毛的处理。经过弹毛、编毛、渍毛、作片、合造等步骤。毡片裁剪后合造成帽样，涂糊、烘干、捏制同时进行，成帽子形。毡帽起源于西北地区，明代张岱在《夜航船》记述："秦汉始效羌人制为毡帽。"新疆楼兰孔雀河北岸古墓沟出土的毡帽，距今约4000年，说明在新石器时期，我国西北就有戴毡帽的事象。

土族毡帽既美观大方又实用，能有效抵抗高原地区的寒冷气候，因此备受土族人民和其他高寒地区人民的喜爱。（王政）

图片来源
图一、图七　高鹏杰　摄影
图二至图六　高鹏杰　制图

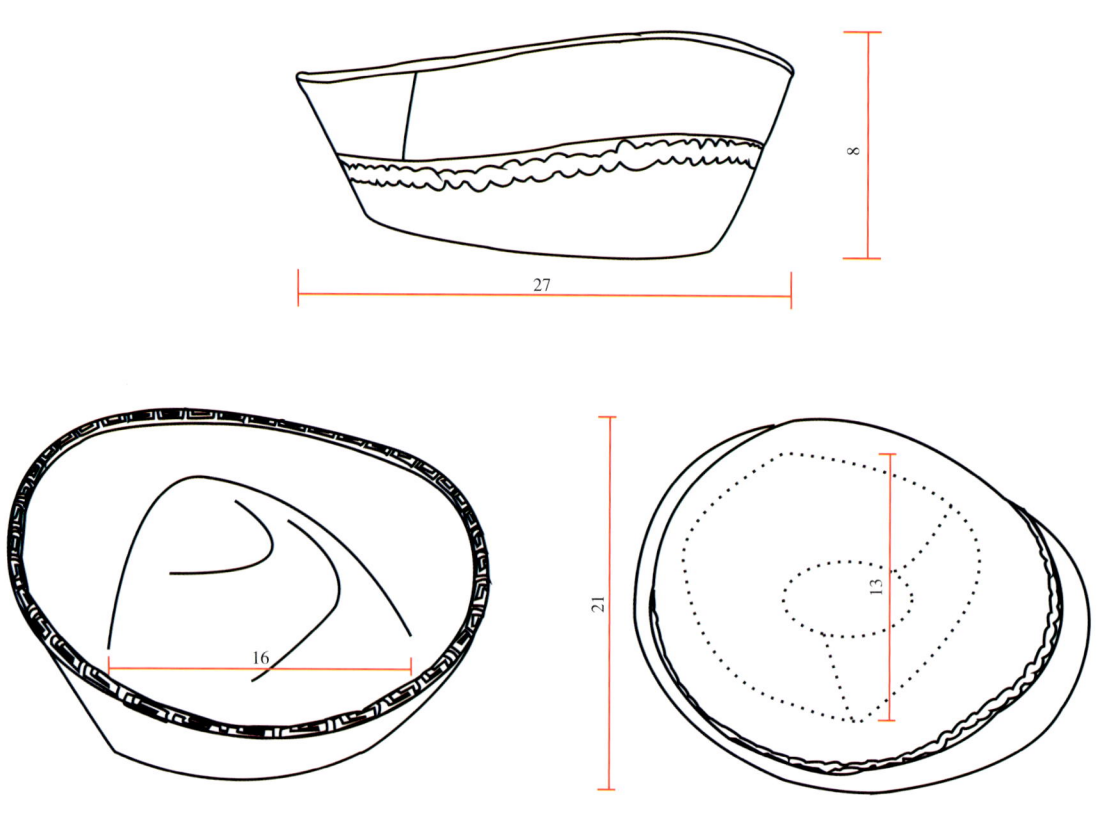

图二　土族男子毡帽三视、尺寸图（单位：cm）

图三　土族男子毡帽结构名称图

图四 土族男子毡帽线描示意图

图五 土族男子毡帽图案色彩示意图

图六 土族男子毡帽佩戴示意图

第二章 土族传统服饰

图七　土族男子毡帽佩戴情境图

土族已婚女子毡帽

图一　土族已婚女子毡帽主图

土族已婚女子毡帽（以下简称女毡帽），采自青海互助土族自治县五十乡古堡村民家中，样式为锥形尖顶加圆阔翻边帽檐，帽檐微翘，呈"斗"形，帽顶材质为羊毛呢，帽缘由金丝编织而成，嵌于帽檐内部，可固定帽檐，也有美观耐磨功能。女毡帽直径约为45厘米，高约12厘米，往往在日常劳作时为妇女佩戴。

从佩戴和用途上来讲，土族女子通常都把头发梳成两条长辫，辫梢相连，垂在背后，缀上黑色或红色的丝穗，然后再戴上毡帽，劳作时更方便利索，提高了劳作的效率，也起着强烈的装饰功能。女毡帽一年四季均可佩戴。秋冬季的女毡帽材质较为厚实，有御寒、防雨雪等实用功能。春夏季的毡帽则较为轻盈单薄，主要用以防晒，抵抗蚊虫叮咬。此外，土族生活在我国的高原地带，四季受风沙影响较大，因此那里的人民制作了一系列的头部物件，如毡帽、插花礼帽等，用以抵御风沙的侵袭。

历史上，土族属于游牧民族，畜牧业生产为主导，因此在服饰以及生活用具的制作上常常会以动物的皮毛和犄角作为造物原料。土族女毡帽的设计及工艺，是土族在自己长期生产劳作和生活习俗中逐渐形成的民族文化产物，凝聚了土族人民的集体智慧，具有不可忽视的审美和实用功能。女毡帽的取料与制作是土族值得自豪的民族文化遗产，也是最具有本土化色彩的工艺产品。通过对女式毡帽的梳理，我们可以认识土族人民"因地造物""因材取料"等一系列传统造物理念和博大精深的生存智慧。（沈雅楠）

图片来源
图一、图四　王元杰　摄影
图二、图三　王元杰　制图

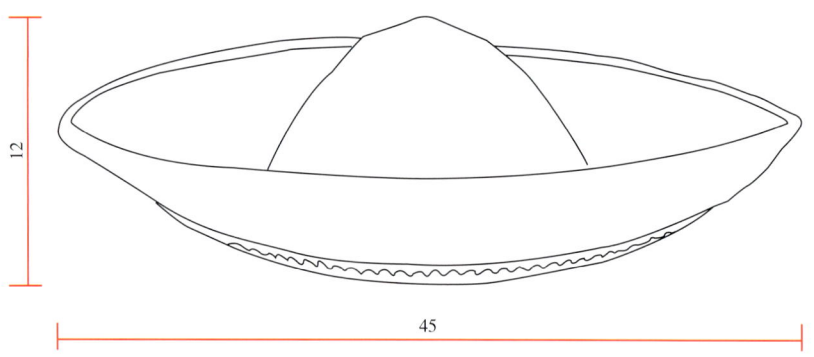

图二　土族已婚女子毡帽尺寸图（单位：cm）

图三　土族已婚女子毡帽佩戴示意图

图四　土族已婚女子毡帽佩戴效果图

土族男子棉布高领斜襟白短褂

图一　土族男子棉布高领斜襟白短褂主图

土族男子棉布高领斜襟白短褂采自青海互助土族自治县五十乡古城堡居民家中。棉布高领斜襟白短褂是土族男子经常穿戴的传统服饰，白短褂随着季节的变化有着不同的作用，冬季可作衬衣，夏季可作外衣，外面一般会再套一件坎肩，坎肩多为黑色或紫色，也有彩色的。高领斜襟白短褂是长袖，袖口镶黑边，黑边宽约18厘米，侧开的斜襟为右衽，镶黑边，黑边长约40厘米，宽4～5厘米。其衣摆长约80厘米，袖长约55厘米，袖口宽约18厘米，胸前镶有一块边长约20厘米的正方形盘绣，通常以彩色太阳花为主要纹样，也有以五瓣梅、樱子花、富贵不断头等吉祥图案为纹样的。

整体剪裁及制作近似于如今的衬衫，但又有很大的不同，其极具民族化的工艺特点主要有：一是高领斜襟白短褂采用右衽斜襟设计，这与汉族服饰形制有相同之处。二是白短褂整体面料为白色，斜襟处镶有黑边，衣袖镶有黑色袖口，在视觉上起到一种呼应。白色是白云的象征，有吉祥纯洁的寓意，黑色是土地的象征，寓意着肥沃和厚重，是土族人民的生存之本。当土族男子穿上白短褂，套上黑色坎肩，再系上花头腰带，相得益彰，显得气宇轩昂、神采奕奕。三是胸前镶有正方形彩色盘绣，正中间为红、黄、青三色鱼，是由道教的标识"阴阳鱼"演变过来的，将双鱼演变为三鱼，将黑白两色演变为红黄青三色，色彩形式上更具美感。周边为七彩太阳花，太阳花瓣的色彩由内向外，由深入浅，层层渐变，对比强烈又不失和谐。四个边角由红色和白色绣出樱子花的轮廓，与黑底色产生强烈的反差，与中心太阳花呼应，透着土族盘绣浓郁的民族工艺特点，四周还有白色的边，错落的针脚象征着大地上的草木。

土族最先信仰原始萨满教，后来随着历史的变迁，民族文化的融合，深受藏族文化的影响，藏传佛教成为其主要信仰，同时还受道教、儒教文化的影响，这些都体现在土族人民的服饰之中，土族服饰及其相关纹样逐渐图腾化、宗教化，装饰功能也逐渐增强。（王政）

图片来源
图一　高鹏杰　摄影
图二至图六　高鹏杰　制图

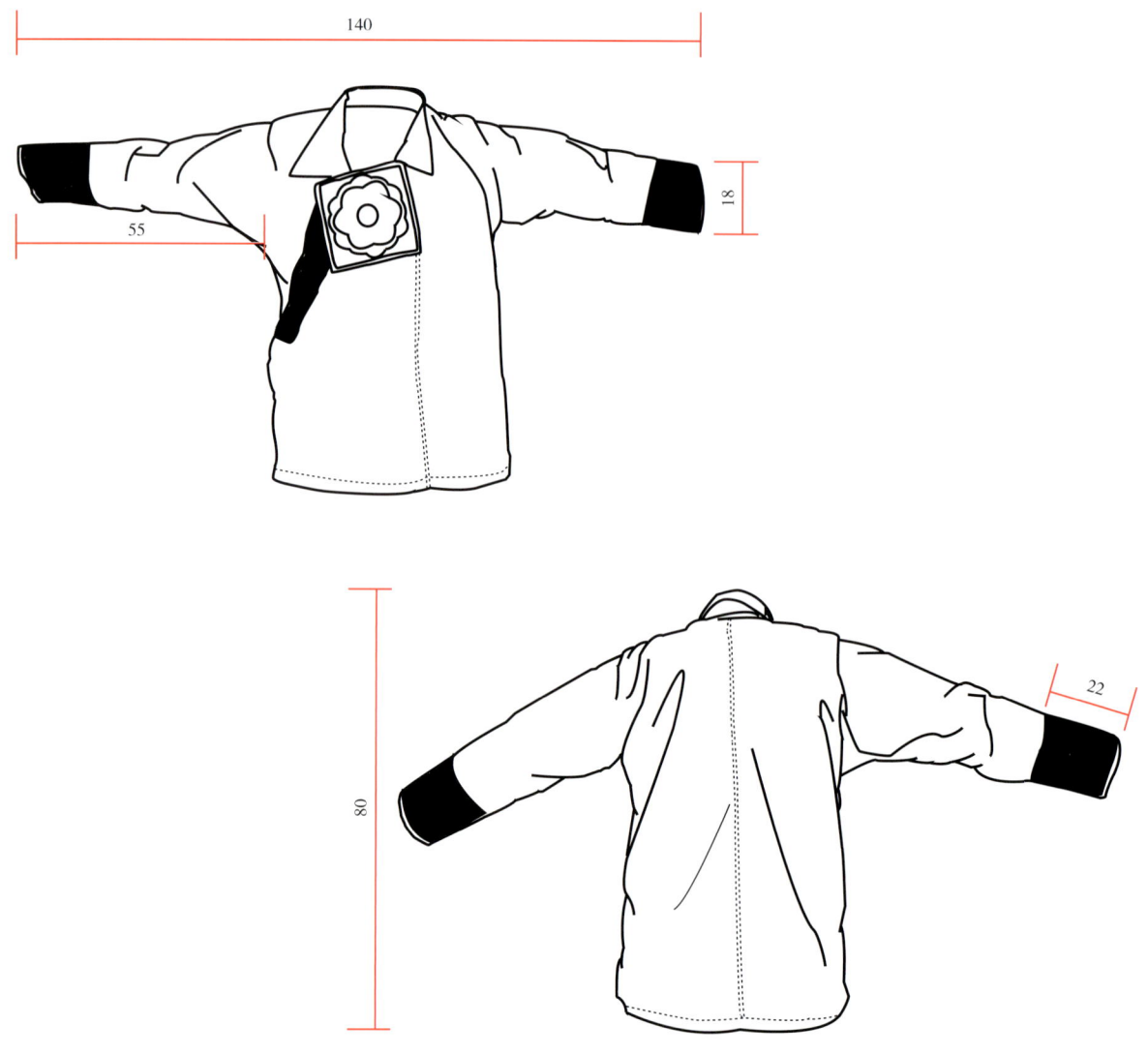

图二　土族男子棉布高领斜襟白短褂尺寸图（单位：cm）

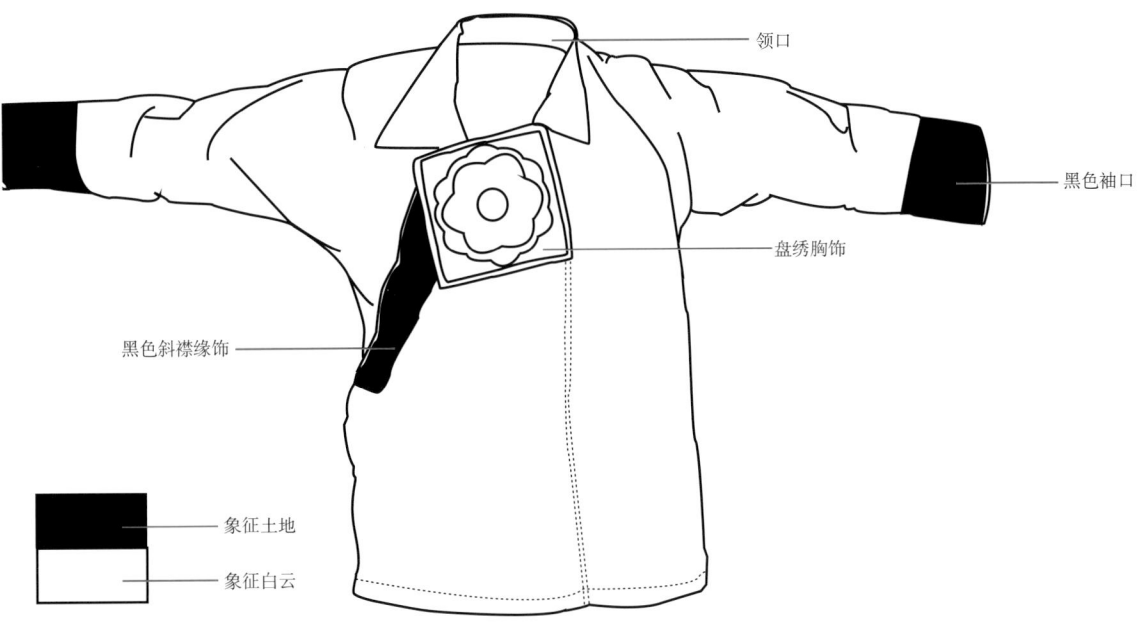

图三　土族男子棉布高领斜襟白短褂结构名称图

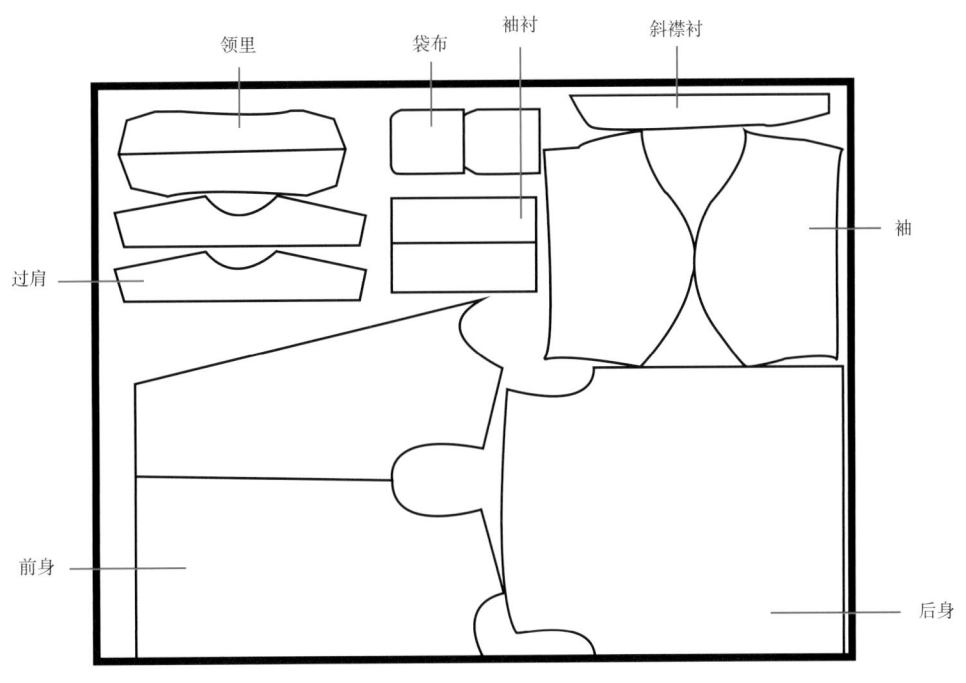

图四　土族男子棉布高领斜襟白短褂解析图

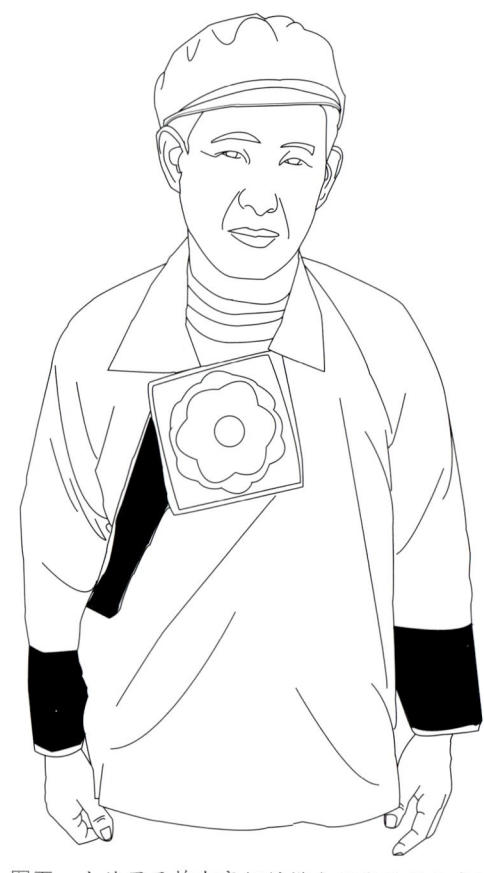

图五　土族男子棉布高领斜襟白短褂效果示意图

色彩图　　　　　　　　　　　线描图

图六　土族男子棉布高领斜襟白短褂装饰纹样

土族女式褡裢

图一 土族女式褡裢主图

土族女式褡裢是由三块大小相似白底，绣有花、鸟、蝶、虫、彩云等，绣成后由手工缝合而成小袋，下端缝连几绺彩线穗作为流苏装饰。土族妇女把褡裢系在腰带上，分别挂于腰前和臀部，俗称前褡裢和后褡裢。褡裢的主要功能是用来装零钱和随身物件，因此土族人也称其为钱褡裢。常见的褡裢盘绣图案以太阳花为主。

如今，褡裢已逐渐由从前的实用功能转化为纯粹的装饰功能。褡裢上的图案构思愈加独特，具有浓郁的土族风格，不再仅仅局限于以往动物和植物的纹样，现盘绣的图案和花样有法轮、佛像，法轮土语称为"扩日洛"，显然是受藏传佛教影响。还有太极图，神仙魁子，五瓣、六瓣、七瓣、八瓣的梅花，云纹，菱形纹，雀儿头，富贵不断头等几十种样式，其中有些体现出汉族文化的影响。传统图案里套绣七瓣或八瓣太阳花，七瓣太阳花寓意七大洲，与现代地理知识相契合，八瓣象征着藏传佛教里的八宝，同时还象征着八方财富和八方亲友的团聚。这些色彩斑斓的纹饰与土族人民的宗教意识和图腾崇拜息息相关，体现出土族妇女勤劳、细腻、朴实的可贵品德，汇集着古老土族文化的深刻内涵。（沈雅楠）

图片来源
图一 王元杰 摄影
图二至图四 王元杰 制图

图二　土族女式褡裢尺寸图（单位：cm）

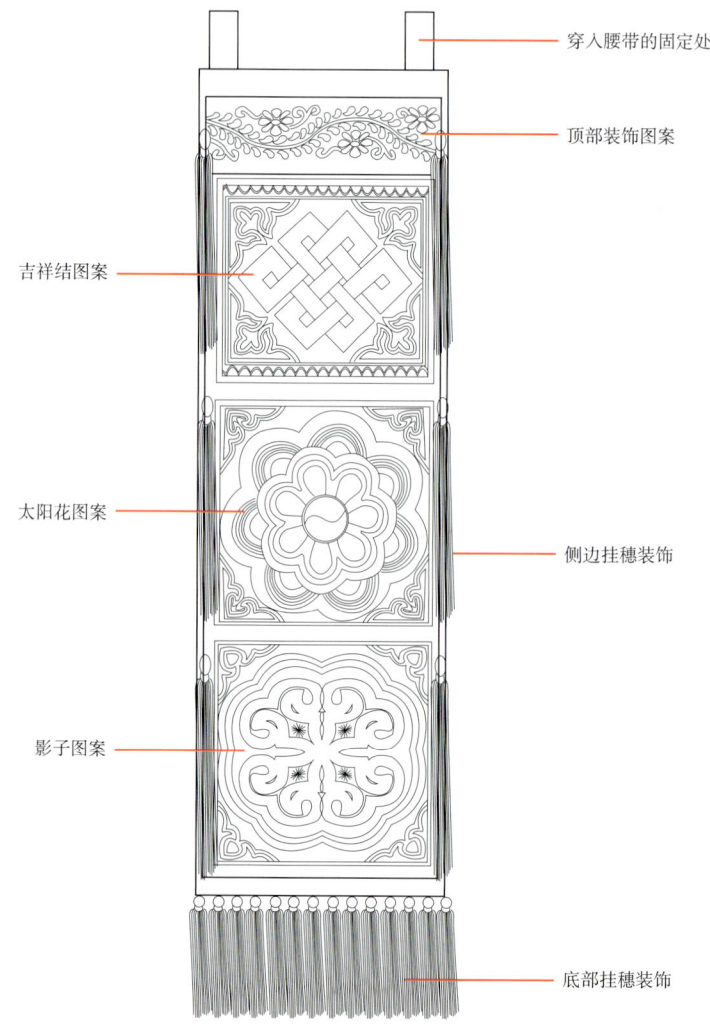

图三　土族女式褡裢结构图

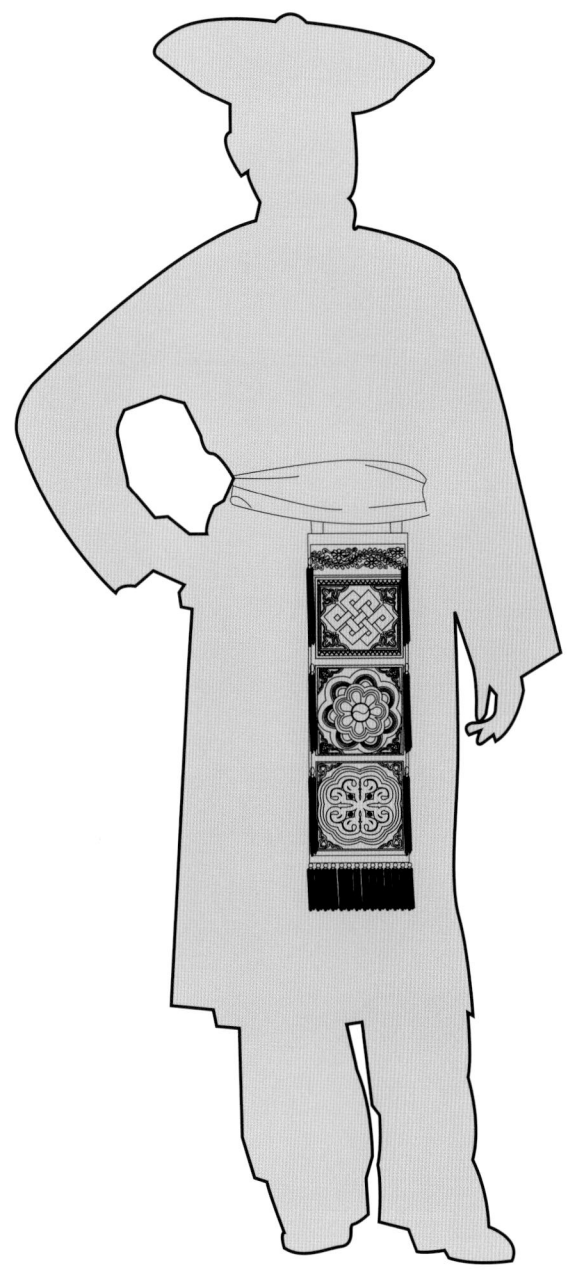

图四　土族女式褡裢佩戴示意图

土族女子插花礼帽

图一　土族女子插花礼帽主图

土族女子插花礼帽（以下简称插花礼帽）是土族年轻女子佩戴的一种墨绿色直沿礼帽，形似于现代礼帽。上插诸多彩色绢花，过去土族人民普遍使用鲜花，但由于鲜花极易枯萎，而绢的材料结实耐用，后来便逐渐采用绢花代替。其色彩多为鲜艳的红色、绿色、粉色组合而成，其间穿插点缀闪亮的五彩珠，显得更为耀眼夺目。插花礼帽高约13厘米，帽内径约15厘米，用厚而硬的毛呢布料做成，制作工序经过弹毛、编毛、渍毛、作片、裁剪后合造成帽样，再经过涂糊、烘烤、拧捏等工序，渐成帽形。

土族年轻女子在佩戴插花礼帽之前，把头发梳成两根长辫，已婚的女子辫子末梢相连垂在背后，系上黑色或红色的丝穗，而未婚女子则是盘发，然后再佩戴插花礼帽。

土族人民十分重视帽子的设计和佩戴，光是女性的帽种就有女式毡帽、插花礼帽、扭达（土族女子结婚时戴的帽子）等，在佩戴场合和年龄上也有着考究。插花礼帽多在土族重大节日佩戴，在喜庆节日上年轻女子都会盛装打扮，头戴插花礼帽，身穿七彩花袖衫，外套红色坎肩，穿七彩盘绣高腰绣花鞋，整体看上去，雍容华贵，喜庆活跃。

插花礼帽的设计足以看出土族人民在穿戴上是非常讲究装饰性的，在土族的服饰发展史上，相当长一段时期内服饰的实用性是大于装饰性的，但随着社会的发展，服饰的装饰功能逐渐超越了实用功能，独特的民族装饰意味成为土族服饰的一大特征。

土族地处西陲之地，社会发展相对缓慢，但这丝毫不能影响土族人民对美的向往和追求，"妇女裙襦辫发，缀以珠贝"，从传统种类丰富的"扭达"，再到现在的"插花礼帽"，足以体现出土族人对美好事物不懈的追求。（沈雅楠）

图片来源
图一、图四、图五　高鹏杰　摄影
图二、图三　高鹏杰　制图

图二　土族女子插花礼帽尺寸图（单位：cm）

图三 土族女子插花礼帽结构名称图

图四 土族女子插花礼帽佩戴效果图

图五　土族女子插花礼帽佩戴情境图

土族女子花袖衫

图一　土族女子花袖衫主图

土族女子花袖衫为土族妇女传统服饰，土族语叫作"秀苏"，它一般是用七种颜色的棉布或丝绸制作出的袖套缝制于斜襟长衫上的花袖衫，以黑色、深蓝色为主，未婚女子一般穿粉红色不束腰带，领部用羊羔毛装饰。花袖衫色彩鲜艳夺目，犹如剪出来的彩虹。其衣长约125厘米，衣摆宽约48厘米，袖长约49厘米，领口宽约16厘米，袖口宽约14厘米。花袖长衫上一般套有黑色、紫红色或蓝色镶边坎肩。花袖衫腰际系橙色或蓝绿色腰带，并且还佩戴钱褡裢等装饰。历史上，宗教信仰一直影响着土族人的生活习俗和审美标准，土族宗教信仰呈多元化态势，也形成兼容并包的民族精神。无论款式、造型还是色彩，土族服饰都不能离开宗教意识的影响。

对于花袖衫，有许多民间传说，其中一则流传广泛。很久以前，在互助地区有一个部落，部落有一群美丽的阿姑，她们每天一起劳动一起唱歌，每当春暖花开，还一起到河边洗衣服。那时，她们的衣服色彩单调，都希望有一身漂亮的衣裳。有一天，雨过天晴，她们来到河边洗衣服，正巧天空出现了美丽的彩虹。有一位聪明的阿姑萌发出仿照彩虹制作衣裳的念头，她连夜赶制了一件漂亮的花袖衫，大家见了都说好看。就这样一传十十传百，竞相仿制。花袖衫在阿姑们中间代代相传，一直流传到今天。

花袖衫有着悠久的历史，它是土族的经济、文化、宗教、生活方式、审美情趣等诸多因素影响的结果，经过历史与文化的长期积淀，花袖衫缀饰的每道色彩，在土族人的审美心理上形成了极具象征的文化所指。土族古歌《杨格喽》唱道，"阿依姐的衣衫放宝光，天地妙用都收藏，红白蓝黑紫绿黄，万物全靠它滋长"，便可直接得出七彩衣衫的文化意象。黑色象征土地，寓示土族人民对土地的依赖眷恋；绿色代表土族人民对自然景观、植物风貌的憧憬；黄色体现对丰收的渴望；白色隐喻纯洁心灵；红色体现人们对太阳的敬仰；蓝色象征人们性格如蔚蓝的天空和大海般质朴率真而博大包容；紫色则表达灵魂的深邃静谧。

土族女子花袖衫在色彩上的浓情用意，一方面可满足土族人民审美的需求，另一方面则很贴切地表达出他们的生活意趣，突出了土族人民与自然的密切关系，使我们更加认识到土族人民"天人合一"的生活理念。

（沈雅楠）

图片来源
图一、图四　王元杰　摄影
图二、图三　王元杰　制图

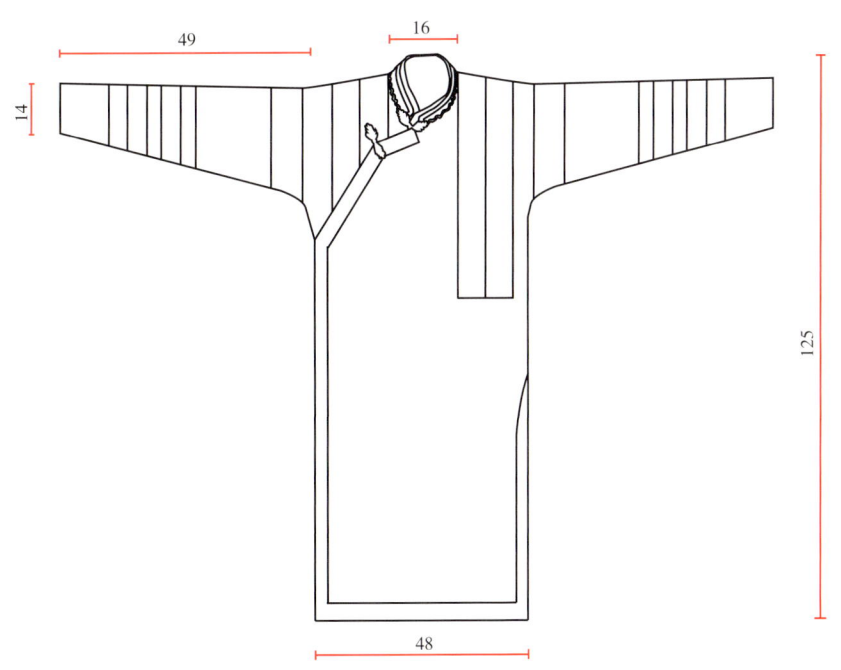

图二　土族女子花袖衫尺寸图（单位：cm）

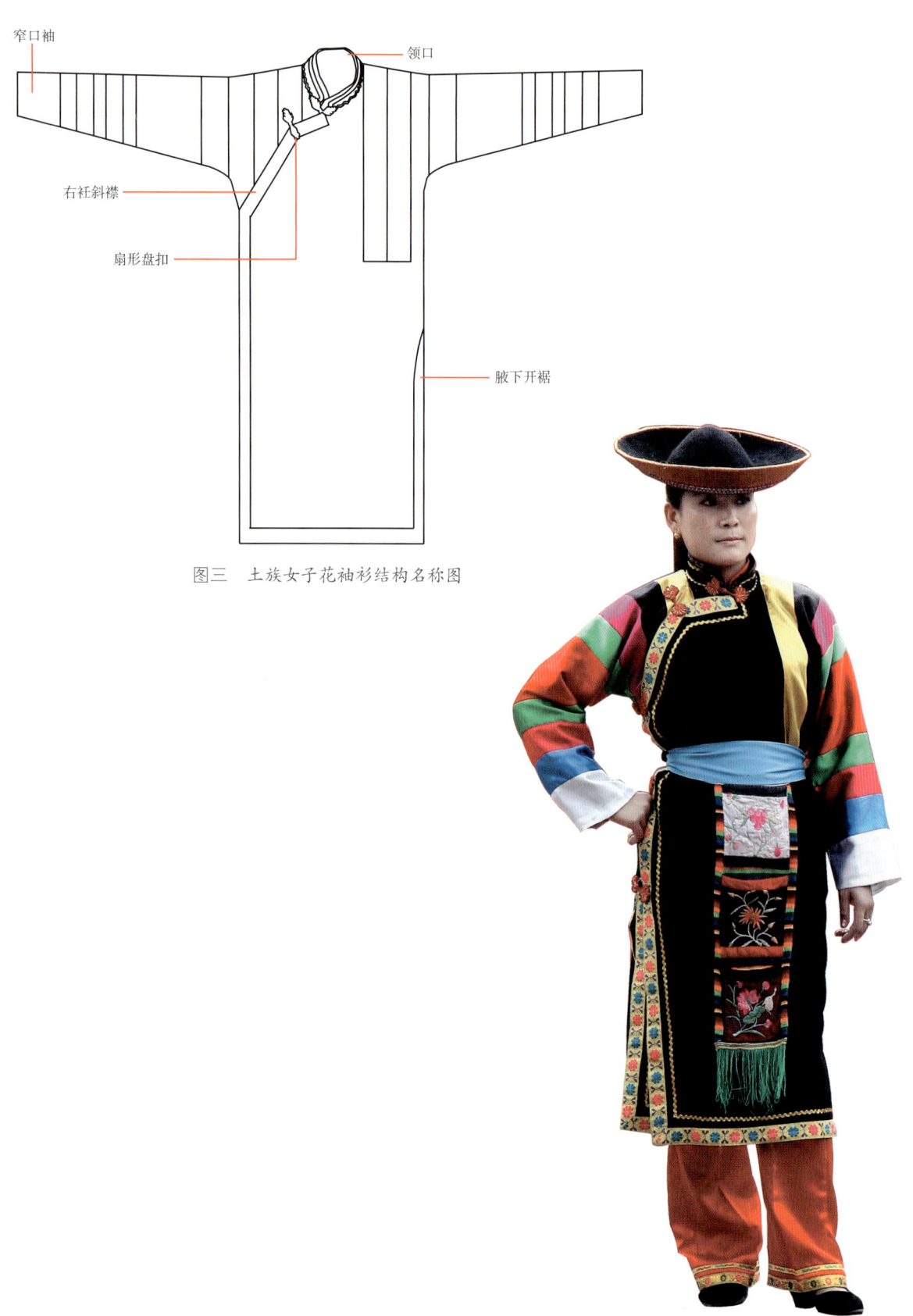

图三　土族女子花袖衫结构名称图

图四　土族女子花袖衫穿戴效果图

土族女子四角方巾

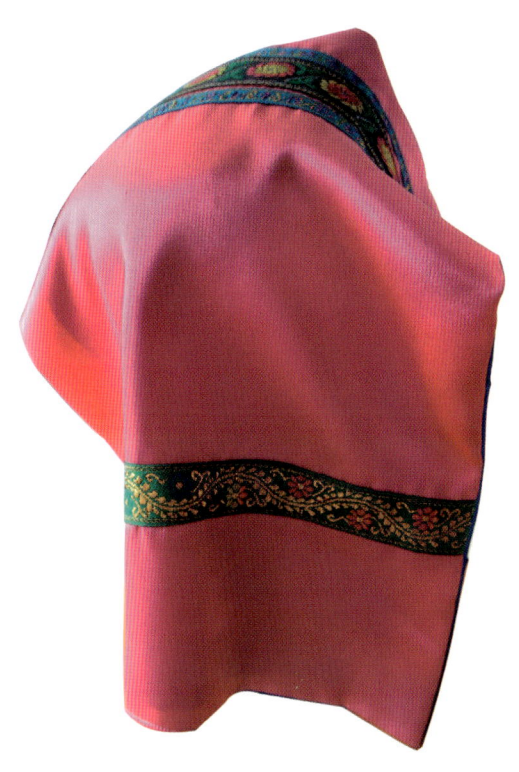

图一 土族女子四角方巾主图

土族女子四角方巾为长方形，只是当地习惯叫方巾，长约30厘米，宽约25厘米，厚度约0.2厘米。四角方巾由丝绸缝制而成，色泽艳丽有光感，其装饰种类主要有七彩纹样和植物纹样两种，两端丝带系于下颚以便固定在头部，其多为未婚女子佩戴，在农耕劳作时，有防晒、防风沙、防头发散落等实用功能，在闲时还有配合妆容、服饰等装饰功能。七彩纹样四角方巾一般是由红、黄、橙、蓝、白、绿、黑七种颜色的丝绸拼接而成，象征着彩虹，在寓意上与土族七彩花袖衫相呼应，能够看出土族人民对色彩的崇拜和敬畏之情，他们通过色彩来表达潜藏在内心深处的民俗信息。另一种以植物纹样为装饰图案，比七彩纹样更为简洁，前后各缝有饰带，前饰带由3条组成，中间主要饰带约3厘米宽，上面绣有太阳花、樱子花等二方连续纹样，华丽而有节奏。两边饰带各约1厘米宽，其上绣有简洁的五彩水波纹，后饰带宽约1.5厘米，上绣有樱子花、卷草纹等纹样，与花袖衫的边饰形成呼应。

土族聚集地属高原气候，风沙大，日照强，故土族人民创造了一系列保护头部的佩戴物件，四角方巾就是其中重要的一种，其便于携带，可塑性强，制作简易，图案鲜明，能够通过视觉愉悦展现土族年轻女子的朝气和活力。

土族聚集地历来为多元文化交汇之地，四角方巾的产生与汉族的方巾有一定的关系。随着手工业的逐渐发展和商业的兴起，并有地处丝绸之路青海道的得天独厚的条件，促使内地的丝织品大量出现在土族服饰中。可见，土族服饰采用了皮毛、麻布、绸缎作为材料，这反映了土族畜牧业经济向农业经济的转化的痕迹，也体现出土族人民在服饰的取材用料上呈现出兼容并包的特点。

（沈雅楠）

图片来源

图一、图五　王元杰　摄影

图二至图四　王元杰　制图

图三　土族女子四角方巾局部图案分析示意图

图二　土族女子四角方巾尺寸图（单位：cm）

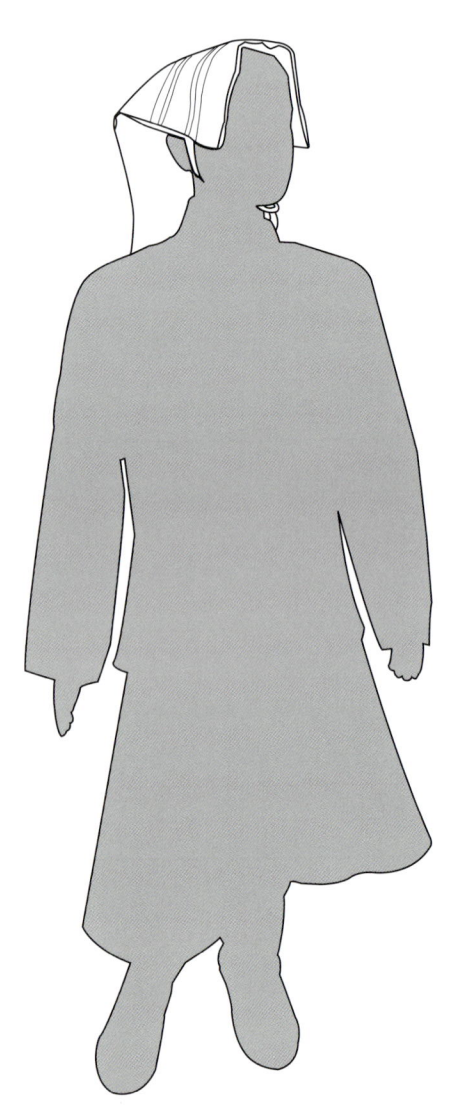

图四　土族女子四角方巾佩戴示意图

图五　土族女子四角方巾佩戴效果图

土族盘绣花头腰带

图一　土族盘绣花头腰带主图

土族盘绣花头腰带采自青海互助土族自治县文化馆，是土族传统男式服饰，腰带整体是用窄幅蓝布或黑布制成，腰带两端各有一块花卉盘绣图案，花头腰带也因此而得名。本案例中，腰带两端各有一个接头，绣着五瓣梅花图案，最外端还绣着云纹图案。这种刺绣工艺是传统的土族盘绣工艺，其针法十分独特，操针时配以两根色彩相同的线，一根用作盘线，一根用作缝线。盘绣直接在布片上操作而不用棚架，绣者左手拿布片，右手拿针，上针盘，下针缝，一针二线，虽费工费料，但绣成的作品华丽绚烂，极具视觉冲击的愉悦性，同时厚实而经久耐用。

腰带，是中华民族在日常起居中必备的穿戴配饰，通常是指用以束腰的带子，早期中国的衣服多不用纽扣，腰带是为了使衣服不散开。古人对其很重视，无论是便服还是官服，都会使用腰带，成为传统服装中必不可少的饰物，尤其是在礼见时，不可或缺。

古时连兄弟之间夜里见面说几句话，都必须整衣束带，否则就觉得有失礼貌。古人对腰带的重视，由此可见一斑。

土族更是如此，腰带是土族服饰中重要的组成部分。土族花头腰带的图案主要分为宗教图案、龙凤图案、文字图案、动植物图案等，这些图案表达土族文化发展过程中的劳动实践和群体意识。（王政）

图片来源

图一、图四　高鹏杰　摄影

图二、图三、图五、图六　高鹏杰　制图

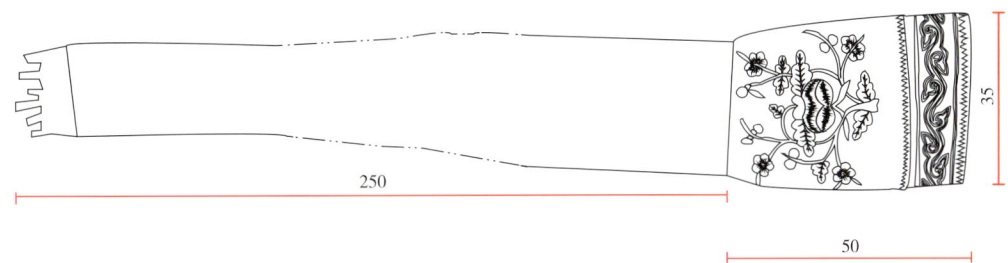

图二　土族盘绣花头腰带尺寸图（单位：cm）

图三　土族盘绣花头腰带图案

图四 土族盘绣花头腰带局部细节图

图六 土族盘绣花头腰带佩戴示意图　　　图五 土族盘绣花头腰带常见图案纹样

土族五彩珠项链

图一　土族五彩珠项链主图

土族五彩珠项链是土族妇女喜庆节日或走亲访友时常戴的装饰品，由红、黄、绿、蓝、深红五色大小不同、形状各异的珠子串制而成。五彩珠项链的材质种类繁多，常见的有红珊瑚、蜜蜡、绿松石、红松石、石榴石等。五彩珠项链形制和颜色区别均有不同含义：红色表示崇敬太阳，多以红珊瑚、琥珀、玛瑙等珍贵石料打磨而成；黄色代表丰收的愿望，多以蜜蜡、黄玉等磨制而成；蓝色象征着天空、湖泊，是对天地的敬畏，多以蓝松石、青金石等加工而成；绿色寓意着对自然的憧憬，多以绿松石、墨玉、翡翠等切磨而成，这种寄情物化的工艺理念，一直是土族传统工艺的一个重要特征。

五彩珠项链制作工序颇为复杂：首先在选料上十分考究，要选择色泽好、形状优美的宝石；然后用打磨工具根据项链的实际需要加工其造型；之后再进行不断的抛光直至呈现出具有光感的色泽；最后按照一定的规律用细麻绳串联起来，按对称的方式由小到大串联成两层或多层。宝石穿法富有数目和色彩的节奏感，例如3（蓝松石）+4（红珊瑚）+1（琥珀）+1（蓝松石）+6（红珊瑚）+1（蜜蜡）+1（绿松石）+……具体的穿法还可以根据宝石的数量和实际的需要而改变。

五彩珠项链的构造和质料都显华贵艳丽，是土族人民审美意识不断演变的成果，也是土族人民造物传统"随机应物"工艺理念的一个缩影。（沈雅楠）

图片来源
图一、图四　高鹏杰　摄影
图二、图三　高鹏杰　制图

图二　土族五彩珠项链材质分析图

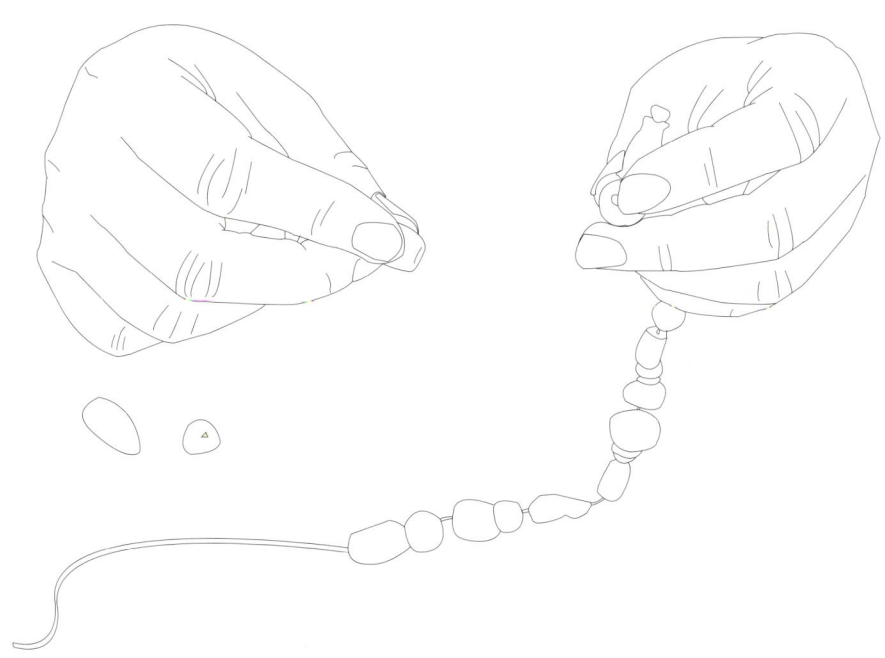

图三　土族五彩珠项链制作示意图

图四　土族五彩珠项链佩戴效果图

土族男子大领斜襟羊毛长棉袄

图一　土族男子大领斜襟羊毛长棉袄主图

土族男子大领斜襟羊毛长棉袄是土族男子冬季必备服饰，其功能是抵制风雪，厚实保暖。外以黑色棉麻布为面料，内由带毛的羊皮缝制于黑色的斜襟长袍内，大襟，翻领，领口的羊毛裸露于外，可根据天气状况调整襟口幅度。腰系花布腰带，其下摆、领口边缘都镶有七彩条纹缘饰，寓意丰富，整体的黑色与边缘的七彩产生强烈的对比，为单调的面料增添了一缕亮色，显得既成一体又富有变化。

土族男子大领斜襟羊毛长棉袄的制作工序较为传统：首先选取优质带毛羊皮和棉布，先将棉布裁剪缝制成衣服，再把带毛羊皮缝衬于棉质衣服之内，使其定型，最后长棉袄边缘缝制七彩缘饰。

长棉袄体现了土族人民特有的传统造物理念。其工艺理念因人造物，完全是根据土族民族所处的地理位置、自然资源配置和土族特有的生产劳作实际需要、日常生活习俗而创造出的实用服饰。土族地处高原，气候多变，冬季寒冷，长棉袄的制作用以适应当地的生存环境。其加工因材取料，土族曾以畜牧业为生，后虽以农业生产方式为主，然畜牧业亦是其重要生产方式，毛皮是其重要的物产，土族人民充分利用了这一资源，创造出了独特而精湛的服饰。

长棉袄的打样、裁剪、缝合、成衣，以及根据不同部位、不同功能的实际需要而进行的设计，均反映了土族人民物质与精神层面的各种实际需求，也突出了土族人民实用、朴素的造物特色。（沈雅楠）

图片来源

图一　高鹏杰　摄影

图二至图四　高鹏杰　制图

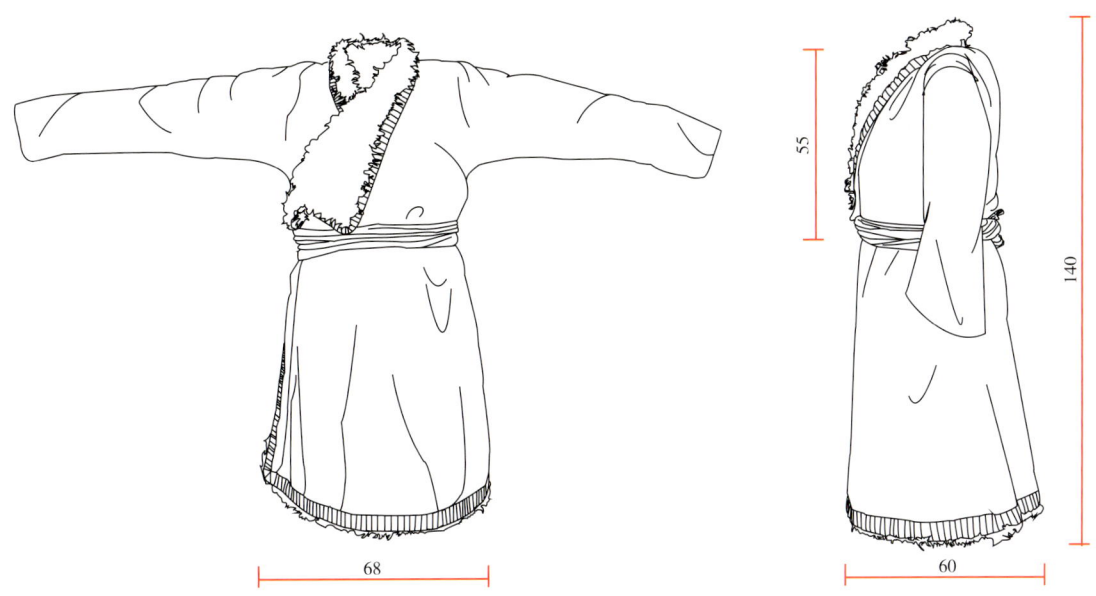

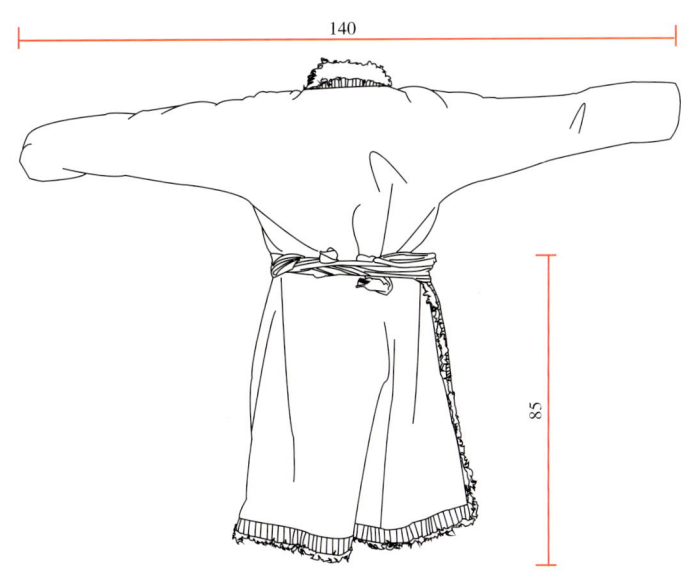

图二　土族男子大领斜襟羊毛长棉袄三视、尺寸图（单位：cm）

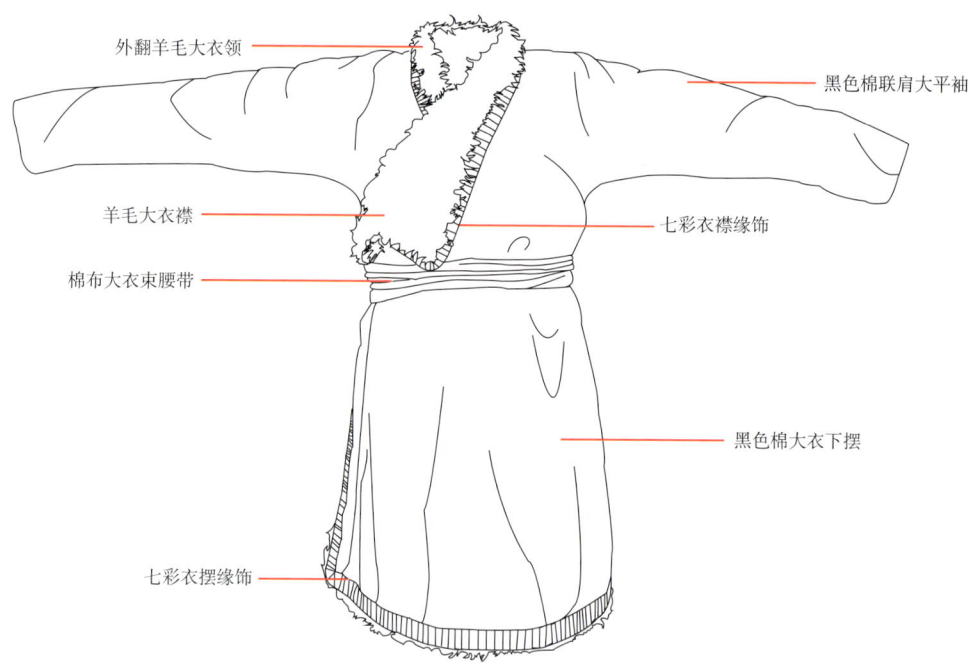

图三 土族男子大领斜襟羊毛长棉袄结构名称图

图四 土族男子大领斜襟羊毛长棉袄穿戴示意图

土族女子绣花腰鞋

图一　土族女子绣花腰鞋主图

土族女子绣花腰鞋分拉线、盘线绣的高腰鞋（以下简称高腰鞋）和拉线绣的浅腰鞋（以下简称浅腰鞋）两种，耐磨的绨纳鞋底、鞋帮绣花、脚尖微微上翘并留有五彩线穗，体现了独特的文化特征。先用千层布裁成鞋底，再用细棉绳密纳，这样做出的鞋底厚实耐磨，接着缝上鞋帮，顶入鞋楦，使其成样。绣花腰鞋样式美观大方，穿着十分舒适。浅腰鞋鞋口约14.5厘米，高约8厘米，鞋长约24厘米，其在土族妇女农闲时所穿，高腰鞋尺寸与浅腰鞋基本相同，只是在鞋口缝制高约50厘米的鞋筒，其主要用鲜艳的红布缝制而成，鞋筒内部加棉用来御寒，土族妇女在外劳作时一般以穿高腰鞋为主，其有利于爬山、放牧、耕种等，也有利于抵御雨雪和风沙的侵袭。

绣花腰鞋鞋帮一般都是以黑布为底料，绣上纹样，其纹样图案分为两种，一种是在鞋面、鞋帮上用七彩丝线绣上色彩斑斓的牡丹、彩虹、莲花等纹样，此类纹样一般出现于浅腰鞋上。自东汉时期佛教文化不断地传入中国，莲花纹就颇受人们的喜爱，从中国的本土文化来看，莲花在佛教是佛法的象征，儒家文化中也是真善美的化身，象征着精神和理想升华的至高境界，当儒家文化和佛教文化相结合后，莲花在人们的心中就更完美了，所有美好的愿望和祝福都汇聚到对莲花的喜爱，在集体无意识的作用下已渗透到了骨髓和血脉。

另一种是绣有七彩纹样的绣花长腰鞋，鞋帮多以红色为主，五彩纹样的象征寓意等同于花袖衫，其是土族服饰最主要的特色所在。五彩纹样以较宽的线条形式刺绣而成，体现事物的神韵和节奏，绣花长腰鞋的工艺展现出土族人民在造物方面追求审美功能和使用功能的和谐统一。（沈雅楠）

图片来源

图一、图六、图七　王元杰　摄影
图二至图五　王元杰　制图

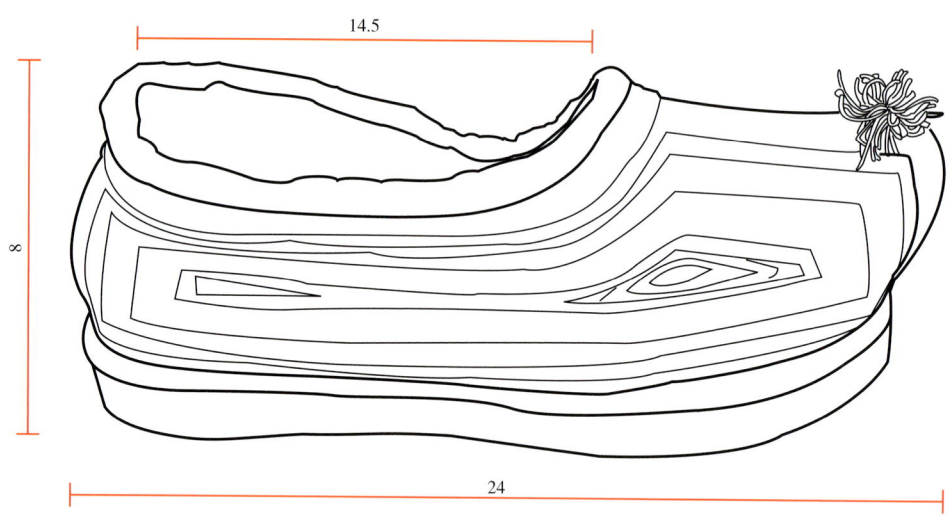

图二　土族女子绣花腰鞋尺寸图（单位：cm）

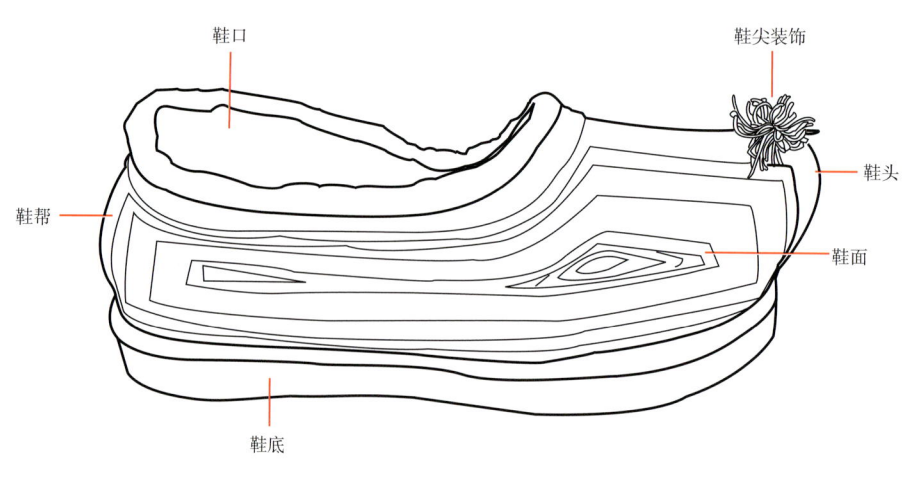

图三　土族女子绣花腰鞋结构名称图

鞋口处的缝制工艺

鞋尖的彩色线头装饰

鞋面为拉绣工艺

鞋子主体部分与鞋底的连接处

图四　土族女子绣花腰鞋局部分析图

图五　土族女子绣花腰鞋穿着示意图

图六　土族女子绣花腰鞋穿着效果图

图七　土族女子绣花腰鞋延展图

土族男子绣花双楞子鞋

图一　土族男子绣花双楞子鞋主图

土族男子绣花双楞子鞋采自青海互助土族自治县文化馆。土族男子穿的鞋都使用自制的"羌鞋纱"（是一种做鞋的布料，土族叫"羌鞋纱"），根据样式的不同可以分为两种：双楞子鞋和福盖地鞋。

双楞子鞋双梁船形，黑底鞋面上绣白色卷云纹或涡旋纹纹样，有的鞋帮还扎几朵碎花，以黑边相配，寓意富贵吉祥。其鞋底较厚，用麻线密密纳制而成，结实耐磨。这种鞋有一特点，就是把两片鞋帮前部缝合并夹半寸宽条，形成两溜高楞，内衬有布条，楞上用线密密缝制，使鞋梁部位突起两道，防止鞋子撞踢时损坏鞋面，增加了鞋子的牢固度，故称双楞子鞋。鞋口还有一圈凸起的楞，用以防止鞋口裂开。双楞子鞋鞋口长17厘米，鞋高10厘米，鞋体长30厘米。双楞子鞋通常与"黑虎下山"绑腿带组合穿戴，显出土族武士健步如飞、身手不凡的勇猛形象。

土族男子所穿鞋子上的卷云纹纹样，最

初代表着男子在作战时保佑自身的图腾，象征着土族武士腾云驾雾，身手敏捷，取得战斗胜利。（王政）

图片来源
图一　王元杰　摄影
图二、图三、图五　王元杰　制图
图四　刘颖　制图

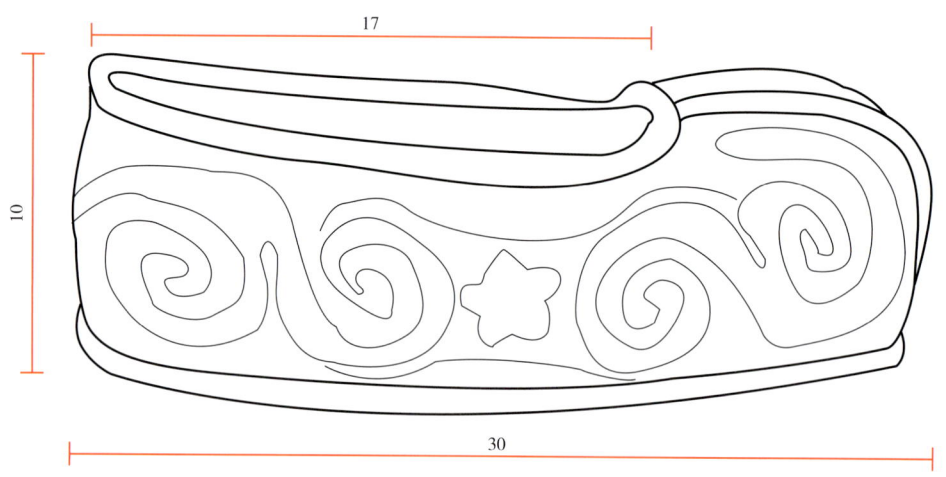

图二　土族男子绣花双楞子鞋尺寸图（单位：cm）

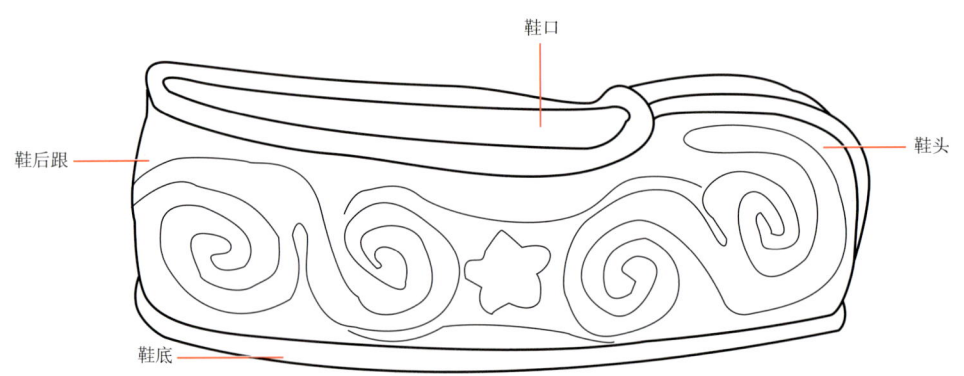

图三　土族男子绣花双楞子鞋结构名称图

图四 土族男子绣花双楞子鞋局部分析图

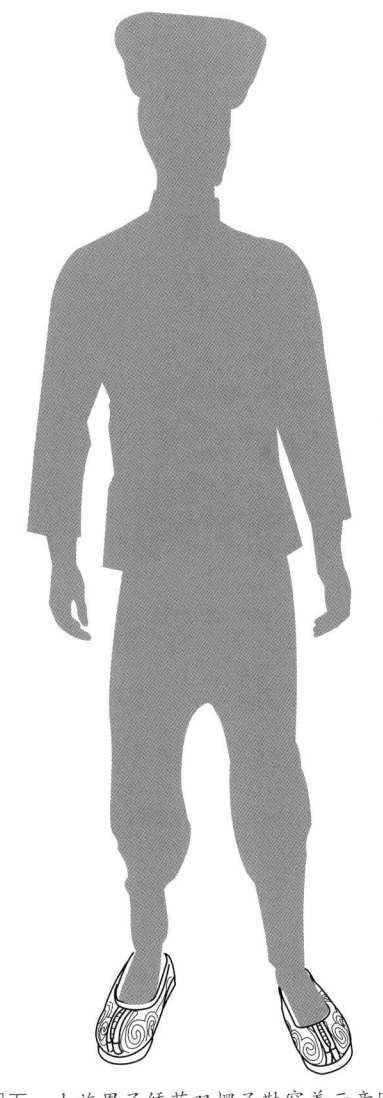

图五 土族男子绣花双楞子鞋穿着示意图

第二章 土族传统服饰

075

土族侧开红坎肩

图一 土族侧开红坎肩主图

相传坎肩是由久居南方的汉族"半臂"（实则无袖）演变而来。据记载，隋唐时期"半臂"只作妇女便服。至宋代，则演变为男女皆穿的无袖背心。所以《珩璜新论》中说："今之衣半臂，非礼之服也。"就是说，穿上半臂不能登大雅之堂，只能在休闲时穿。而土族侧开红坎肩的穿戴场合与此说法却不同，其主要在婚庆场合时穿着，以表喜庆、吉祥、好运来临之意。

该红坎肩为双层缝制，连肩无袖，外层以红色丝绸为底，用金色丝线绣出精美花纹，内层则用蓝色轻薄棉布作里，根据季节不同可做成棉或夹等不同类型。男女穿戴皆宜，只是面料纹饰上稍有差异，男士红坎肩上有金色吉祥结，而女士红坎肩则有粉色、金色等颜色的花朵，显得光彩夺目，喜庆祥和。红坎肩只及腰下，下摆宽大并在两边开衩，衩长约9厘米，左侧露蓝色衣里，右侧缝制有正方形盘绣口袋，为黑底绣花，女式坎肩绣花纹样常以花朵、仙鹤、孔雀等为题材，男式坎肩则以神仙魁子、云纹、菱形、雀儿头、富贵不断头等纹样作为题材。右侧衣襟边缘缀有绿色盘花纽扣，共两对。红坎肩为翻领，内外两层，领子外层为绿色丝绸，在色泽上与盘花纽扣和谐统一，金色波浪纹布条镶边，里层以黑色做底，边缘绣有彩色云纹图案，以示吉祥安宁，用金色丝线缝制于衣领边缘，呈齿状，外边缘嵌有褐色羊毛，起保暖和装饰作用。

土族人民常以内着衬衫，外穿坎肩的穿戴形式穿梭于各种休闲娱乐或婚庆场合，以表喜庆欢腾。穿着红坎肩时，男士常佩戴白色毡帽，腰系花头腰带，女士则常佩戴针线包和褡裢。如今这已成为土族婚庆迎亲时的典型装扮，其在装饰和寓意上也体现出浓厚的土族乡土气息。（沈雅楠）

图片来源
图一、图四　王元杰　摄影
图二、图三　王元杰　制图

图二　土族侧开红坎肩尺寸图（单位：cm）

羊毛边装饰　　　　　　　　　　　　　　　绿色绸缎翻领

阔袖口

正方形盘绣图案装饰　　　　　　　　　　　斜襟大翻领

　　　　　　　　　　　　　　　　　　　　绣花缎面

盘扣

图三　土族侧开红坎肩结构名称图

图四　土族侧开红坎肩穿戴效果图

土族耳坠

图一　土族耳坠主图

耳坠是土族女性佩戴于耳垂上的一种饰物。土族妇女喜欢戴耳坠，她们佩戴的耳坠有金、银、铜等质地，其中最讲究的还是镶有红珊瑚或绿松石的银耳坠。它的上部即为耳环，下部悬挂着一组坠饰。本案例中的耳坠就是在银质耳环扣下，配一对银质塔状珠托，中间镶一颗红珊瑚珠，最底部在红珊瑚珠间又镶一颗绿松石珠。耳环和珠托虽然不大，但上面仍雕有精致的图案，惟妙惟肖。

相传，古时候的人们认为耳垂大的人有福气，但人耳垂的大小是天生的，耳垂小的人怎么办呢？于是就有人想出办法来弥补，戴上东西往下坠，把耳垂拉大。因此，就产生了耳坠。戴耳坠要有耳眼，土族女孩一般由她的母亲或奶奶先用两粒黄豆在耳垂两边反复辗揉，使之麻木、变薄，然后把针放在火上烧，给其消毒，穿上红丝线，戳破耳垂，把红丝线穿入。时间一长，就形成了耳眼。所有飘摇的美丽就可以垂挂于这小小的耳眼。

古老的土族人民认为银可以避邪，消炎，佩戴银质饰品保人健康富贵。红珊瑚被视为幸福祥瑞之物，因此也被称为"瑞宝"，是高贵的象征。红珊瑚十分名贵，因其产量少而价值高。红珊瑚的颜色越匀称、越红、越重，质地就越好。绿松石是最古老的一种宝石，也是中国四大名玉之一，被誉为"成功之石""东方神石"。绿松石因形状似松球，颜色接近松绿，由此得名。传说女娲补天用的七彩石之一就是绿松石。土族人民认为绿松石是神的化身，佩戴它能够驱除邪恶，得到神灵的庇佑。绿松石是土族妇女们最钟爱佩戴的饰品之一，它代表成功和胜利，传递着信赖，并且象征着权力和地位。不论是大家闺秀，还是小家碧玉，都喜欢戴这种耳坠。当探亲访友或遇到喜庆节日时，她们还会在耳坠上增加一对"面古苏格"，即有刺纹图案、铜钱大小、桃形的饰物，这样会令女人们更加的美丽耀眼。

土族的耳坠，因其具有精致、美丽、神圣、高雅等特点，一直受到土族女性的钟爱，并一直传承至今。（罗德艳）

图片来源
图一、图三、图四　高鹏杰　制图
图二　高鹏杰、徐常乐　制图
图五　高鹏杰　摄影

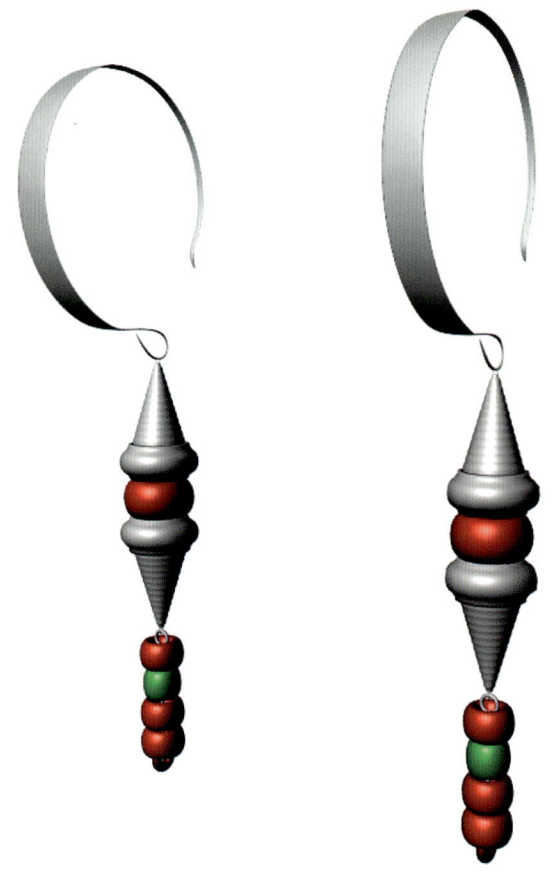

图二　土族耳坠模型图

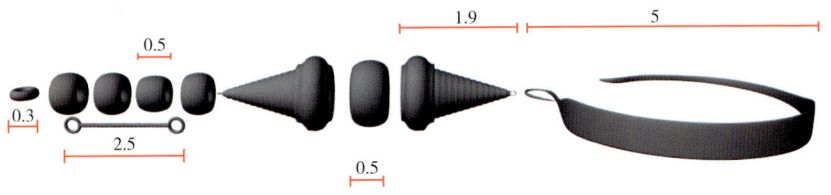

图三　土族耳坠尺寸图（单位：cm）

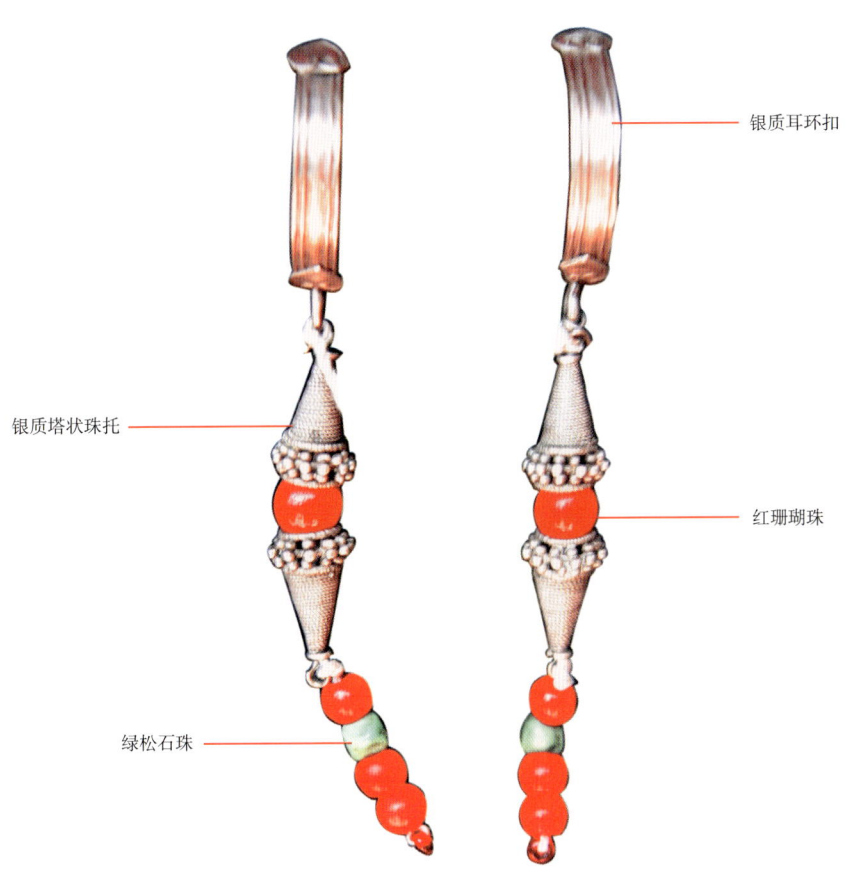

图四　土族耳坠材料分析图

图五　土族耳坠解析图

土族流苏

图一　土族流苏主图1

流苏又名穗子，以五彩羽毛或丝线等制成的穗状饰物，常垂系在服装或器物上。唐代妇女流行的头饰金步摇，也是其中一种。土族流苏广泛应用于窗帘装饰、灯饰等，以示吉祥喜庆之意，也起美化之效，具有浓郁的民间韵味，其寓意和分类极其纷繁。本案例采自青海互助土族自治县文化馆，该文主要阐述荷包形、绣球形、孔雀形三大形制挂穗。

"荷包挂穗"上端是由丝绸缝合而成的荷包状，整体呈菱形，边缘裁剪为展开花瓣状，共为12瓣，彩色丝线收边，呈齿状，排列整齐规律。该荷包以白色绸为底，上绣有彩色樱子花纹样。荷包内部常以棉花或木糠为填充物。其下端挂有7根彩色流苏条，长均为12厘米，中间为黄色，其他为粉、绿、红色，争奇斗艳。顶端缝制粉色彩条，便于悬挂。流苏与荷包间串有五彩珠，中间串三颗，其余则为两颗。该挂穗常挂于家中窗帘之上或是床头，以示吉祥喜庆。

"绣球挂穗"，多以红、黄、蓝、绿、紫五色花布为底料，大多为12瓣，也可是20瓣，颜色各异，绣球底部悬挂流苏，故称之绣球挂穗，其为土族常见吉祥之物。相传，古代民间有一风俗，待到姑娘婚嫁之时，预定于某一天要求求婚者集中于绣楼之下，姑娘抛出绣球，谁得到绣球，方能成为这位姑娘的丈夫。此外，在很多地方，抬接新娘的花轿顶上要结一绣球，意图吉庆瑞祥。而如今的绣球不仅是家庭中的装饰品，还被人们当作馈赠亲友之礼品，成为传递爱情、亲情、友情的民族文化使者。绣球底端一般缝制一根长约25厘米的流苏作球穗，多以黄、绿为主，介于绣球与球穗之间串有两颗彩色珠。其选料考究，皆为手工精心制作，小巧玲珑，色彩鲜艳。绣球制作工序也极为考究：首先是选择布料，一般选用多种色泽艳丽的棉布，必要时也可给布上浆；其次绘图并裁剪出形状，缝合成球瓣并塞入填充物封口；最后将各色球瓣拼缝成绣球状。

"孔雀挂穗"面料以中国红丝绸为底，上用彩色丝线绣出孔雀羽毛纹样，主要以粉、蓝、黑为主。颈部用蓝色丝线绣其羽毛，由短及长。金色绸布条镶边，该孔雀挂穗先两两缝合，共三组，最后再对其拼接缝合，共为六片，呈对称状，显得典雅华贵。孔雀尾部两端皆悬挂有红色流苏，共12根，长约30厘米，其顶部用黄色布条缝合，上绣有红色"福"字纹样，喜气祥和。该挂穗主要用于新婚房屋装饰，寓意新人幸福美满。在中国，孔雀有吉祥鸟之称，它和人类有着深刻的历史渊源，从古到今，孔雀在艺术、传说、文学和宗教上都久负盛名。其寓意繁多，有升官之说，有新人幸福美满之意，还隐藏有聪慧善良之意等。（沈雅楠）

图片来源
图一、图二、图五、图六　王元杰　摄影
图三、图四　王元杰　制图

图二　土族流苏主图2

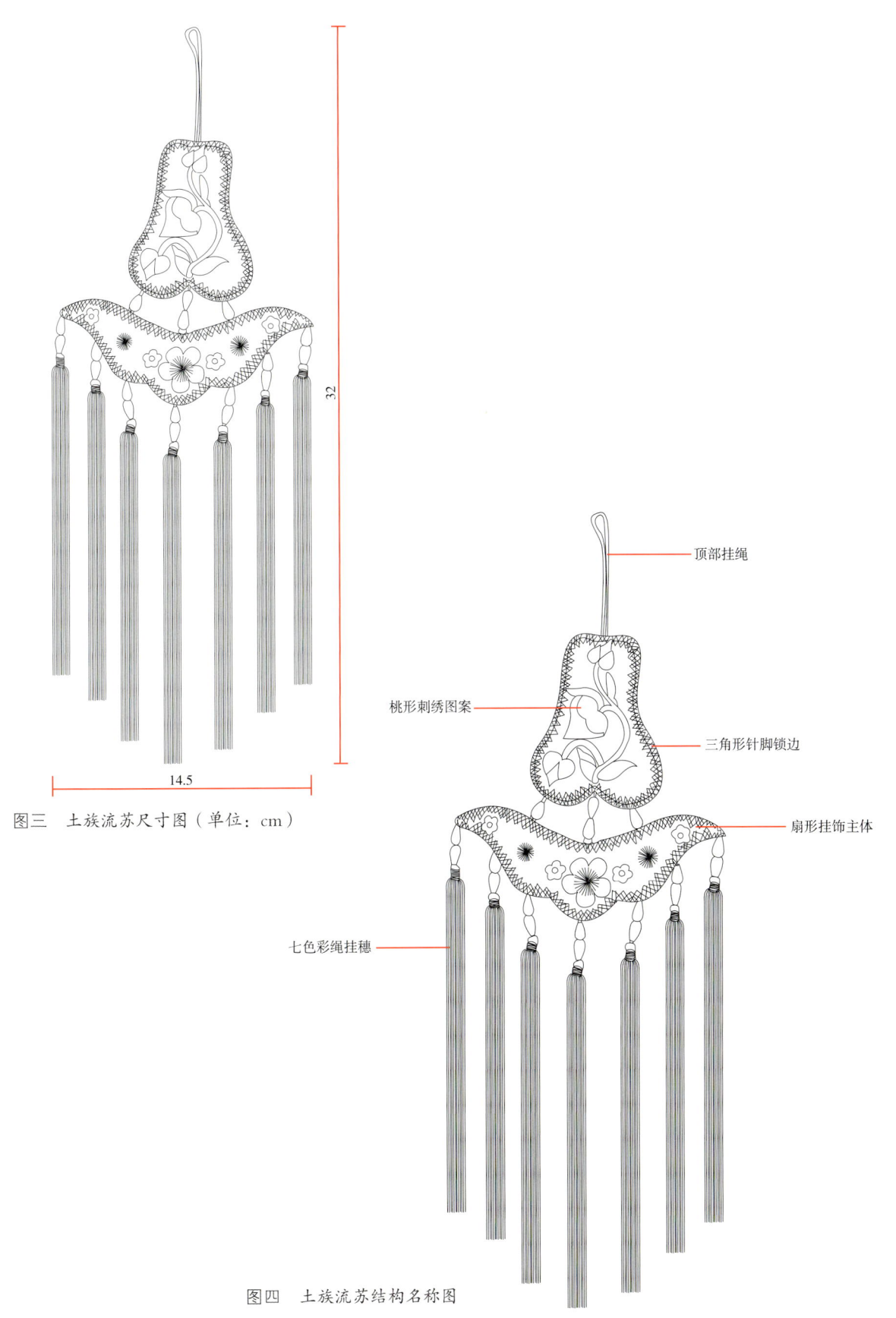

图三　土族流苏尺寸图（单位：cm）

图四　土族流苏结构名称图

第二章　土族传统服饰

图五　土族流苏局部图

图六　土族流苏使用情境图

土族男子大襟长袍

图一　土族男子大襟长袍主图

　　土族男子大襟长袍采自青海互助土族自治县五十乡古堡村民家中。大襟长袍是土族男子冬季所穿的传统服饰。整件长袍选用作为内衬的亮蓝色布料和作为外衬的暗紫色布料贴合成一体，加以彩色竖状条纹布条缝合而成。长袍于身宽松肥大，下摆两侧开衩，开衩边缘也缝有彩色竖状条纹布条，以及袖口、下摆边缘和襟口边缘处皆缝有同样的布条。

　　长袍大部分为暗紫色，以衬托中年男子的沉稳成熟，加以暗红色的缠腰布料系带，使之更显深沉凝重。而翻出内衬作为大襟所展现出的亮蓝色以及袖口、下摆边缘所镶的彩色条纹，与整体的暗紫色形成强烈对比，无疑为这一抹凝重带来一丝轻快感。这种对比强烈的色彩运用突显了沉稳厚重而又不乏轻快明媚的特殊美感，也表达了土族人民追求真善美的心理。土族人民对这种服饰色彩的追求不仅与他们热情豪爽的性格相关，同时也深受藏族服饰色彩观念的影响。由于社会分工以及性别差异，土族女子服饰依旧保留着土族独有的传统，而男子服饰则呈现出完全藏化的态势。因为这种性别的差异给了男子更大的活动范围，男子与外界接触并逐渐受到外界文化的影响，尤其是邻近的藏族。与土族其他的特有文化相比，外界文化的影响在服饰这种意蕴深厚的文化遗产上表现得尤为突出。

作为人类生产生活的产物，服饰文化与一个民族的生产生活方式紧密相关。土族系马背上的游牧民族，这一点毋庸置疑，大襟长袍两侧开衩的服饰正是为了便于骑马，这种服饰特点显示了生产生活方式对服饰文化的影响。（梁成）

图片来源
图一至图四　高鹏杰　制图

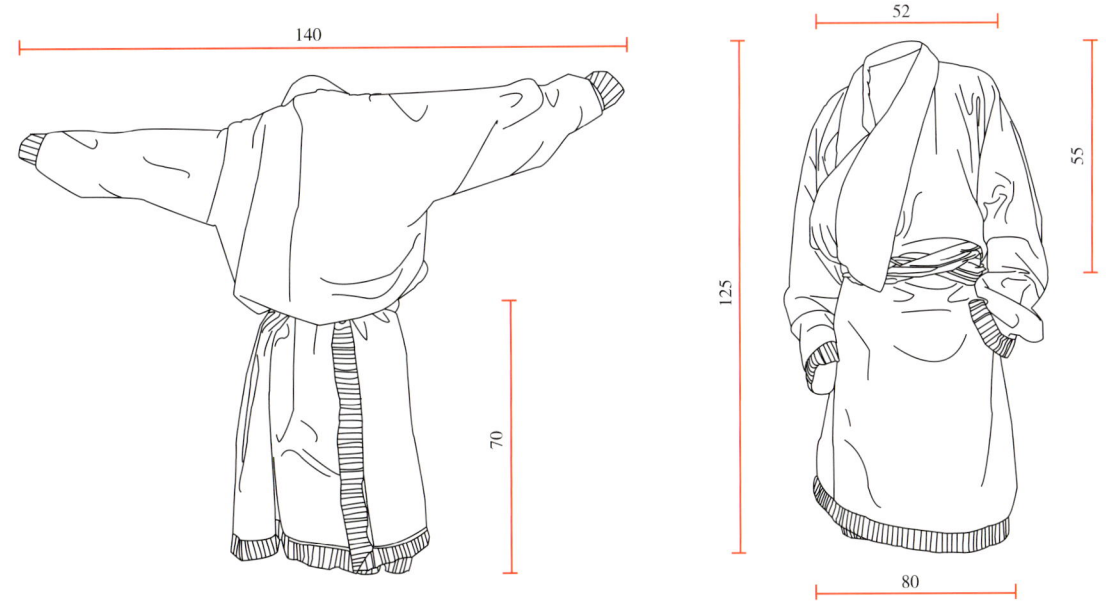

图二　土族男子大襟长袍尺寸图（单位：cm）

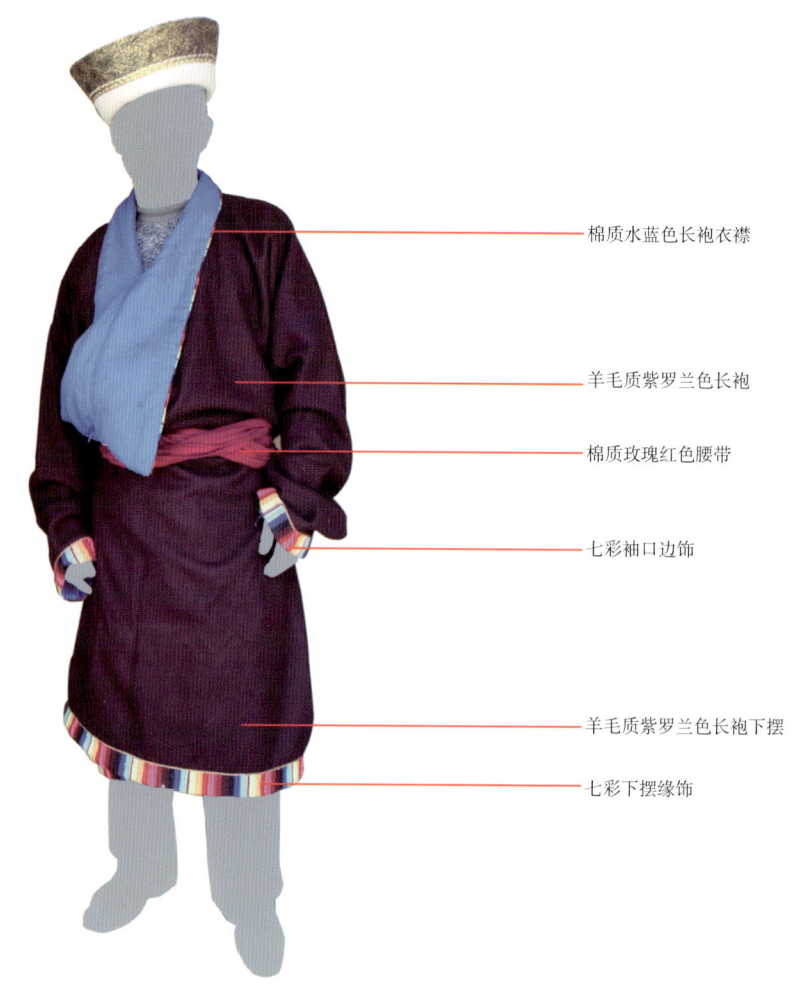

棉质水蓝色长袍衣襟

羊毛质紫罗兰色长袍

棉质玫瑰红色腰带

七彩袖口边饰

羊毛质紫罗兰色长袍下摆

七彩下摆缘饰

图三　土族男子大襟长袍结构名称图

图四　土族男子大襟长袍穿戴示意图

土族拼接式女外裤

图一　土族拼接式女外裤主图

　　土族拼接式女外裤的特点是：直筒，裤腰和裆部宽大，膝盖以下部分用异色布料拼接而成。该种设计由以往"裤筒"演变而生，过去土族妇女一般着蓝色长裤，未婚少女常以红色为主，膝下部分都套裤筒，土语称"帖弯"，"帖弯"与裤子相接处，以白布相隔，"帖弯"末端（即脚口）用白布条镶边。而如今的制作则更为简单，采用两者拼接成形，合二为一。该传统女裤多穿于春夏两季，老少皆宜。其颜色常采用红色、蓝色或黑色，分别为未婚姑娘、妇女、老人所用。穿着时，自裤腰处按照顺序将腰头折叠，并用带系住。

　　土族拼接式女外裤，极具典型性，现收藏于青海互助土族民间展览馆。其整体面料为棉质，质地轻薄，穿着休闲舒适，可较自

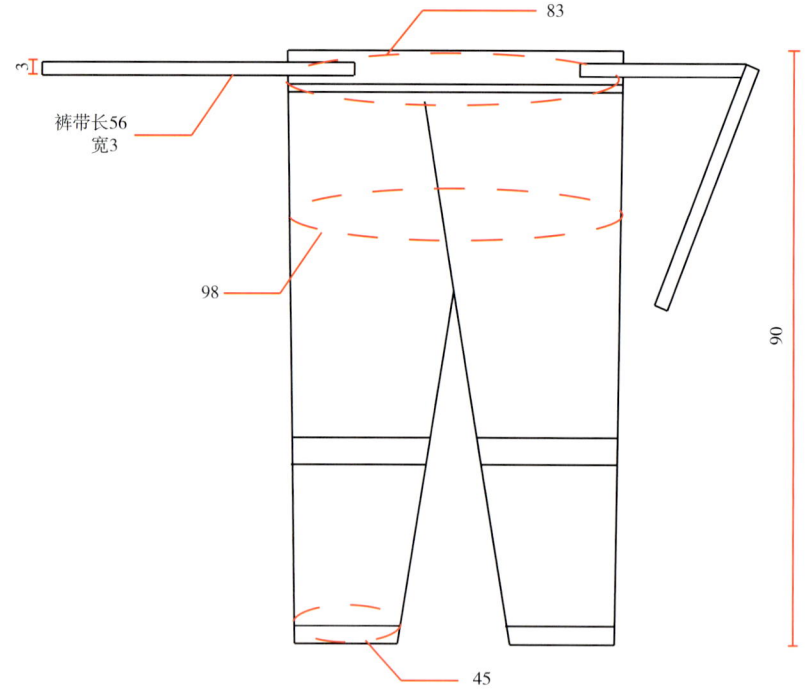

图二 土族拼接式女外裤尺寸图（单位：cm）

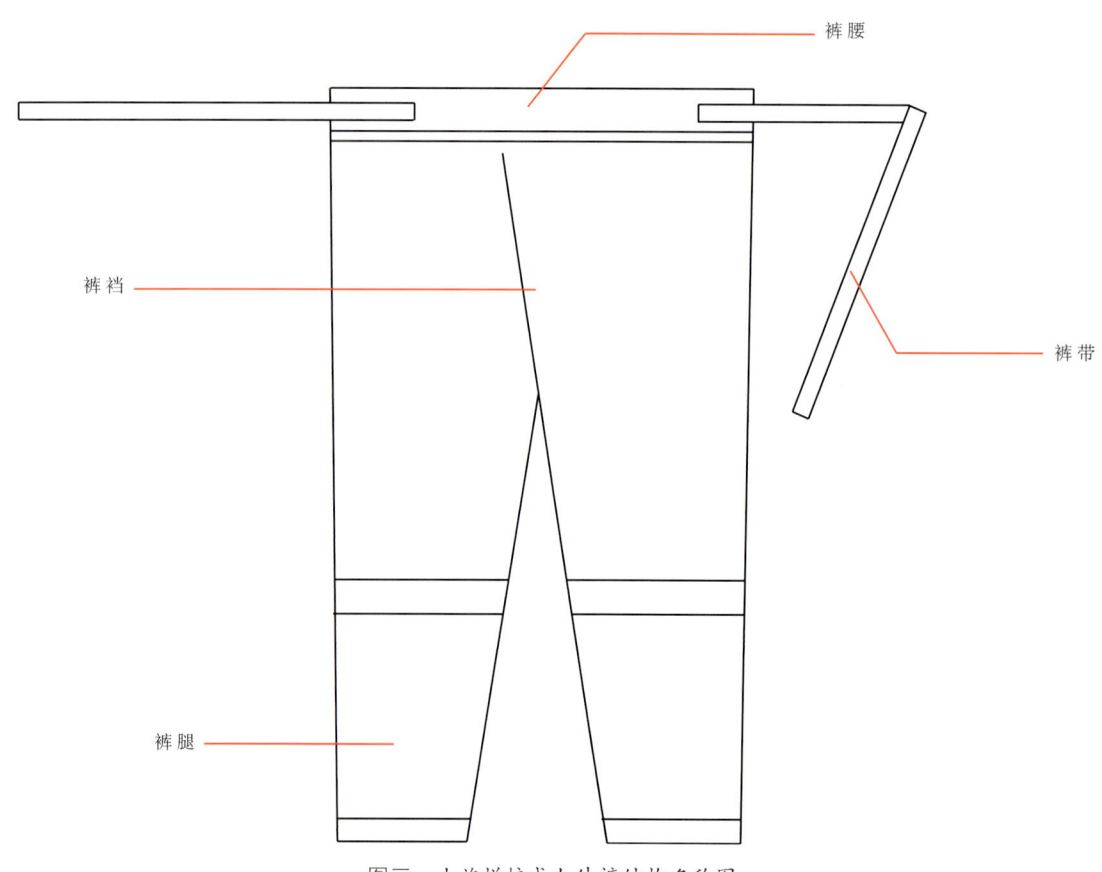

图三 土族拼接式女外裤结构名称图

如地做起蹲动作，因此非常适合在田间劳动或是操持家务时穿着。该拼接式女外裤依次采用蓝、白、红、浅蓝四种颜色拼接而成，有着深刻的寓意。蓝色，象征蓝天；白色，象征甘露；红色，象征太阳，这便也是土族服饰的特色所在，色调鲜明，对比强烈，不难看出土族人民从古至今对大自然都怀揣着至高无上的崇敬之情。女外裤总长为113厘米，腰围83厘米，臀围98厘米，脚口宽约45厘米。膝盖以下部分采用拼接式处理，以上为蓝色，下部以红色为主，约占总长度的1/3。介于红色与蓝色之间，以一寸许白布相隔，脚口采用浅蓝色布条镶边，长约一寸，材质均为棉质。此外，以蓝色棉布拼腰，长为2寸许，在其两侧缝制长56厘米、宽约3厘米的蓝色布条用作裤带，方可自由调整。

土族拼接式女外裤无论是在造型设计上，还是在色彩搭配上，都折射出土族人民崇尚自然、敬畏自然的情感。（沈雅楠）

图片来源
图一、图四　王元杰　摄影
图二、图三　王元杰　制图

图四　土族拼接式女外裤穿戴效果图

土族辫筒

图一 土族辫筒主图

《山海经》中记载，青海先祖有"尾饰"习俗，大通县上孙家寨出土的"舞蹈纹盆"，属卡约文化，盆上舞蹈者都有"尾饰"。这种"尾饰"经过衍变，形成如今的辫筒，佩戴辫筒是土族女子服饰遗风，其历史久远，而今辫筒已是土族女性所特有的一种辫饰。

土族妇女以长发为美，多为及腰长发，她们把头发梳理成长辫装入精心绣制的刺绣辫筒中。辫筒也可称作"发套""辫套"等，大多选用布料或花色绸缎制作，其既可护发，又可作为装饰。该辫筒总长为56厘米，成对佩戴在胸前或背后，其上可缀以众多饰物，如流苏、银牌、珊瑚、玛瑙、珍珠、海贝、象牙、松耳石等。辫筒常以黑色布或绸缎为底，一条辫筒上往往排列五六幅绣片，绣片常以白布作底，其上刺绣各色图案，内容极为丰富，常以樱子花作为主要纹饰，此外也有云纹、水纹、回纹、万字纹、吉祥八宝、卷草纹以及花鸟走兽等。纹饰都象征着幸福安康，吉祥美满。刺绣手法多样，盘绣、平绣、钉线绣兼容并包。

随着文化历史的演化，土族辫筒已由原来护发、装饰功能逐渐积淀为礼仪习俗。土族女子长到15或17岁时，要择吉日改佩成年辫筒。姑娘出嫁，也要举行仪式，亲人需郑重地将辫筒套戴在她的发辫上。

（沈雅楠）

图片来源
图一、图四至图六　王元杰　摄影
图二、图三、图七　王元杰　制图

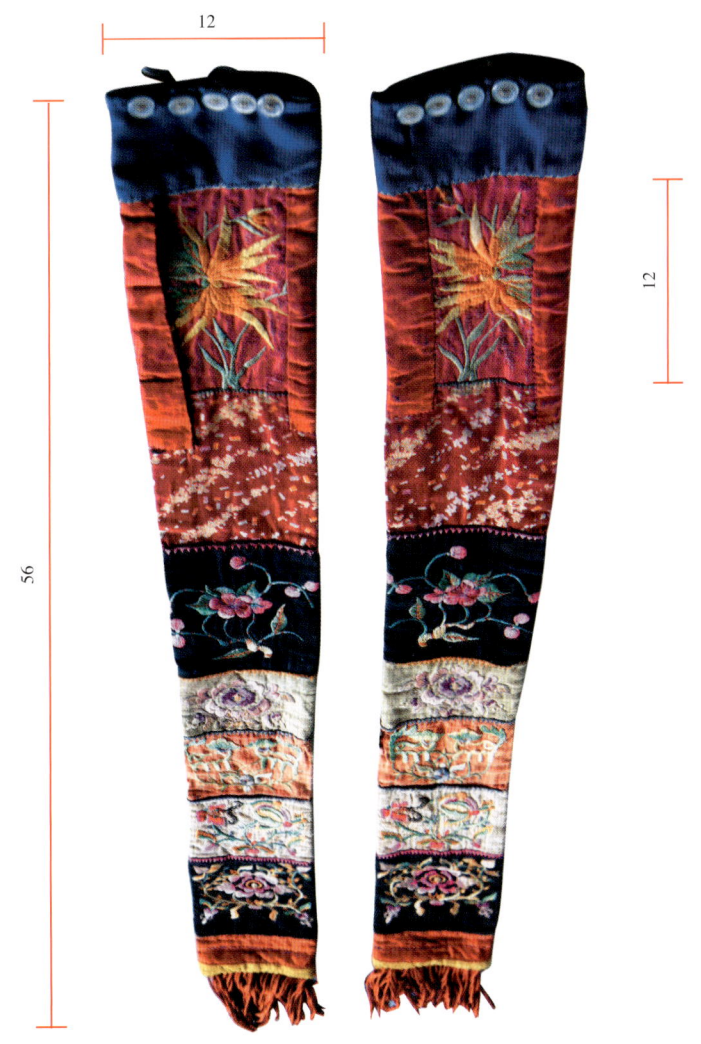

图二　土族辫筒尺寸图（单位：cm）

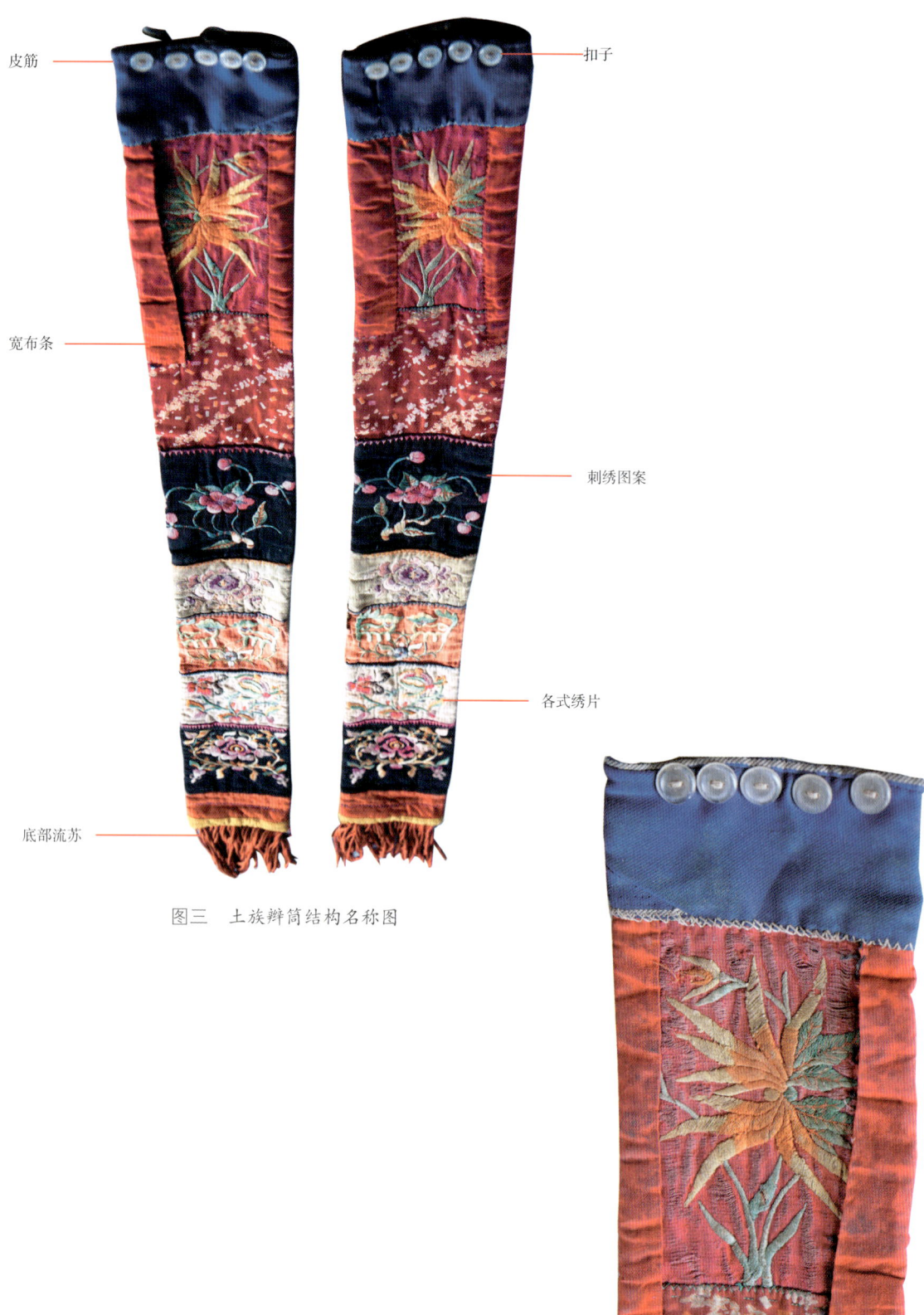

图三 土族辫筒结构名称图

图四 土族辫筒顶部细节图

图五　土族辫筒中段图案细节图

图六　土族辫筒底部流苏细节图

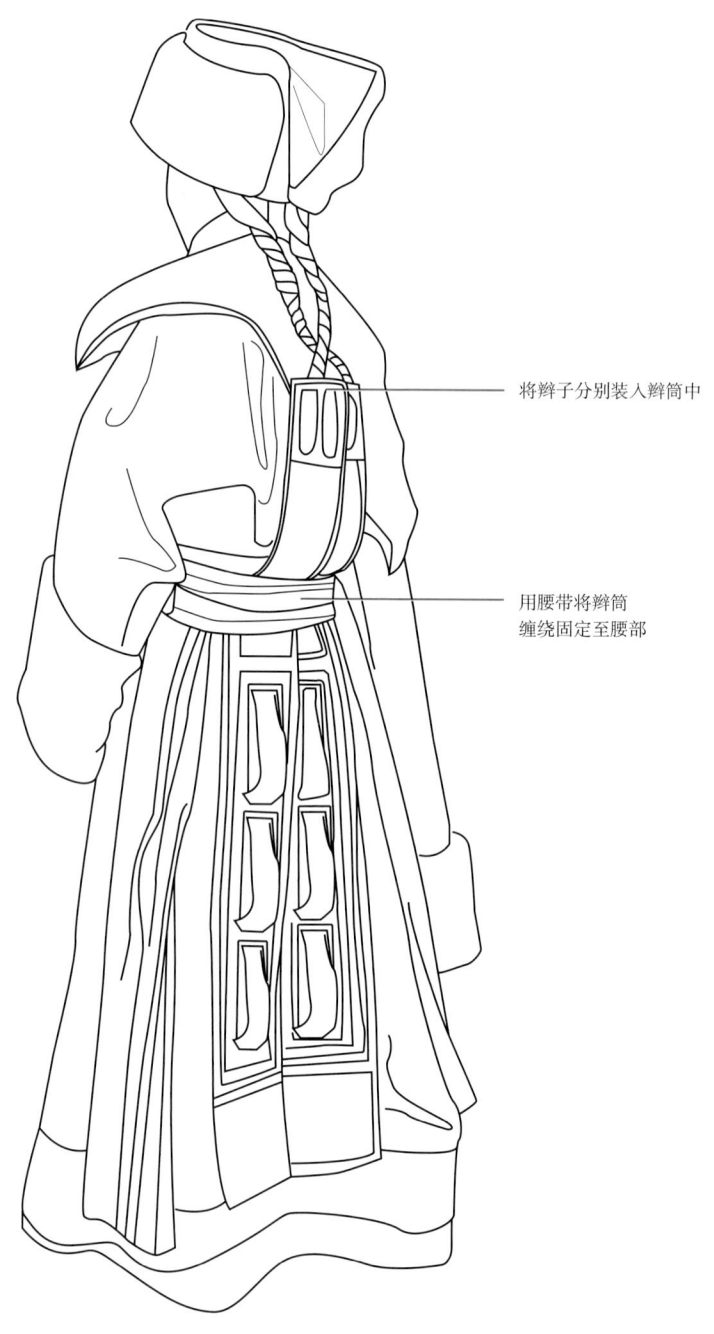

图七　土族辫筒佩戴示意图

将辫子分别装入辫筒中

用腰带将辫筒缠绕固定至腰部

土族新娘扭达

图一　土族新娘扭达主图1（正面）

　　土族新娘扭达，是土族新娘佩戴的传统华美头饰。土族姑娘将近婚龄时，需要准备嫁妆。家人会请专门的手艺人到家中为女儿定制扭达，扭达色彩鲜艳，造型别致，做工十分细致。扭达是由薄木片衬里，外面包贴有丝绸、薄毡布等名贵布料，拧捏成形，边缘上缀有流苏，绣有饰边，纹样主要有太阳花、阴阳图、樱子花、卷草纹等，犹如孔雀开屏一样戴在新娘头上，显得华丽富贵。

　　由于土族聚集地不同，各地方的女子佩戴头饰的习惯、所用材料不尽相同，扭达，也有八九种之多。以下主要介绍四种。

　　第一种叫作"吐浑扭达"，是土族最古老、最尊贵的头饰。其形似圆饼，也称"干粮头"，其上镶嵌五色珠串和海螺贝壳做成的螺钿，额前垂吊着多束紫红色丝穗。它是土族贵族妇女的头饰，显得庄重，故被用于结婚时新娘必备饰品。佩戴此种扭达的地区范围较小，集中于红崖子沟、五十乡土观村等几个村庄。按俗规，土观村的姑娘嫁到其他地方后，仍然要戴吐浑扭达，而其他村庄的姑娘嫁到土观村后，则必须改戴吐浑扭达。

　　第二种称为"适格扭达"。其形若一大簸箕，也叫"簸箕头"。此种头饰侧面如马鞍子的前半部。互助威远镇周边的女子大都佩戴"适格扭达"。此种扭达，先以当地所产一种柔软富有弹性的草做成骨架，再以硬纸、粗布条粘贴而制成。正面贴以金银箔片，粘上数层折叠的五色彩布条，边沿垂悬

第二章　土族传统服饰

图二　土族新娘扭达主图2

两层红黄两色丝穗，每层约20条，额部垂悬着数十条10多厘米长的红丝穗。

第三种叫作"捺仁扭达"。其最显眼之处，是在脑后向前竖起一条铜制的叉剑，因此也称为"三叉头"。此种头饰背后有一直径约10厘米的圆盘，是由贝壳、珊瑚、松石等宝珠串盘而成，其上饰有铜片、铜管、瓷珠、丝穗等物件，依土族习俗，物件以种类丰富为美。

第四种称为"加斯扭达"。此扭达分"铧尖头"和"马鞍撬"两种，也叫"大加斯扭达"和"小加斯扭达"。其上饰有长短不同的丝穗。

古代土族女子能征善战，英勇顽强，身披战袍时十分俊美，扭达即由古代土族女子头盔演化而来。扭达体积较大、坠饰较多，戴上后行动不便，不适合农业生产和日常劳作。后来，渐渐地扭达只用于重大庆典，尤其成为新娘结婚时的饰物，具有特殊的寓意。（沈雅楠）

图片来源

图一、图二　高鹏杰　摄影
图三至图六　高鹏杰　制图

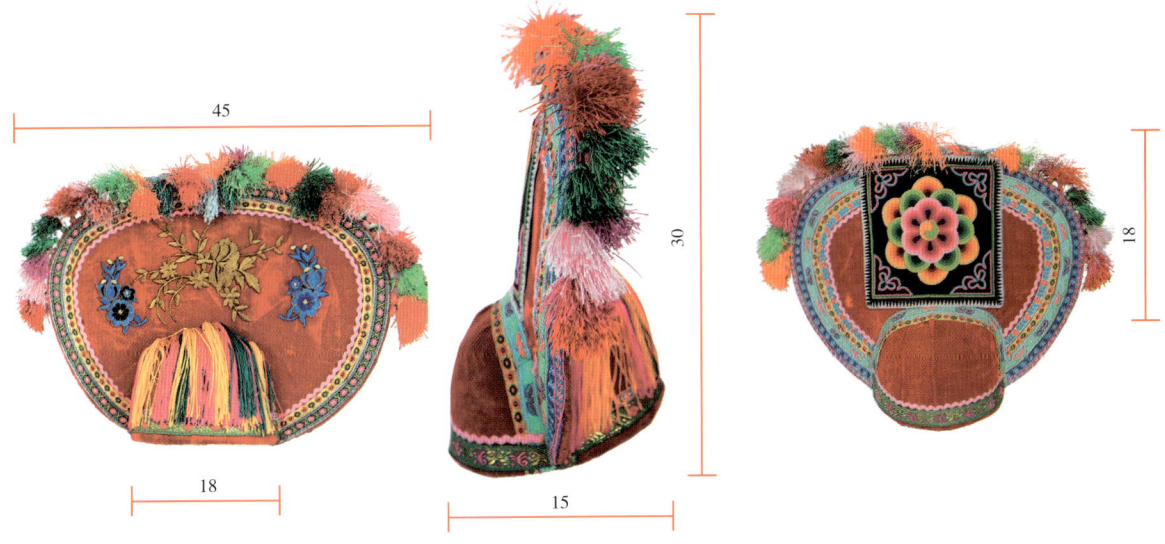

图三 土族新娘扭达尺寸图（单位：cm）

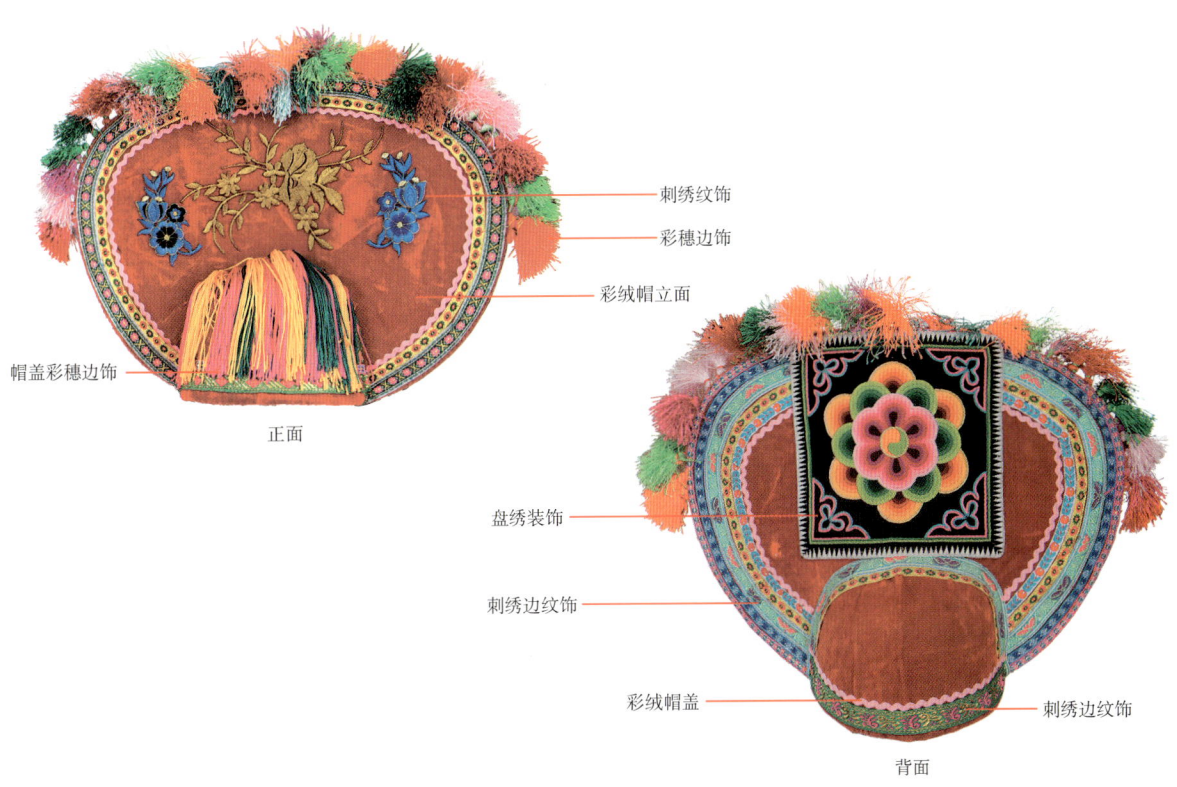

图四 土族新娘扭达结构名称图

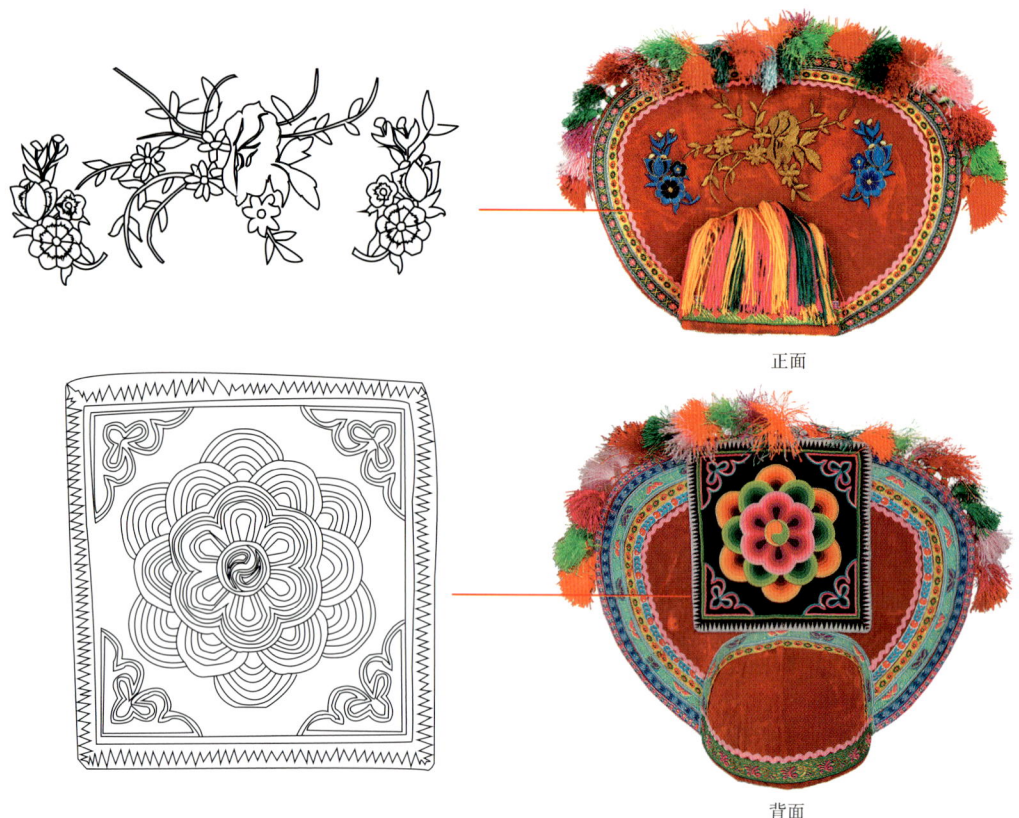

正面

背面

图五　土族新娘扭达前后图案纹饰分析图

图六　土族新娘扭达佩戴示意图

土族纳什金服饰

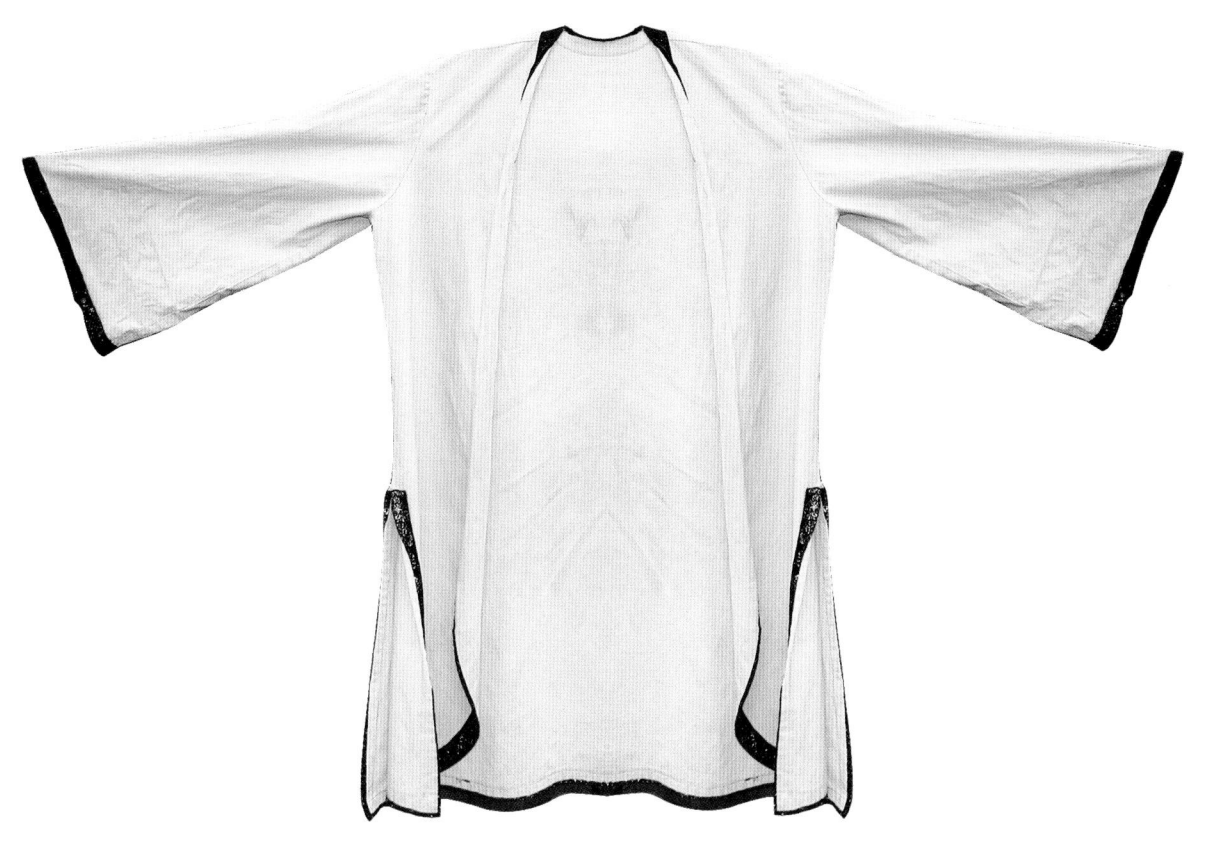

图一　土族纳什金服饰之白长褂主图

土族的婚礼习俗源远流长，土族将娶亲使者叫作"纳什金"，他们多为年轻男子，常以一对形式出现在婚礼场合。"纳什金"在土族婚礼中是最活跃、最风趣、也是最重要的人物。"纳什金"一般由新郎姐夫担任，也可特邀善歌舞、有经验的两人分别担任主角"大纳什金"和配角"小纳什金"。娶亲前一天晚上，两位"纳什金"带着深情厚礼（酒、羊、蒸馍等），带着新娘的服饰首饰（黑手饰、红包头、红头绳、上马袍等）前去娶亲。他们到达女方家中要受到热烈欢迎，欢迎方法也十分独特。"纳什金"约傍晚到达，之后，首先要和新娘的女伴们隔门对歌，要一一回答姑娘们的问题，姑娘们才开门迎接，场面诙谐风趣。但当他们走进女方家大门时，姑娘们会用一桶桶清凉的水泼向他们。"纳什金"虽然浑身湿透，但不能生气，因土族人认为，水泼娶亲客，是为他们洗尘，为了向新人祝福。完毕则请他们更衣入席。从到达女方家直至新娘上马、告别父老乡亲，"纳什金"始终默契合作，以歌舞应对各个仪式场面。

"纳什金"服饰也十分讲究，他们内穿蓝底坎肩衫，其直及腰下，连肩无袖，以蓝色丝绸或棉布为底，上刺有彩色花朵纹样，有吉祥喜庆富贵之意，光彩夺目。右侧直行开襟，为大襟右衽，边缘镶嵌花色布条，右领口下方缝制黑色盘花纽扣。该坎肩设计为翻领，内外两层，花色和金色布条并行缝制于领边，起装饰作用。腰部系有鲜艳的花头腰带，常为橙色棉布。外穿白色镶边长袍，其象征纯洁高尚，竖领，底端开叉，敞开衣襟，较长，常至男性膝下或脚踝，其上不系花头腰带，只限于迎亲时穿戴。其长约150厘米，袖口宽23厘米，领口宽20厘米。白色长袍常选用较厚棉麻布为料，衣襟、领口、袖口、衣摆边缘均镶嵌有金色波浪纹和黑色布条，其上刺有回纹或花朵纹样，寓意吉祥喜庆。"纳什金"头戴白色镶边毡帽，常以羊毛呢为料，呈斗笠状，尖顶，帽檐外翻上翘，用蓝色丝绸缝制于上，并刺有金色云纹图案，预示吉祥顺意，并用金色布条镶边，制作精美，民族气息浓厚。他们手持装钱白色大褡裢，两端缝制大布口袋，可装钱币，上嵌入四条黑色并刺有金色回纹的布条，左右对称，与毡帽、长袍颜色装饰协调一致，独特美观。末端缝制白色流苏。

"纳什金"是土族婚礼中不可或缺的人物，其习俗流传至今，具有典型性和民族性，其服饰制作精美，突出民族精神文化内涵与形象的整体契合，从服饰的款式、色彩、纹饰和辅饰等多方面合理搭配，达到完美统一，是中国少数民族非物质文化遗产的典型代表。（沈雅楠）

图片来源
图一、图二、图五　王元杰　摄影
图三、图四　王元杰　制图

图二　土族纳什金服饰之蓝紫坎肩主图

图三　土族纳什金服饰尺寸图（单位：cm）

第二章　土族传统服饰

105

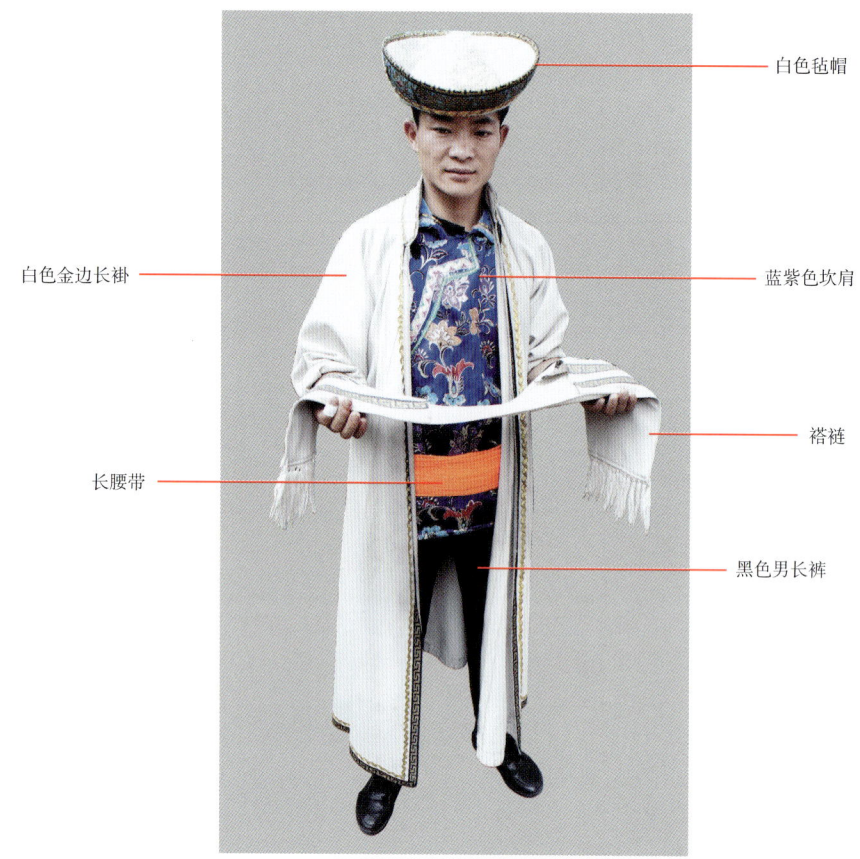

图四　土族纳什金服饰结构名称图

图五　土族纳什金服饰穿戴情境图

第三章 土族传统餐饮

土族陶质水罐

图一　土族陶质水罐主图

早在明清时期，土族的手工业已有一定的发展，粗放的制陶工艺在土族生产活动中被广泛应用，陶质器皿在生活用具中占有极大的比重。

土族陶质水罐，选自青海互助土族自治县居民家中，作为盛水容器。该水罐腹部大两端小，通体深褐色，造型古拙简易。整个水罐分为两部分，罐身和盖子。罐高22厘米，罐底直径为16厘米，腰部直径为20厘米，盖子直径为12厘米。腹下渐收，罐口微外撇。罐颈处有一把手一壶口。罐盖由盖面和盖塞组成，盖面的大小略大于罐口，盖塞略小于罐口，恰好和水罐相契合。该水罐罐口有两处破损。

该水罐把手不同于汉族人常用的圆粗状把，而是扁平略长的把手。壶嘴低于罐口。罐把和壶口之间的呈120°夹角的设计，既考虑到实际功用，从力学的角度出发提高实用性，也是出于美学的考虑。这些集实用性和美观性于一身的生活用品，都是土族人民自己加工而成的，常常出现在家庭生活和生产劳动中，有一小部分作为交换物进入市场。

青海与甘肃地区制陶工艺历史悠久，所制陶器有着极高的艺术价值和使用价值，发展至著名的马家窑文化时已达到远古彩陶文化的顶峰。典型的马家窑陶器包括细陶土制成的罐与碗，常以黄色或红色作底色，上有亮黑色的装饰。装饰图形为弯曲旋涡线条，中心点缀圆点，另外，波浪形线条或平行、交叉的线条设计，在罐或瓮上尤其常见。

土族的生产工具和农耕技术与附近汉族大体一致。随着时代变迁经济发展，手工业也在不断进步，出现了更为方便实用、美观精致的器皿。而该陶罐作为日常生活使用的器皿，以简单的设计和做工幸运地被保存下来，今天仍然能在传统土族居民家中找到。

（康棣）

图片来源

图一　高鹏杰　摄影

图二、图四　高鹏杰、徐常乐　制图

图三、图五　高鹏杰　制图

图二　土族陶质水罐模型复原图

图三　土族陶质水罐尺寸图（单位：cm）

图四　土族陶质水罐结构名称图

盖面
盖塞
罐口
把手
罐身

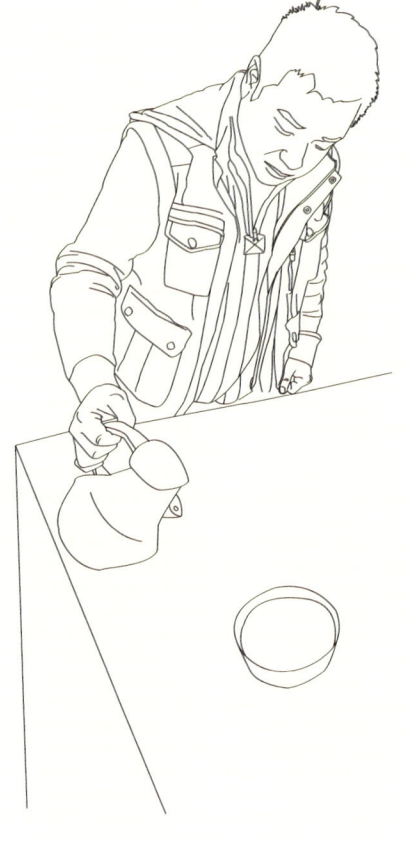

图五　土族陶质水罐使用示意图

土族提携式烧水铁罐

图一 土族提携式烧水铁罐主图

土族提携式烧水铁罐采自青海互助土族自治县民俗博物馆，是一种以铁矿石冶炼加工制成的烧水器物。铁罐的设计制作，体现了土族人民制铁工艺的娴熟和设计构思的巧妙。这种提携式烧水铁罐是专门为户外活动者设计的一种用于烧水的铁器，因其外观精巧、实用性强，成为土族老百姓出门在外的必备之物。铁罐由罐身和罐盖两部分组成，直口微敛，短颈，口圆肚大，器形规整，带一弧形提携挂钩，方便拿取，避免罐体过热时用手直接拿取导致烫伤，扁钮形罐盖，从外观看，通体黑灰色，罐口表面带有黄褐色锈迹，罐身平整光滑无任何装饰图案，整体风格质朴简约，造型朴实。

铁器是一种以铁为主要金属材料的器物类型，春秋战国时期，火炭及鼓风技术的发明促使冶金技术水平显著提升，铁器开始普及，应用到社会生产和生活的各个方面，铁器在农业和手工业中逐渐替代青铜器具而取得支配地位，在生产生活中发挥着巨大的作用，使人类历史产生了划时代的进步。

使用步骤：一、使用时应先在地面上刨制出一"V"字形的凹槽，基于稳定性的考虑，槽体内侧夹角应为60度，呈正三角形状，并用炭火、稻草、树枝、秸秆等易寻之物作为柴禾填满。二、在槽壁两边分别铺上碎石，防止烧水的过程中，槽壁内侧泥土因高温变软导致塌陷，破坏槽体结构。三、在槽壁两端各支一根树枝（注意其中一根需带有枝杈，便于支撑钩挂铁罐的枝条），之后另取一根树枝架于枝杈上，再将烧水铁罐挂上，调整好角度和距离。四、点燃柴禾后即可烧水煮饭。

土族提携式烧水铁罐虽然形制简单，但却非常实用，独具匠心，为土族人民的日常生活提供了极大的方便，是土族人民丰富生活经验和智慧的结合。（黄冉）

图片来源
图一　高鹏杰　摄影
图二、图四　高鹏杰、徐常乐　制图
图三、图五、图六　高鹏杰　制图

图二　土族提携式烧水铁罐模型复原图

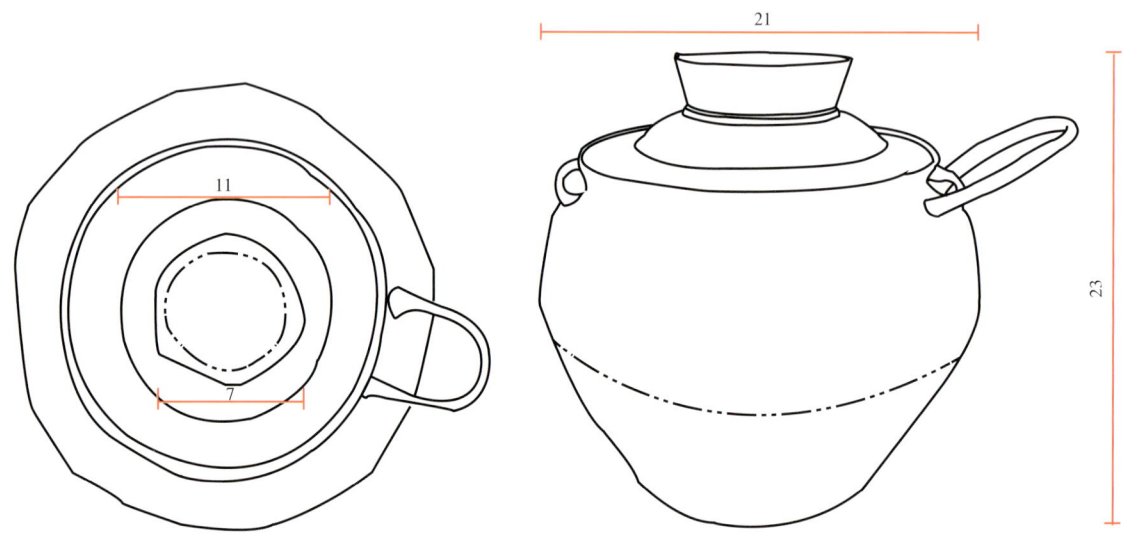

图三　土族提携式烧水铁罐尺寸图（单位：cm）

图四 土族提携式烧水铁罐模型视角图

图五 土族提携式烧水铁罐操作示意图

图六 土族提携式烧水铁罐使用情境图

第三章 土族传统餐饮

土族带嘴水罐

图一　土族带嘴水罐主图

　　土族带嘴水罐采自青海互助土族自治县居民家中。它是一种陶罐，外形较小，做工略显粗糙。其腹部最大直径约16厘米，口径与底面直径相同，约12厘米，高约22厘米。陶罐瓶颈约占全身的三分之一。整个陶罐中间粗，上下细。瓶颈处有瓶把和漏嘴，二者夹角约呈90°。整个陶罐外表涂有一层黑色陶釉，显得细腻光滑。

　　土族水罐的烧制应属于土族民窑范畴。其用包括瓷土在内的各种矿物黏土烧制而成，烧成温度较低，多在700℃～1000℃之间，坯体基本烧结，遇水不再分解，但气孔率和吸水率较高，敲击声较沉闷。陶器烧制最关键的一道工序是入窑烧制。在陶窑中，木质燃料产生的高温使陶土发生化学反应，从而导致坯体的成分、性能和颜色的改变。陶窑的结构在很大程度上决定了陶器的烧成温度，结构越合理则烧成的温度越高，陶器就会更加坚实耐用。陶窑内木炭所产生的高温使陶土发生强烈的化学反应，导致陶坯的物质结构、性能和颜色的改变。陶窑的密封情况既能影响窑内温度，还会影响氧化或还原的烧成气氛，影响陶器的颜色。土族民窑对陶窑建造的要求十分严格的原因也在于此。因此，建造出质量更高的陶窑也就能烧制出工艺水平更高的陶器。

土族水罐由于体形较小，一般用于盛放酒水或茶水等，使用起来非常方便，摆设于家中也十分美观。在平日待人接客或者节日期间使用，也显得得体大方。陶罐整体虽显得略为粗糙，但其精致细腻之处也不难捕捉。光滑的外表以及瓶把处采用沟纹作防滑处理，陶罐漏嘴口坡形切面，都体现了它的审美性和实用性。制陶业从新石器时期就已产生，数千年发展至今，世代传承。土族人民也吸收了制陶技术用于日常生活用具的生产，大大地提高了生产生活水平，体现了土族人民的生产智慧。（梁成）

图片来源
图一　高鹏杰　摄影
图二、图四　高鹏杰　制图
图三　高鹏杰、徐常乐　制图

图二　土族带嘴水罐尺寸图（单位：cm）

图三　土族带嘴水罐模型视角图

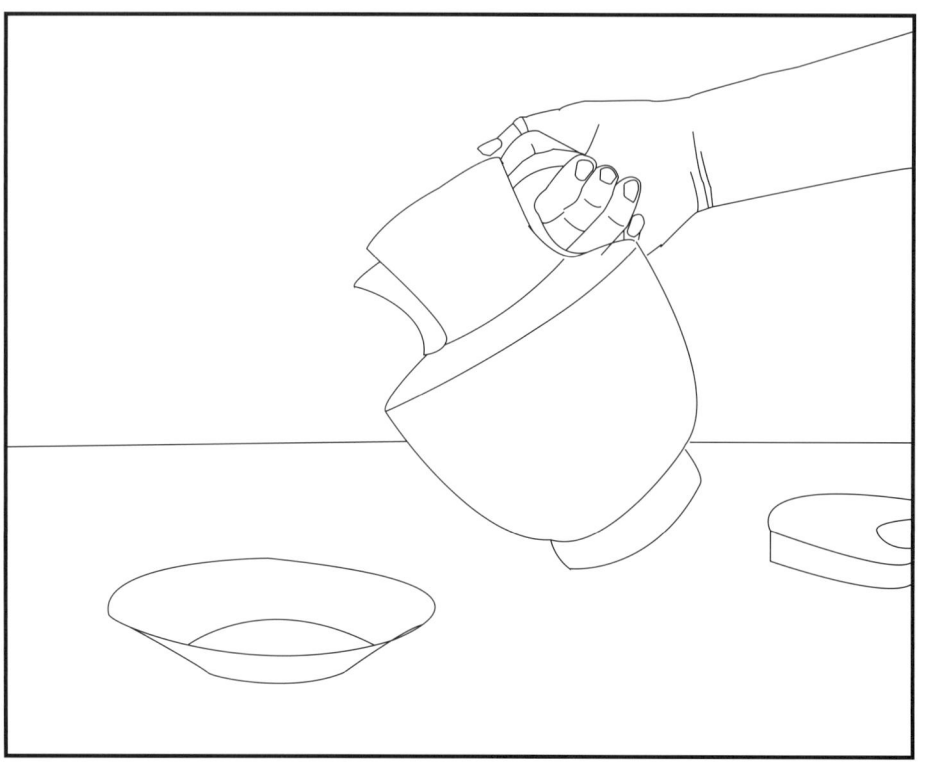

图四　土族带嘴水罐使用示意图

八十年代土族陶质单柄油罐

图一　八十年代土族陶质单柄油罐主图

八十年代土族陶质单柄油罐是土族居民日常生活中用于装食用油的工具，油罐选自青海互助土族自治县五十乡古堡居民家中。这是一个单柄陶罐，整体呈青灰色，腹大，口底略小。罐口是大口设计，这是因为食用油不易挥发，罐口处伸出一个引流的口端，这个设计十分方便倒油。罐柄是宽柄设计，提握非常方便且舒适，不易从手中脱落。此外，为了防止脏东西落入罐中，还配有一个圆形木质圆盖。陶罐因是日常生活用具，制作比较粗犷，表面有粗糙而不规则的纹路，有些地方釉色已脱落，露出灰色的坯底。

陶罐是用于盛装液体的陶质容器，用黏土或陶土经捏制成形后烧制而成的器具，坯体经过800℃~1000℃的高温烧制而成，机械强度低，表面粗糙无光泽，但有着耐用、不易氧化、抗腐蚀等优点。青海地区有着悠久的制陶历史，举世闻名的马家窑文化就存在于青海地区，马家窑文化中的阳洼坡遗址、肖家遗址、胡李台遗址、胡热热遗址、白崖子沟遗址等就位于当今土族人民聚居地周边。

陶罐设计之初就是作为普通村民家中用具，其实用、朴素和价廉，满足了普通土族人民的生活需要，充分显示出土族人民勤劳、朴素的生活作风。（王政）

图片来源
图一　高鹏杰　摄影
图二　胡小龙、高鹏杰　制图
图三、图四　高鹏杰　制图

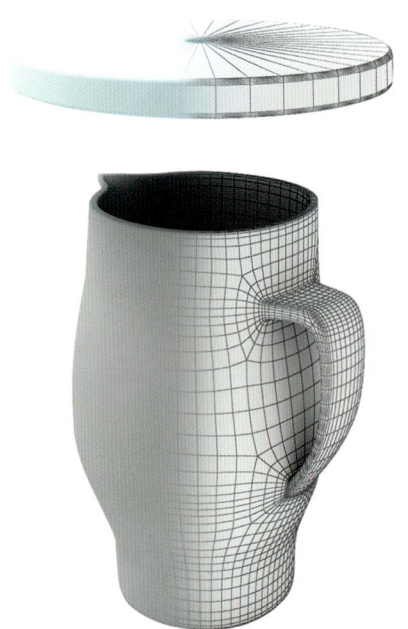

图二　八十年代土族陶质单柄油罐及石盖模型结构图

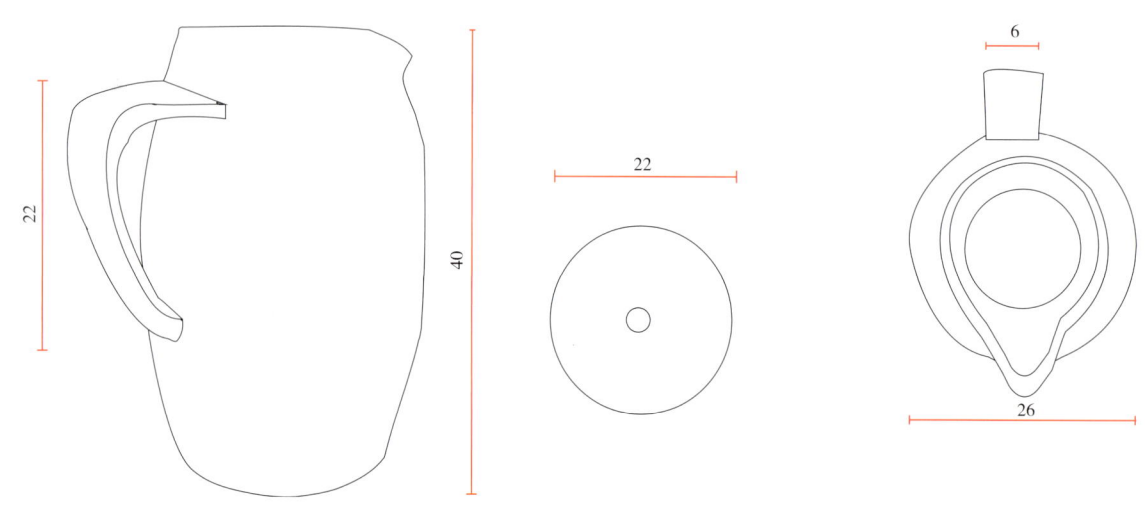

图三　八十年代土族陶质单柄油罐尺寸图（单位：cm）

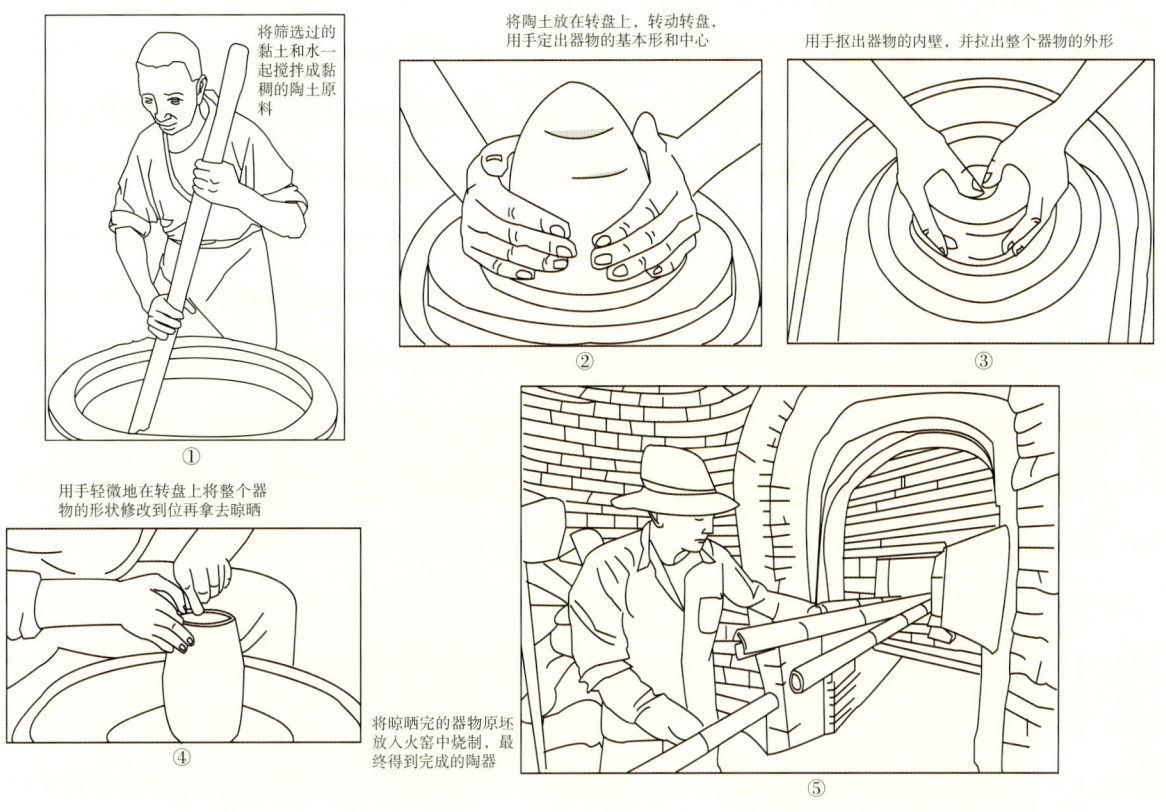

图四　八十年代土族陶质单柄油罐制作流程图

土族小油壶

图一 土族小油壶主图1

图二 土族小油壶主图2

早在明清时期，土族的手工业已有一定的发展，粗放的制陶工艺在土族生产活动中被广泛应用，陶制生活器皿在生活用具中占有极大的比重，大到盛水的缸，小到图中的这两件盛油的壶。

图中这两件油壶材质相同，外形相似，基本功用是盛放日常所需的油。图一所示油壶呈长圆柱体，是腹部略宽、两端窄的陶制器皿，通体呈深褐色，造型古拙简易。顶端有一突出壶口，小巧圆润。整体壶高12厘米，壶底直径为3.5厘米。图二所示油壶外形略大，腹下渐收，口微外撇。壶高16厘米，壶底直径为7厘米，腰部最大直径为9厘米。

二者外部皆施以褐釉，稍有不同的是，图二所示油壶外部用简单的波浪形纹样加以装饰，表现了土族乡民生活中充满浪漫色彩，善于美化生活中的小细节。同时，这些集实用性和美观性于一身的生活用品，都是土族人民自己加工制成，集中体现了极高的艺术价值和使用价值。（康棣）

图片来源

图一至图三　王元杰　摄影
图四　王元杰　制图

图三 土族小油壶效果图

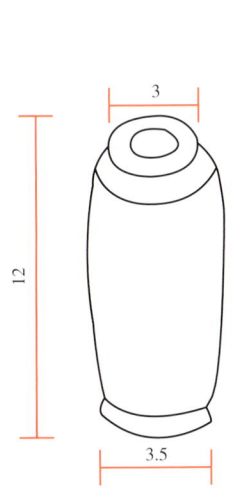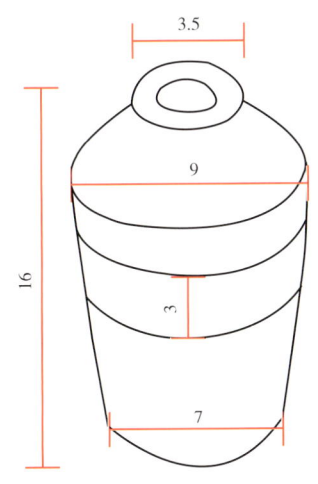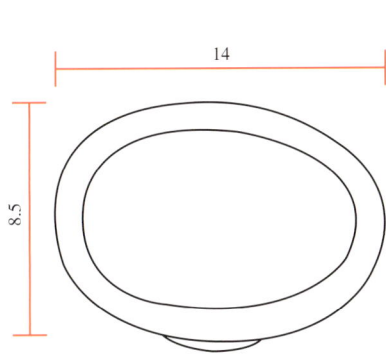

图四 土族小油壶尺寸图（单位：cm）

民国土族陶质褐釉酒罐

图一　民国土族陶质褐釉酒罐主图

民国土族陶质褐釉酒罐，选自青海互助土族自治县居民家中，为盛青稞酒的容器。该陶罐上下两端略小，腹部大，罐体施褐釉，制作时所遗留的指痕依然清晰可见。酒罐高41厘米，罐口外径8厘米，腹径29厘米，罐底直径为20厘米。酒罐的肩部为一圈凸起的棱，给人以盖子的错觉，实际上在设计之初，土族人民就注意到青稞酒易挥发的特性，故设计了这个假盖，增强了酒罐造型的美感同时也不失其实用性。罐顶处留有一个极小的罐口，内径约为4厘米，并配有一个木塞。罐颈细而短，是整个酒罐最为收紧之处，颈处拴有麻绳，先系一死结以防止绳子脱落，再系一活结便于提携和悬挂。倒酒时，一手提绳，另一手托罐底，也可以双手抱罐而倒。

土族是一个民风彪悍、性格粗犷的民族，热爱酒便在情理之中。他们将青稞煮熟作为原料，用当地草药拌和作曲子烧出一种白酒，称为酩馏酒。为提高青稞酒的酒精度数，土族人民设计了蒸馏器。将发酵后的青稞酒倒入锅里，点着炭火，控制青稞酒的温度在80℃左右，因为酒精的汽化点比水的汽化点低，通过加热将酒精汽化，连同部分水蒸气通过输送管道进入旁边的冷凝装置。冷凝装置分为两部分，上端装水，用于维持冷凝盘的低温，酒精和水的混合蒸汽遇冷变为液体。下端是盛酒的容器，底部有个导流槽，青稞酒通过导流槽流入酒罐。

青稞酒与土族文化交织在一起形成了独特的酒文化，在传说中，青稞酒是上天赐予土族人民的。在土族祭祀礼仪中，青稞酒作为人和神以及人自身灵魂沟通的介质。在土族民歌《花儿》中，青稞酒是其最重要的题材，无论是在酒桌上还是在《花儿》比赛擂台上，青稞酒总与《花儿》形影不离。不管是婚丧嫁娶还是远方来客，青稞酒都是必不可少的招待之物，从下马三碗酒到酒桌上行酒令，都代表着主人对客人的尊敬，每逢饮酒之时，大酒罐都作为必备之物而被大量使用。（王政）

图片来源

图一、图三　王元杰　摄影
图二、图四　王元杰　制图

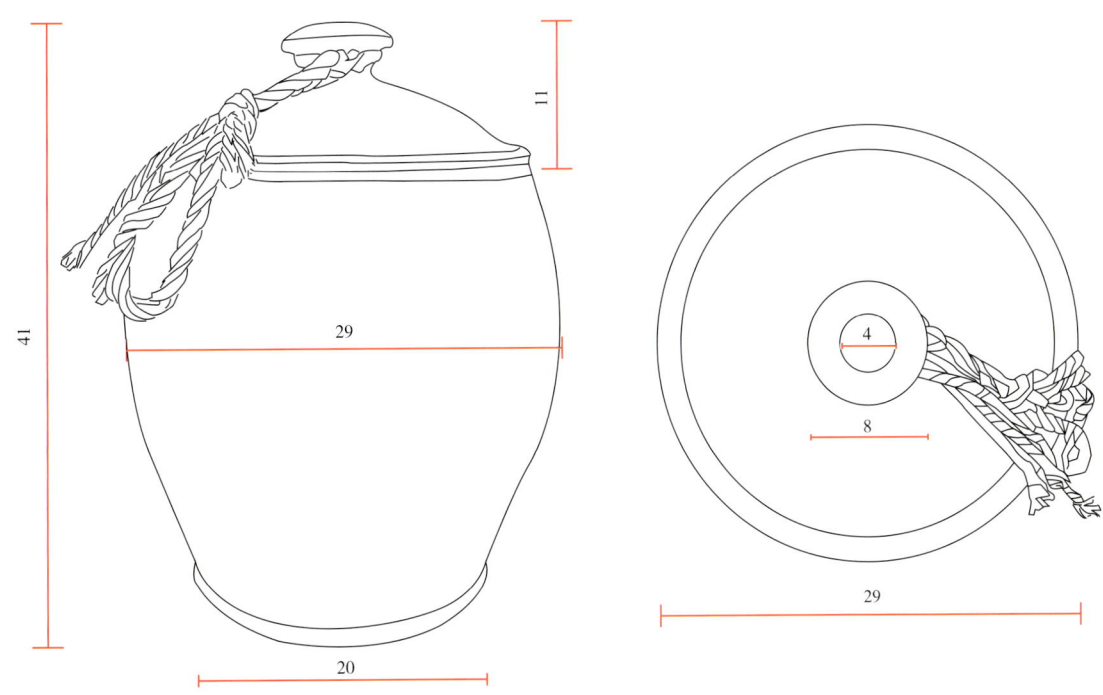

图二　民国土族陶质褐釉酒罐尺寸图（单位：cm）

图三　民国土族陶质褐釉酒罐顶部俯视图

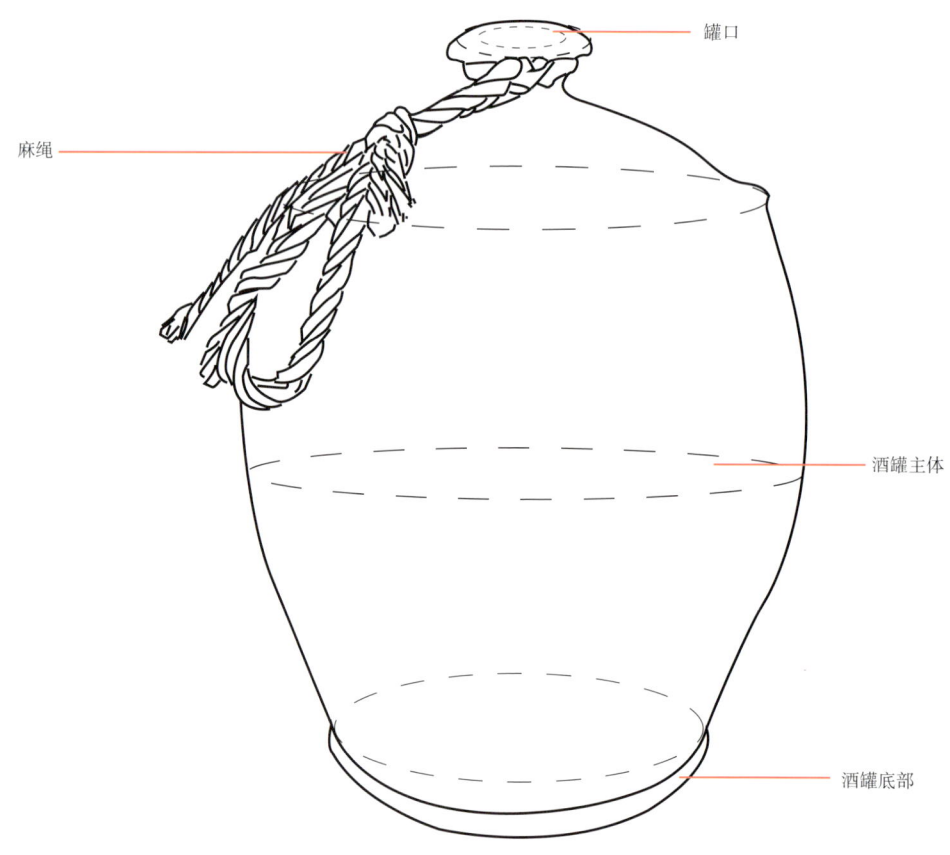

图四　民国土族陶质褐釉酒罐结构名称图

土族陶质褐釉酿酒缸

图一　土族陶质褐釉酿酒缸主图

土族陶质褐釉酿酒缸是土族人民的酿酒容器,在古代也称之为天锅,主要对蒸馏出来的酒液进行冷却。在我国,蒸馏器的基本结构特点可追溯至东汉时期,大致可分为:釜体(加热部分);甑体(装料和蒸汽挥发部分);冷凝器部分,古代人称之天锅,用来盛冷水,酒汽则在盛水锅的另一侧被冷凝;酒液收集部分。

该酿酒缸现藏于青海互助土族自治县文化馆,高为82厘米,口径约68厘米,底径为57厘米,厚约4厘米。酿酒缸由下向上呈敞口状,为典型底小口大形制。其以泥土为原材料进行塑形烧制,成形后涂以褐色釉料加以釉烧,使其不易脱落。该酿酒缸设计有内外两层空间,即形成一个凹槽,内部空间用于盛放酒液,外缘则用于放置冷水,用于冷却刚蒸馏出的酒液。酿酒缸外壁凿有两个直径约为13厘米的圆形透孔,各凿于外壁上部两侧,用作注入冷水的注水口。

土族不仅仅是彩虹的故乡,更是青稞酒的古老产地,明末清初,民间就有以青稞为原料用土法酿酒的历史。因此,酒在土族饮

食中占有重要地位，并形成了土族特有的酒文化。（沈雅楠）

图片来源

图一、图五、图六　王元杰　摄影
图二至图四　王元杰　制图

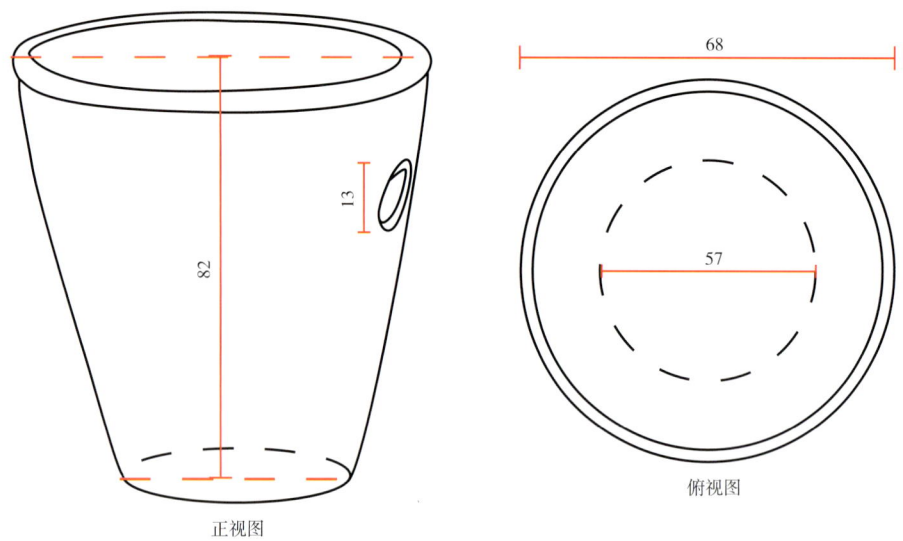

图二　土族陶质褐釉酿酒缸视角、尺寸图（单位：cm）

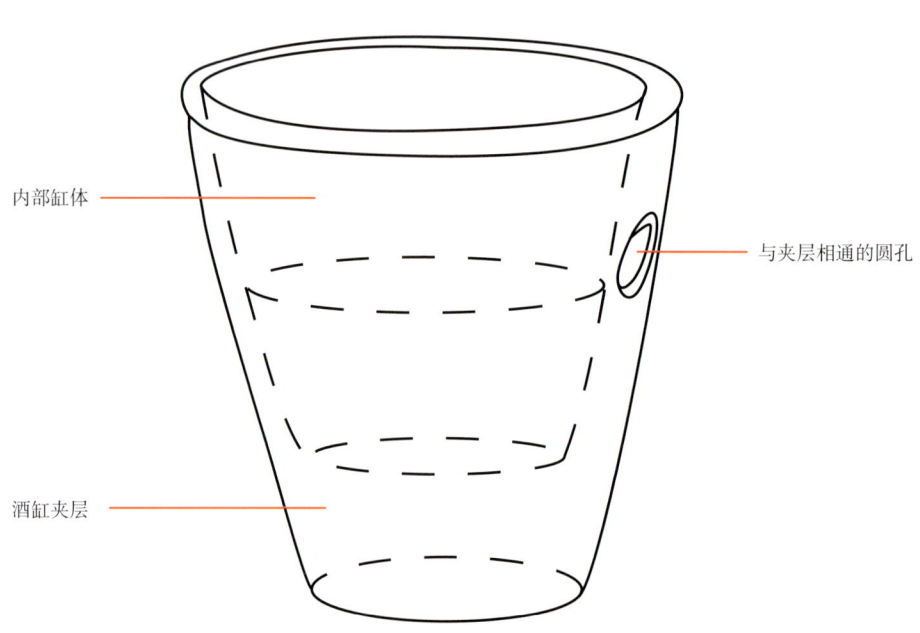

图三　土族陶质褐釉酿酒缸结构名称图

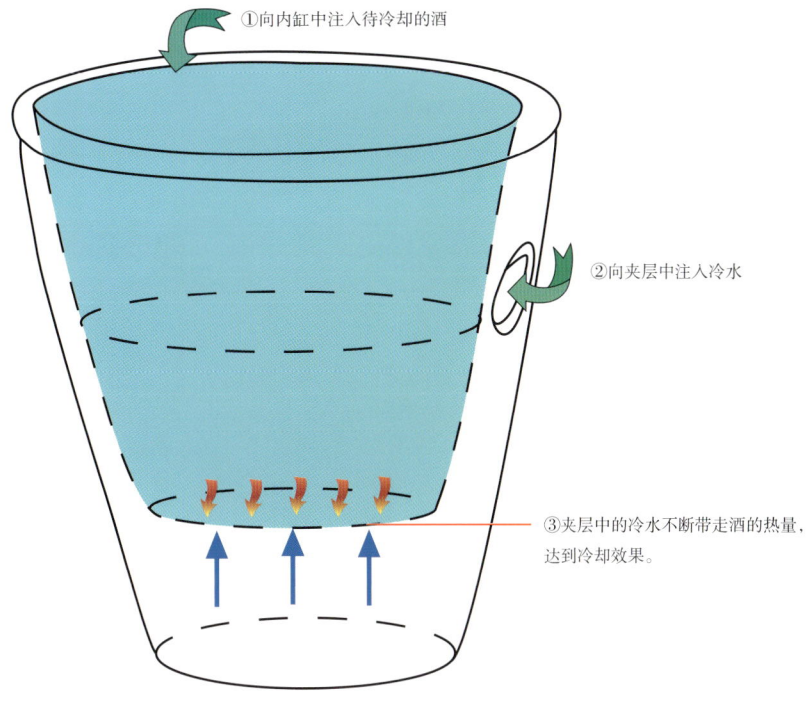

图四　土族陶质褐釉酿酒缸原理示意图

图五　土族发酵用酒缸

图六　土族酿酒过程——蒸馏出酒

土族食物刨磨器

图一　土族食物刨磨器主图

土族食物刨磨器是土族人民的厨房用具，用来将萝卜、土豆、黄瓜等蔬菜刨削成丝、泥、片等。食物刨磨器的主体材质是木料，其主要的功能件有三个：上端的磨蓉板、中间的擦丝板及下端的刨丝片。食物刨磨器整体呈船形，中间略宽，两头稍窄，最宽处12厘米，整体长32厘米。其末端有一圆孔，人们用绳穿过圆孔，打上结，在食物刨磨器被闲置时方便将其挂起。

在发明食物刨磨器以前，人们都是用刀切，既慢又容易切到手。勤劳而聪明的土族人民结合实际生活，充分发挥他们的想象力、创造力，利用生活中常用的材料发明了食物刨磨器。土族人民在制作时，先选用柞木、榆木等较为坚硬的木料制成合适的木面，再将铜片置于石头上，用铁钉在上面打出并列的小孔，再将这有很多小孔的铜片固定在木板上，擦丝板就完成了。磨蓉板的制作方法与擦丝板相同，只是磨蓉板的眼更小，眼与眼之间的间隙也更小。刨丝片需要将其刀片打磨锋利，如此一来，一个方便实用的食物刨磨器便制作成功了。食物刨磨器是地道的纯手工制作的厨房用具，被土族家庭主妇们广泛使用着。即使没有拿刀经验的人，也能瞬间制作出匀称、美观的丝状、片状菜品及蔬菜泥。使用擦丝板时，通常左手从背面握住食物刨磨器，将其置于菜板上或菜盆中，右手持被刨蔬菜，贴刨面自上而下经擦丝孔擦削，食物便被刨削成丝状，由食物刨磨器反面落下。右手拿起食物离开刨面，再从头开始，如此反复，食物很快便可刨好。使用刨丝板刨片方法与之相同。使用磨蓉板时，右手不许离开刨面，上下来回用力，蔬菜即可变为泥状（如蒜泥、生姜泥）。用完后清洗时，从顶部内侧冲水，无需用手直接接触刨面，避免锋利的刀口划手。

土族人民发明的食物刨磨器功能多样，实用方便，经久耐用，正因为这些特征，食物刨磨器经后人改良，成为今天土族各家庭主妇的好帮手，厨房的必备品。（罗德艳）

图片来源

图一　王元杰　摄影

图二、图三　王元杰　制图

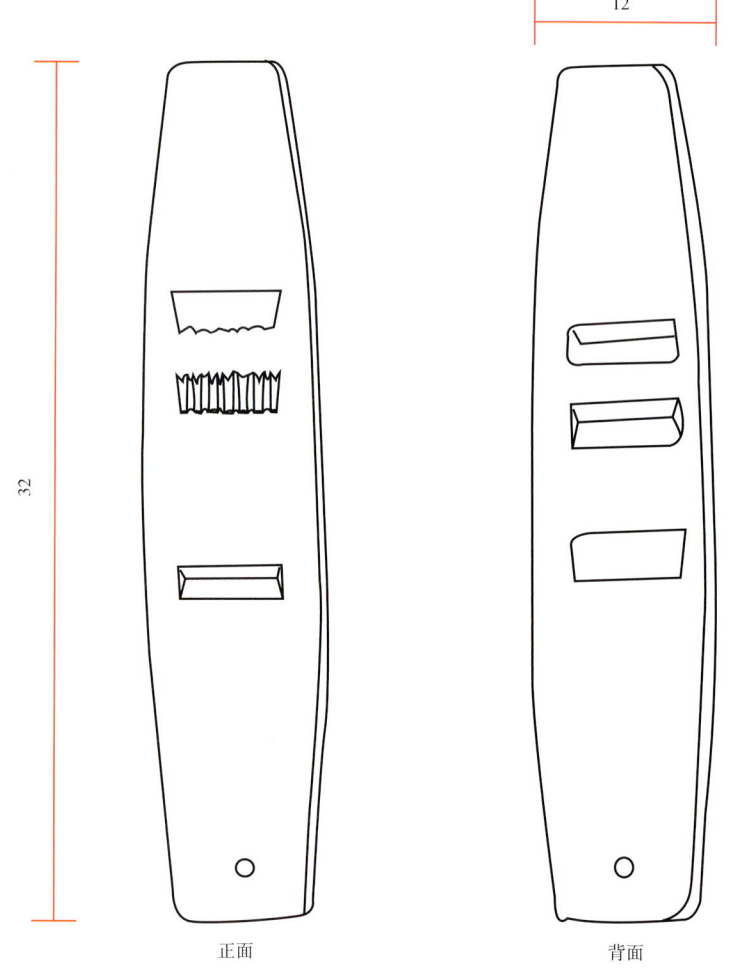

图二　土族食物刨磨器尺寸图（单位：cm）

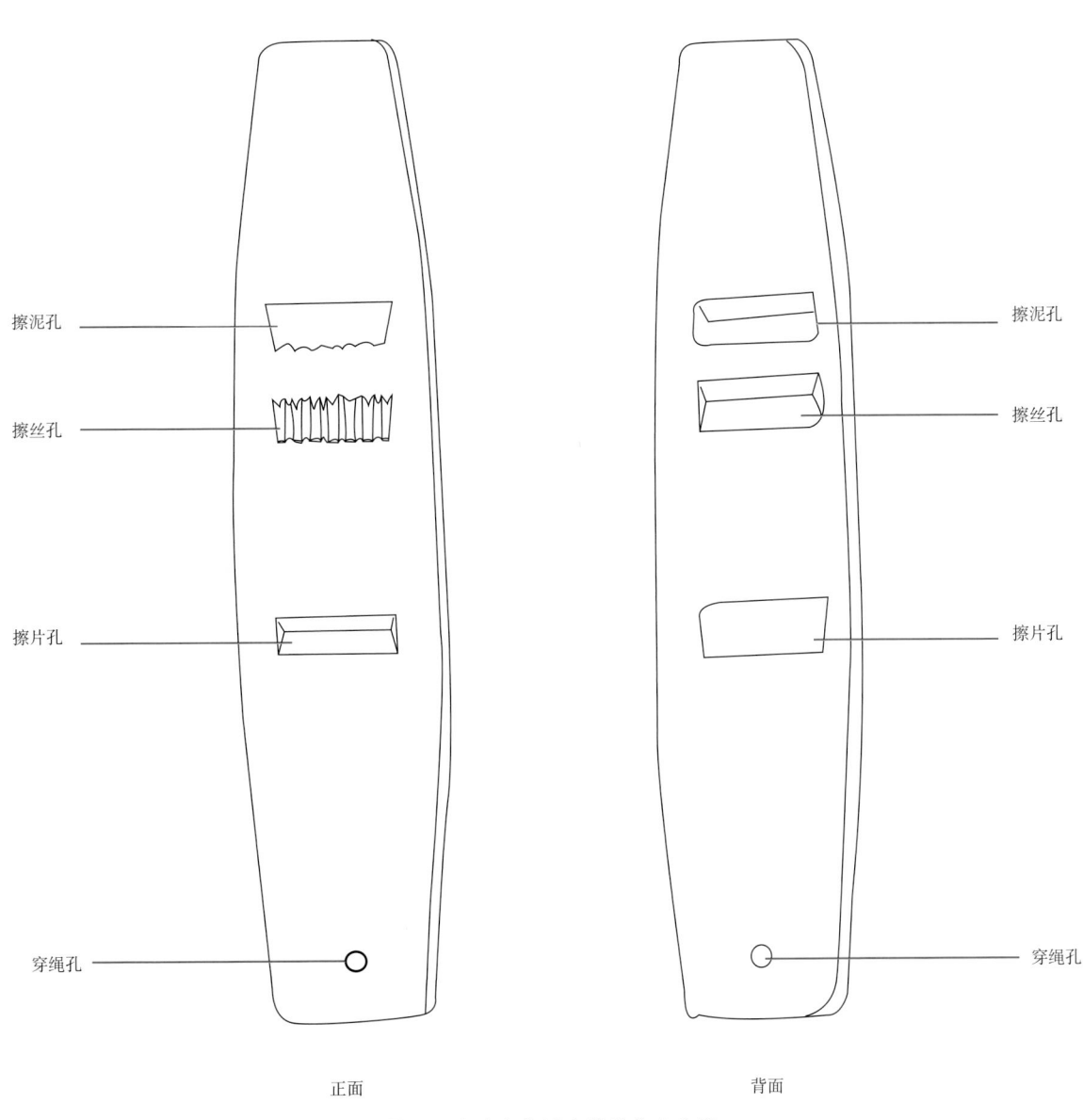

图三　土族食物刨磨器结构名称图

土族焜锅

图一　土族焜锅主图

　　明代之后,农业渐渐成为土族人民的主要经济产业,他们的饮食结构也随之发生了很大的改变,由以往的以肉酪为主转变为以粮食为主。农作物种类更加丰富,其中粮食类包括青稞、大麦、小麦、燕麦、豌豆和荞麦等,改善了曾经单一的饮食结构。

　　土族日常饮食结构主要以面食为主,三餐都有不同种类的面制食品,花样丰富,口味繁多。早餐多为馍馍、花卷、烙饼、焜锅配奶茶等;午餐较为丰盛,多为薄饼或面疙瘩等干粮配以肉菜;晚餐常吃面条、面片或面糊糊等。其中以焜锅为特色。

　　焜锅又称锅盔或焢锅馍,是一种两面都上了火色的厚烙饼。它在特制的金属焜锅模具中烤制而成,群众惯称"焜锅"。焜锅制作流程简便快捷,使得它流传广泛,极受欢迎。其制作有以下几步:首先需要和面,小麦面粉加酵母、碱面、适量水,有时可掺进鸡蛋和牛奶,使其更加鲜甜,混合均匀后发酵待用;发酵后抹上菜油,均匀撒上姜黄、红曲、香豆粉等民间食用色素和调味料,再一层一层地卷成红、黄、绿各色交织的面团,揉成和焜锅形状大小相同的扁圆状,放入焜锅内;最后将焜锅埋在用麦草或者麦草混合羊粪为燃料的炭灰中,半个小时后即可出锅。烙出的焜锅外脆里软,色彩鲜丽,状如花开,异香扑鼻。

　　焜锅模具是专门用生铁打制的特别厚的

图二　土族焜锅及模具图

小锅。这种锅不大，但是锅壁很厚。锅底和普通的锅底类似，稍显不同的是它的锅盖。这焜锅的锅盖的中间有一个小环，可以将铁钩伸进去。锅身上有两个耳朵一样的钩子，一左一右，略显协调。焜锅在火中烤制15分钟左右，人们就用两个钩子钩住锅两边的两个耳朵将整个锅翻转过来，因为这时面饼的底部已经焦黄，然后将翻过来的锅继续烤15分钟，使其受热均匀，最后用钩子将锅从火堆中取出。

麦芽的清香和烘烤的焦香是焜锅的一大特色，作为土族家家户户必不可少的主食之一，焜锅的特点是省时、省事，制作简单，松脆好吃，携带方便，经久耐贮。（迟亚妮）

图片来源
图一、图二　高鹏杰　摄影
图三、图四　高鹏杰　制图

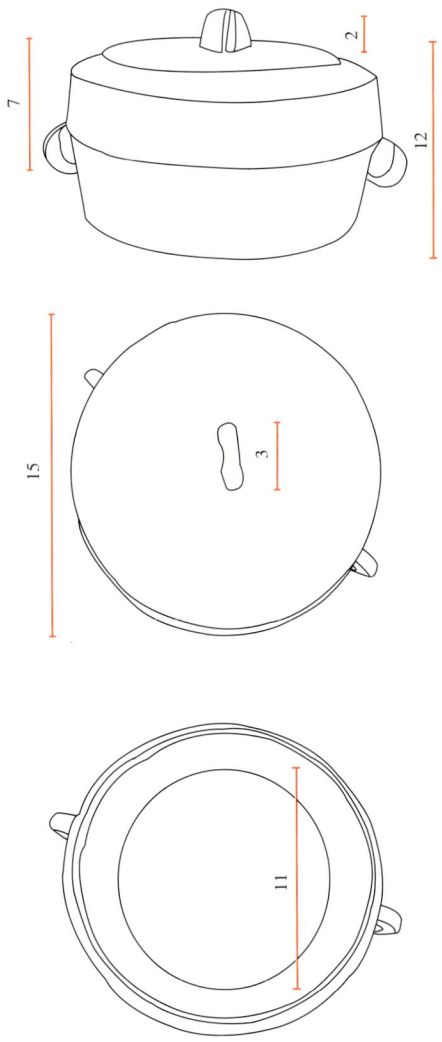

图三　土族焜锅模具尺寸图（单位：cm）

第三章　土族传统餐饮

图四 土族焜锅制作流程图

土族搪瓷碗

图一 土族搪瓷碗主图

土族搪瓷碗为土族人民日常饮食器具。搪瓷碗是将无机玻璃质材料熔融后,牢固地凝于金属表面之上而与之结合为一体的复合物。其主要由两部分组成:所用的金属和瓷釉(无机玻璃质材料)。

该搪瓷碗现藏于青海互助土族展览馆,以铁为金属底坯,外部涂烧彩色瓷釉。其高3.5厘米,口径26.5厘米,底面直径约12厘米,碗厚约0.4厘米,是土族搪瓷食具的典型案例。搪瓷碗呈大开口,有碗边,其宽约1厘米,底部高约为1厘米。红褐色瓷釉作底。碗口口沿及内壁上部都采用一些简洁的金色几何线条作装饰,粗细不一。碗沿内壁几何线条方向一致,排列规律。搪瓷碗内壁碗底绘有大小不同的金色环圈两个,圈内主要绘制有舞蹈装饰纹,其为一人踏歌而舞,形态奔放,是该食具的主题纹饰(一半已毁损),象征着浓郁的西域风情,极具典型性。其制作流程主要为坯体制备—釉料制备—涂搪—干燥—烧成。

该搪瓷碗采用铁质金属作底,在金属表层进行瓷釉涂搪,可防止铁质金属生锈,并能抵抗各种液体侵蚀。其安全无毒,易于洗涤,在特定条件下,在金属坯体上涂搪瓷釉,能够使其具有硬度高、耐高温、耐磨损以及绝缘等极佳性能,具广泛的实用性。此外瓷釉可赋予制品以绚烂的外表,装点着土族人民的生活,流露出土族人民的传统习俗

及宗教信仰。（沈雅楠）

图片来源

图一　王元杰　摄影
图二、图三　王元杰　制图

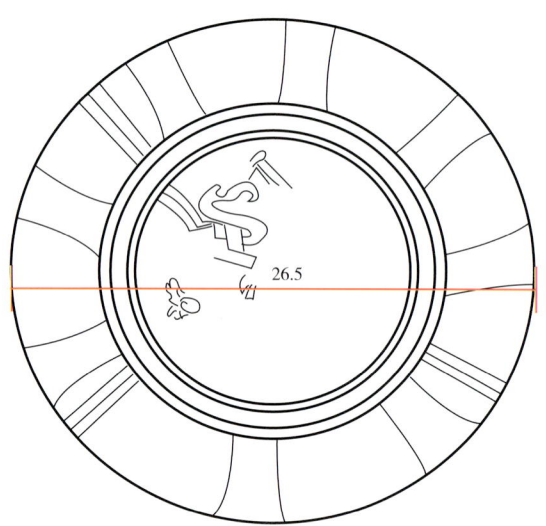

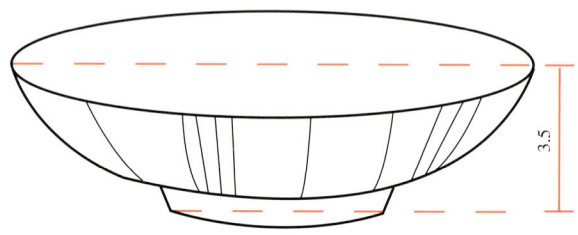

图二　土族搪瓷碗尺寸图（单位：cm）

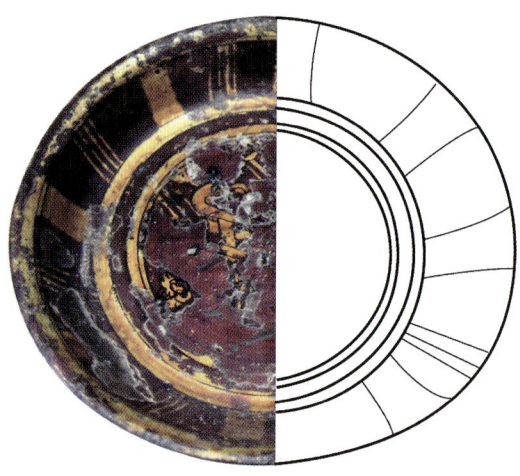

图三　土族搪瓷碗局部细节图

土族舀水抄

图一　土族舀水抄主图

土族舀水抄采自青海互助土族自治县民俗博物馆，主要由舀柄和舀口两部分组成，舀口长20厘米，宽18厘米，高16厘米。舀水抄为木质，底部边缘5厘米处接一铁片，外边缘用砂纸打磨光滑，使其变薄，用铁丝固定在方斗两侧，使得方斗更加结实，牢固耐用，同时又减少了斗底与水之间的摩擦力，使用起来更加省力、轻便。尤其在寒冬腊月之际，水面结冰之时，方斗底部锋利的铁片则更利于敲冰、铲雪，土族人民将冰和雪加热融化成水，储存起来，以便平时洗衣做饭时使用。

舀水抄是土族人民一种传统的日常生活用品，作为一种舀水的器具被广泛使用。舀水抄是一种将一处地方的水移到另一处的小型运水工具。也有的地方用葫芦瓢充当这种工具，俗称"水舀子"。而土族这种舀水工具的形制与北方多为椭圆形的水瓢不同，外观近似为方形盒状，这种方形的水抄与椭圆形水瓢相比，更容易计算出舀体的容积，方便计算出其他容器的体积。

舀水抄的斗腹较深，侧壁两端连接一木质的舀柄，舀柄中部微微向里凹陷，方便拿握。斗的顶端系一根短绳，用于悬挂提拿。

在过去，家家户户吃水、用水多是依靠泉水、井水、河水、雨水以及雪水，那时的环境污染并不像现在这般严重，水的品质相对较高，富含矿物质，而储水用的瓮、缸和取水用的瓢、舀水抄等也自然而然地成为老百姓日常生活的必需品。（黄冉）

图片来源
图一　高鹏杰　摄影
图二、图三、图五、图六　高鹏杰　制图
图四　高鹏杰　徐常乐　制图

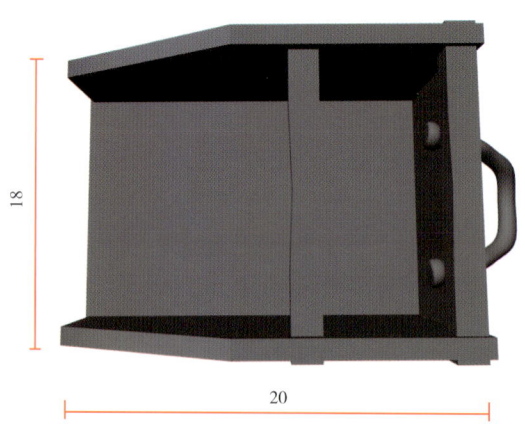

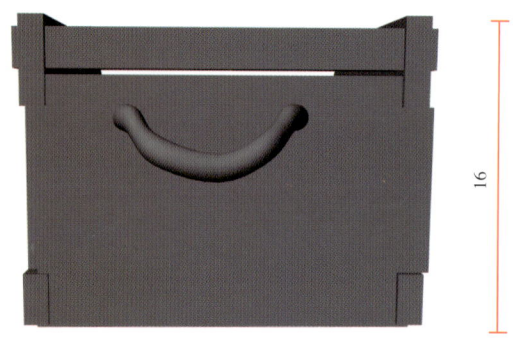

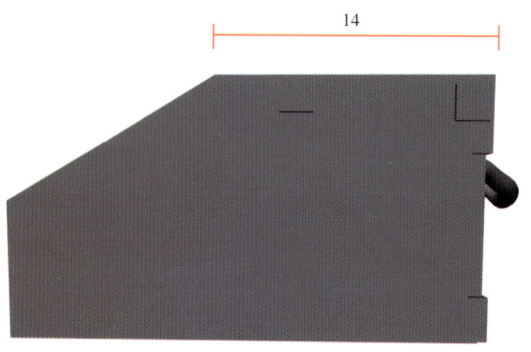

图二　土族舀水抄尺寸图（单位：cm）

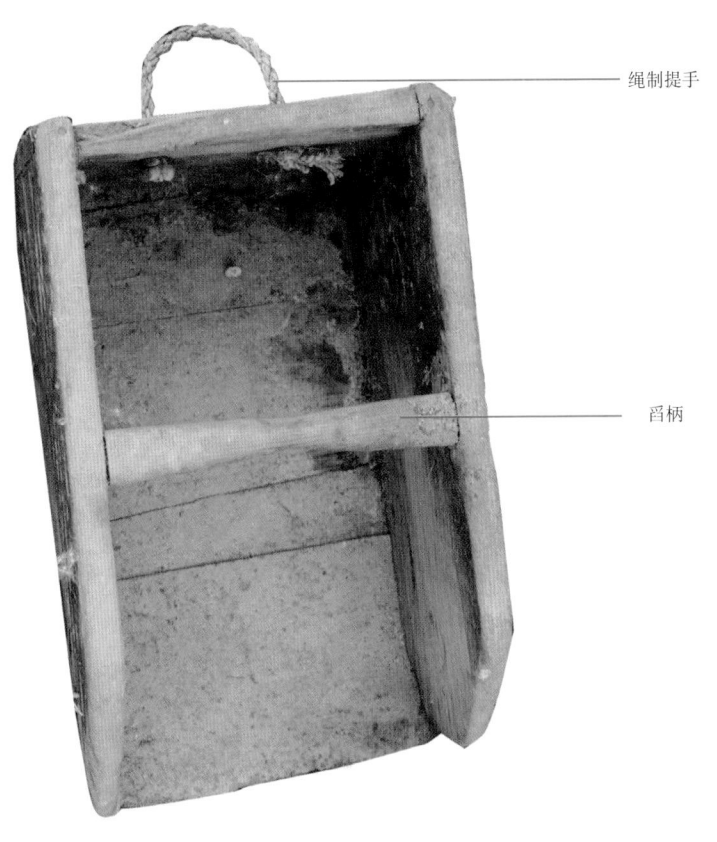

图三　土族舀水抄结构名称图

绳制提手

舀柄

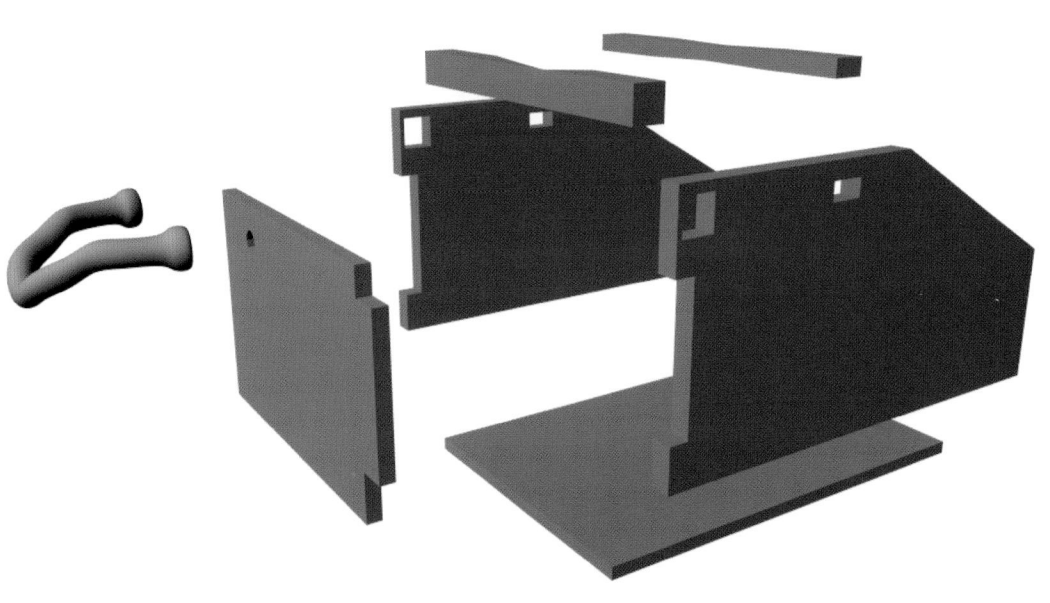

图四　土族舀水抄解析图

第三章　土族传统餐饮

图五　土族舀水抄使用示意图

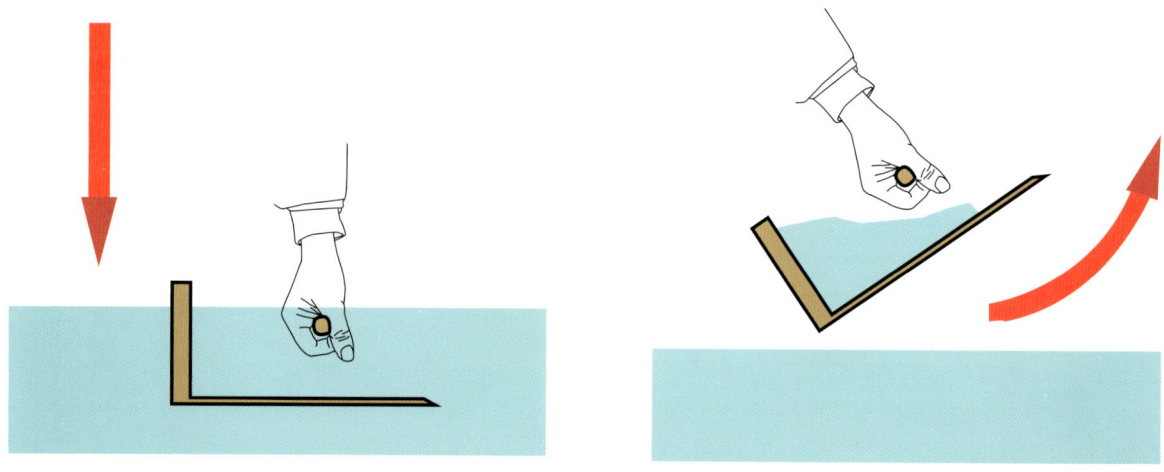

图六　土族舀水抄使用原理图

土族舀水勺

图一 土族舀水勺主图

舀水勺为土族人用来取水的一种生活工具，也称"舀子"。勺的起源与人类早期的渔猎生活密切相关，傍水而居的先人常在河边打捞河蚌，用蚌壳舀水饮用，后来，人们用木头打磨形状，将其边缘磨去，制成巴掌般大小的器物，以便撮舀，而这种圆而凹的外形，也就成了现在勺匙的基本形状。

此勺木质，主要由舀口和舀柄两部分组成，其粗犷的外形，既单纯又细腻，具有浓厚的北方草原文化气息。其外观与现代家用平底锅相似，侧壁为曲率较小的曲线型，勺体圆口，深度从中心向边缘递减，有利于舀低凹处积水，勺柄端有一钩，便于手拿。其造型简洁，古朴自然，显示出浓浓的乡土味，是民族文化的产物，广泛使用于土族，充分地展示了广大劳动人民丰富的想象力和非凡的智慧。

木勺通长42厘米，勺口径28厘米，底径25厘米，勺深12厘米，边缘木宽3厘米。顶部开口较大，下腹圆收，两侧的对称性良好。勺柄长15厘米，粗重带钩，不易折损。接榫处有一麻绳相系，方便悬挂。木勺底面有些许裂痕，外壁面因使用年限较长已经磨出深深的沟痕，斑斑驳驳，其造型虽不奇特华丽，却古朴大方，稳重敦实，经久耐用，且壁面色泽随着时间的迁移越发锃亮，尤显得端庄淳厚。

这种木器制作工艺是一门古老的民间技艺，它由最初的生产生活工具，发展到现在的高档工艺品。现如今，舀水勺已渐渐退出

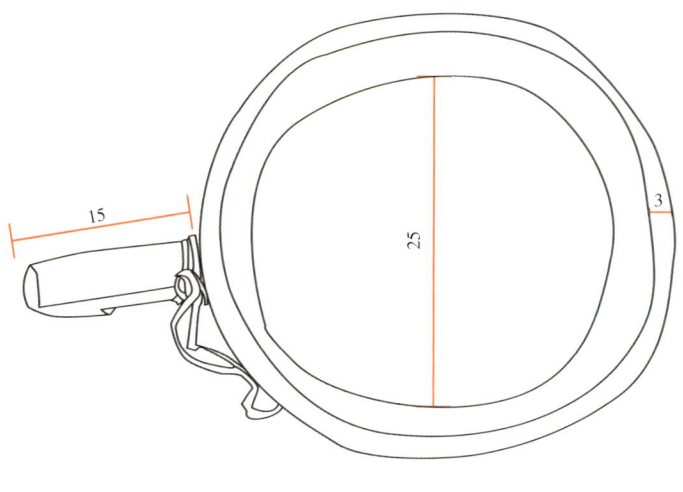
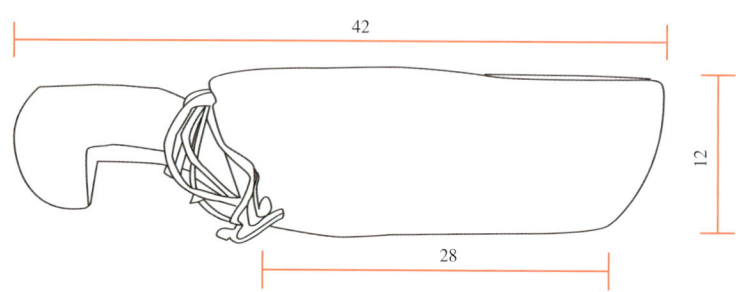

图二 土族舀水勺尺寸图（单位：cm）

图三 土族舀水勺视角图

人们日常生活的舞台，被绘以图案，成为一种民间工艺品，使其具有了现代感。今天的木勺经过精雕细琢，具有了多元化的特点，更多地走向了艺术，成为人们喜爱的艺术饰品。（迟亚妮）

图片来源
图一、图三　王元杰　摄影
图二、图四、图五　王元杰　制图

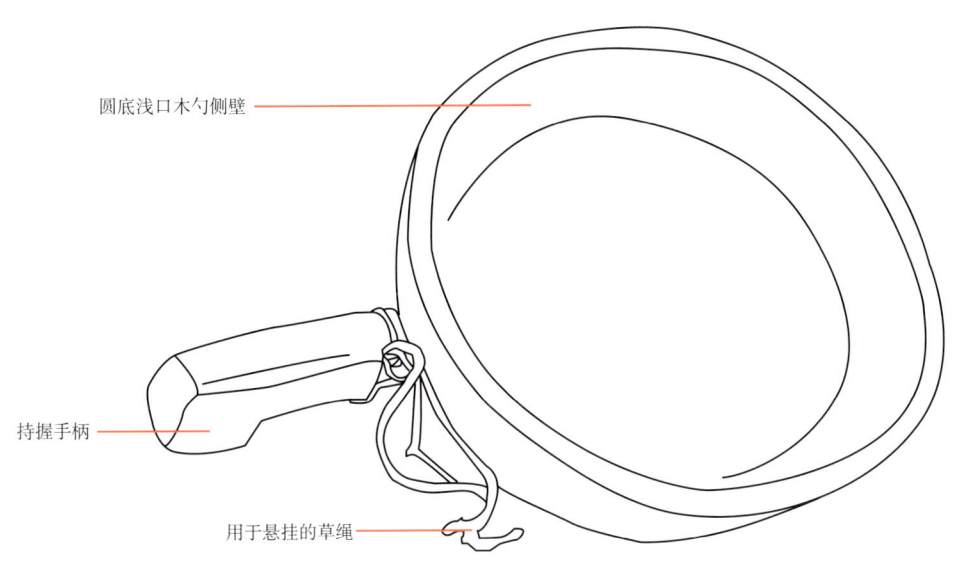

图四　土族舀水勺结构名称图

图五　土族舀水勺使用情境图

土族长柄木勺

图一　土族长柄木勺主图

勺，泛指一种舀东西的器具，有柄。勺的使用在中国可追溯至七千年以前，始见于河姆渡文化的骨勺，后逐渐演变为木、铜、铁勺。

木勺由勺池（即勺子的头部）和勺柄组合而成，总长52厘米，常以杨木制作，其轻便易得，便于操控。该木勺以整木挖成勺池勺柄，勺池为木块挖凹，口部呈圆形，勺口直径为16厘米，底径10厘米，壁厚约1厘米。勺池后连接着整木挖制的勺柄，勺柄长38厘米，直径约3厘米，为实心圆木，呈头粗末细状，在制作过程中需不断打磨，使其光滑，在使用时则更为舒适得手。

木质勺柄末端缠裹细麻线，有雕花刻纹，另截象牙一寸许，安置于末端接口处。土族是一个信仰藏传佛教的民族，由于大象与佛教关系密切，多次出现在佛经中，故象牙在佛教中有着崇高而神圣的特性，人们认为其一直都有辟邪纳福、安神镇宅等功能及象征意义，一直作为神圣的吉祥物，极受土族人民欢迎。据《本草纲目》记载，象牙也具有一定的药用效果，其能清热镇惊、解毒生肌，美容养颜。

该木勺用途实为广泛，可用作食器、酒器、水器。作为食器，其可作为盛递食物的媒介，还可用于搅拌沸腾的流食，使其均匀受热；作为酒器，其可用于舀酒；作为水器，其可用来舀水。其制作方法古老而传统，形制淳朴、归真，在装饰上也独具宗教象征意义。该木勺是土族人民生产、生活和信仰的示例，实为典型。（沈雅楠）

图片来源
图一　王元杰　摄影
图二至图四　王元杰　制图

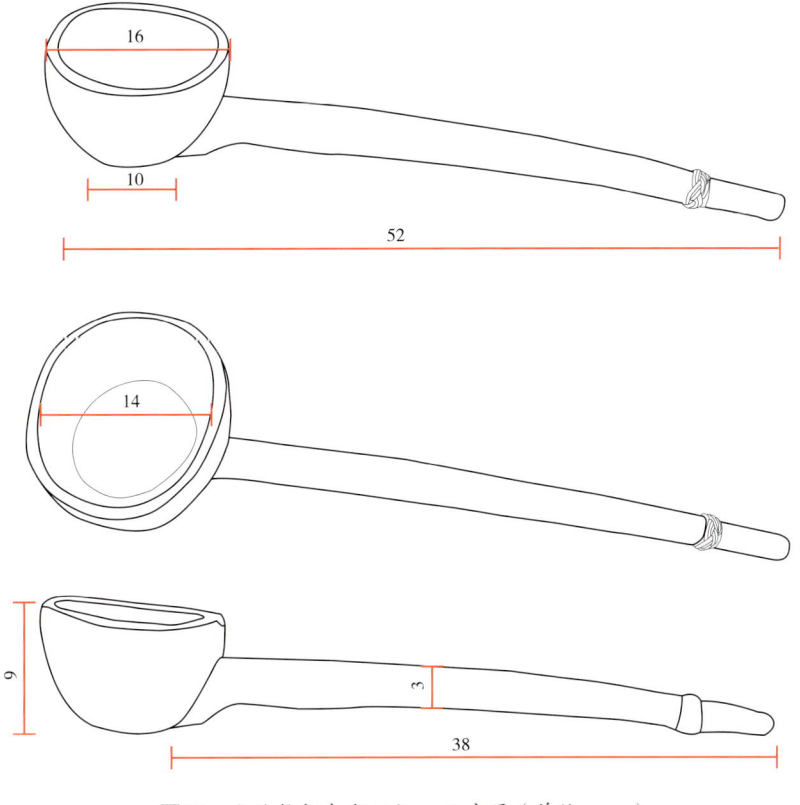

图二 土族长柄木勺三视、尺寸图（单位：cm）

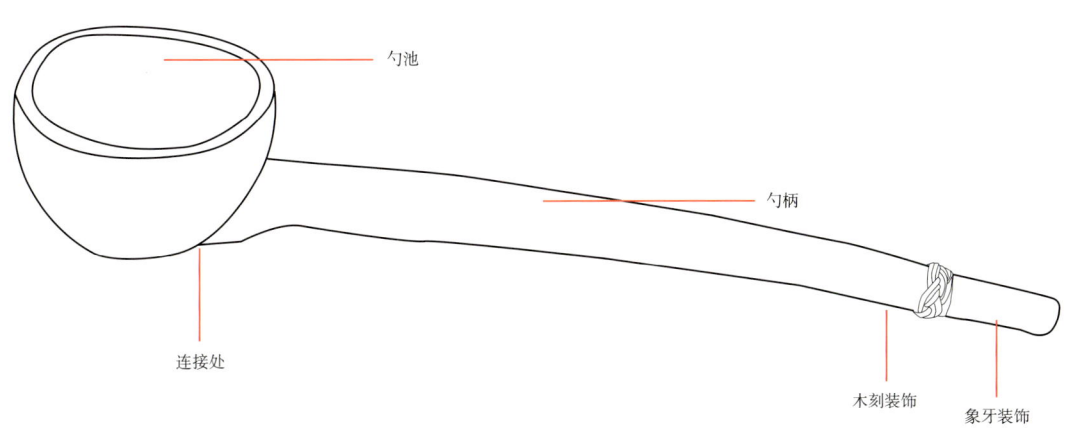

图三 土族长柄木勺结构名称图

图四 土族长柄木勺操作示意图

土族炒面盒

图一　土族炒面盒主图

炒面盒为土族人主要盛放食物的物具，为便于移动的类似圆柱形提盒。炒面盒采自青海互助土族自治县的居民家中，如今依然被广泛地使用。其造型典雅大方，木质的材料较之其他材质尤为显得坚固而有韧性，耐磨性能好，密致性强，具有很好的抗腐性能。木质给人一定的重量感，稳重而又实用性好，盒体、盒盖的设计，使盒内的食物能够避免有所损坏或者灰尘进入。

该盒为木质圆盒，通高18厘米，直径22厘米，上下直径大约一致。分为盒盖和盒身两部分。盒身有几道凸起的弦纹，给圆盒增添了几许雅致的情趣。盖子中央突起圆形的一层，呈圆台形，方便打开面盒。

盒盖与盒身子母结合，盖子可以用作碗、碟使用，美观大方又实用，整体布局独具匠心，此盒保存完好，造型端庄，色调温润高雅。

古代游牧民族将木头用以制作日常器物有着漫长历史，土族也不例外。近几十年来，由于社会生产力迅速发展，工艺技法日趋精细，样式愈加繁多，丰富了土族人民的饮食文化。现在，随着时代的变迁，科学技术的不断发展，炒面盒作为中国古代餐具中的重要器物已渐渐淡出人们的日常生活，取而代之的是各类陶、玻璃、塑料等材料的制

品。（迟亚妮）

图片来源
图一　王元杰　摄影
图二至图四　王元杰　制图

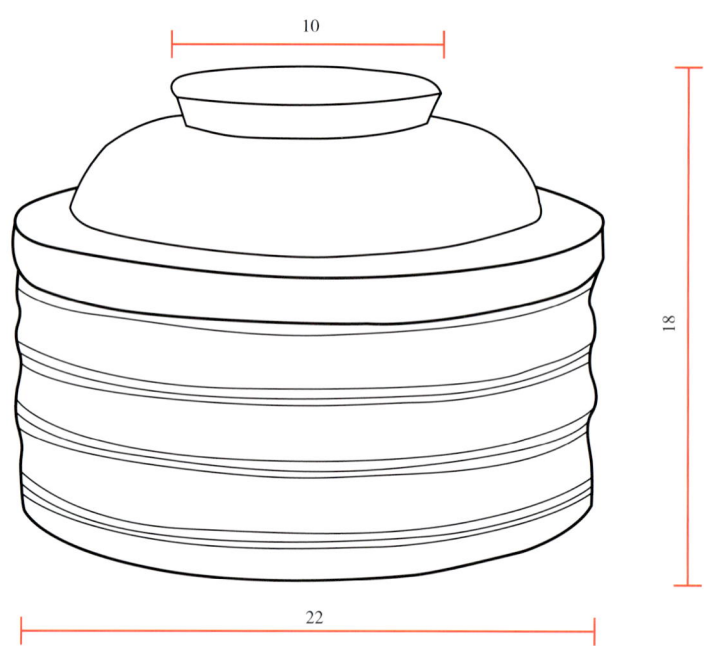

图二　土族炒面盒尺寸图（单位：cm）

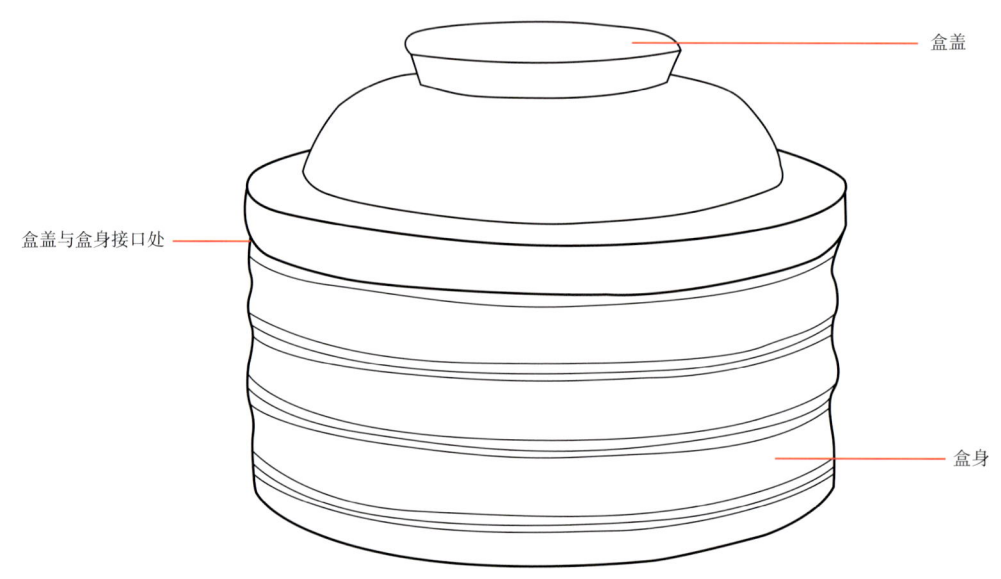

图三　土族炒面盒结构名称图

图四　土族炒面盒解析图

土族兔子皮炒面袋

图一　土族兔子皮炒面袋主图

炒面袋是用来盛装炒面的一种器物，人们一般出远门会带上它，简单方便。本案例中的炒面袋采自青海互助土族自治县。长35厘米，直径10厘米，圆筒形，中间有口，分为上下两段，便于人们扛在肩上。兔子皮具有软、细、牢、美等特点，因此，兔子皮是土族人民制作炒面袋的首选材料。

当猎人们打回野兔想制作炒面袋时，还需要经过仔细、耐心的加工。剥兔子皮一般采用筒剥法，剥下的皮呈圆筒形，正好符合炒面袋的要求。接着，削去皮上的残肉和脂肪，用清水洗净粘在皮上的血、灰等脏物。然后用碱或矾搓揉，将油脂和水分进一步清除干净，再用盐腌制一周左右，这样既抑制了细菌的生长繁殖，又起到防腐的作用。腌好后用竹片把皮撑开，挂在阴凉通风处晾干，再做一些细节的处理（如开口、缝补等）即可。土族人民的炒面主要以玉米、青稞等为材料，将其炒熟后磨制成粉，或者直接先将其磨成粉再下锅炒熟，以适量的盐拌匀。食用时，以开水冲、拌即可。

勤劳、聪明的土族人民认为兔子皮炒面袋防水、防潮、耐用，是人们出门在外很好的选择。但随着人们生活水平的提高，兔子皮炒面袋也会渐渐淡出人们的视线，但历史将记住它们曾经的功绩。（罗德艳）

图片来源
图一　高鹏杰　摄影
图二、图三　高鹏杰　制图

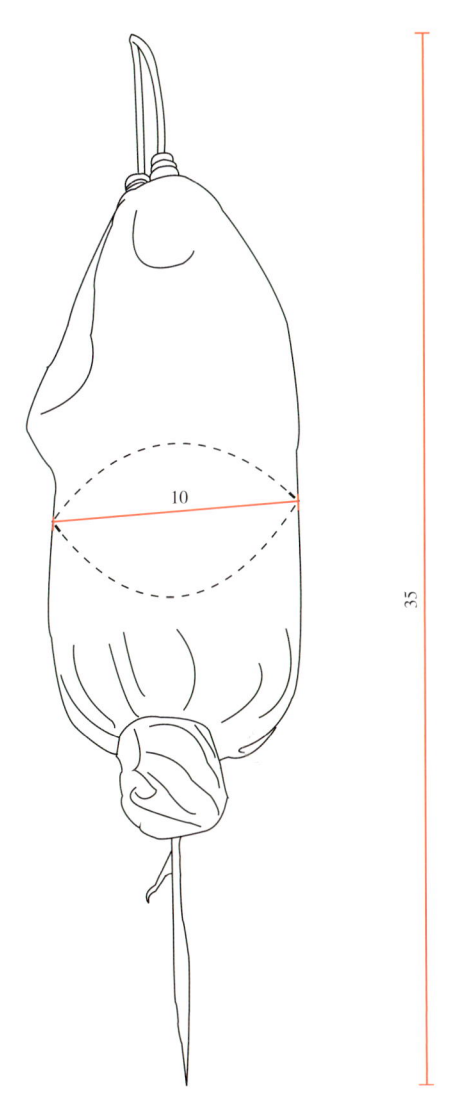

图二　土族兔子皮炒面袋尺寸图（单位：cm）

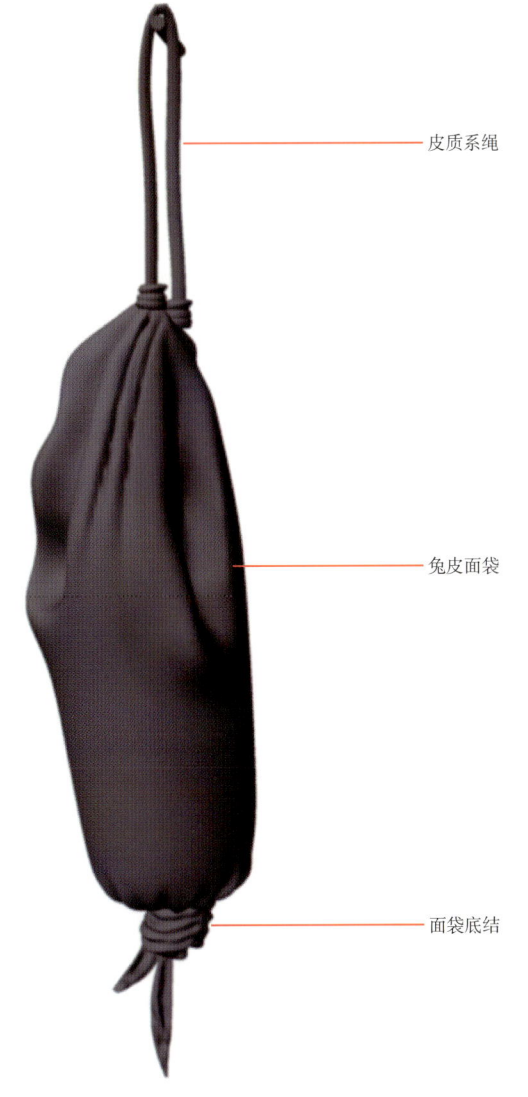

图三　土族兔子皮炒面袋结构名称图

土族食盒

图一　土族食盒主图

食盒是土族人一种常常用以盛放食物的物具，是便于携带的椭圆形提盒。本案例采自青海互助土族自治县的居民家中，如今依然使用广泛。食盒的制作是其传统的民间工艺，设计简洁，制作简单，操作方便，成本低廉，而且经久耐用，不易破碎，受到土族人民的喜爱。

此盒木制而成，呈椭圆形，提手与食盒底部连接使得食盒本身框架与提手紧密相连，提手为半圆形，把手处适于手握。食盒侧看犹如篮子，转角处呈弧形，显得婉转坚固，俯视如操场上的跑道。提手两侧与底托处有麻绳锁定盒身，用麻绳穿过把手缠绕固定，并用麻绳系住木盒盒身，将几个部分紧紧组合在一起，将盒底扶稳，增强其稳定性。底部是一块椭圆形圆板。其木质虽已发暗，但仍然能体现出经岁月洗涤之后的颜色。整体造型中规中矩，简洁明快。正因为其制作材料普通，容易制造，设计简练，所以在整个土族人民中十分普及。这种常见的木制品，是土族人民的生产方式和生活行为习惯象征性的体现。

随着时代的变迁，食盒已渐渐淡出人们的日常生活，成了古玩市场上的一种藏品。在不断升温的收藏热潮下，其价值和潜力也被广为看好。现在所用的饭盒就是由食盒逐渐发展演变而来的。（迟亚妮）

图片来源

图一、图六　王元杰　摄影
图二、图三　王元杰　制图
图四、图五　张家灵　制图

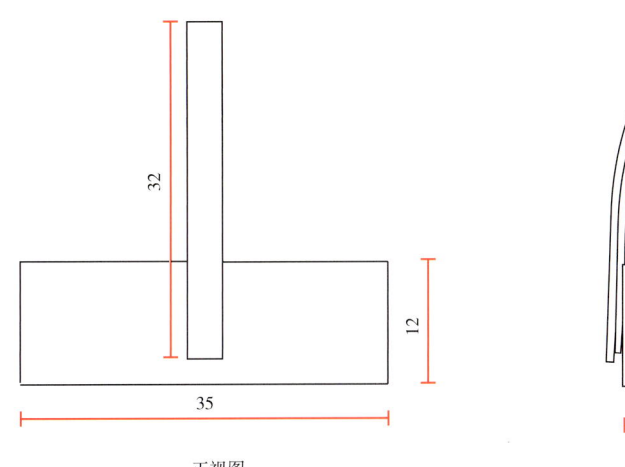

正视图

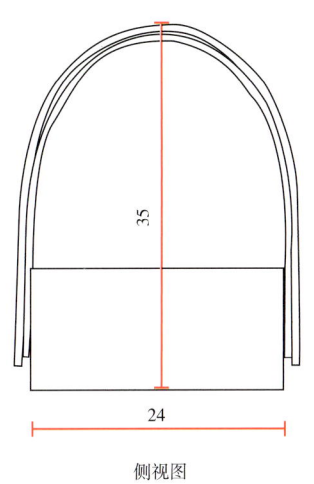

侧视图

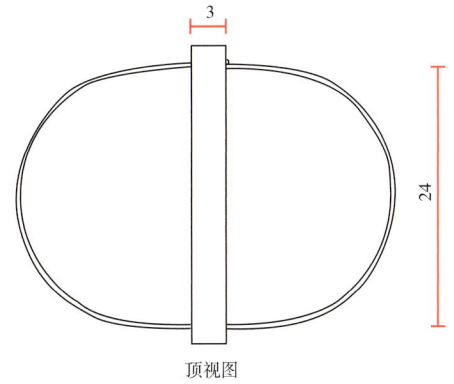

顶视图

图二　土族食盒三视、尺寸图（单位：cm）

图三　土族食盒结构名称图

食盒提手

食盒主体

提手与主体的接合处

图四　土族食盒模型解析图

图五　土族食盒模型图

图六 土族食盒使用情境图

土族木碗橱

图一　土族木碗橱主图

土族木碗橱采自青海互助土族自治县村民家中，该碗橱为木质长方体结构，长120厘米，宽50厘米，高110厘米。碗橱由上下两部分组合而成，上部由三个长为30厘米、宽23厘米的小号隔层构成，正中间的小隔层带有两个圆形铜制纽扣；下部由一个长100厘米、高18厘米的大号隔层构成，与上部隔层不同的地方在于该隔层为侧面抽拉式，将木板由侧面嵌入凹槽中，通过左右抽拉的方式达到关闭打开的效果。该碗橱多采用香樟木、杉木制作而成，这些木材的特殊气味起到抑菌、杀虫的作用，在表面施以红漆，可防水，预防虫害。这种木质碗橱造型小巧，便于搬运移动。碗橱由多个隔层组合而成，使得人们可以在使用过程中按所存放物品的大小一一归类。

土族人民在家具装饰手法上善于提炼，经过合理取舍，通过木纹、雕刻、镶嵌和附属件有机组合来体现其审美。选料上，十分注意木材性质功用，同时，纹理清晰好看的放在家具的显著部位。雕刻手法与其他民族相似，浮雕、透雕、浮雕与透雕结合及圆雕等是常用手法，以浮雕最为常见。装饰题材也十分的广泛，大致有卷草、花鸟、走兽、山水、人物、宗教图案等。刀法线条流畅，生动形象。雕刻的部位大多在家具的面板、牙板、牙子、围子等处，常做小面积雕刻，装饰效果更是格外引人注目。此外，还会髹漆，往往大面积涂刷，再在底色上绘制一些花草图案，简约大方。

木质碗橱是土族人民长时间生活积淀的产物，不仅具有服务于人的使用价值，同时凝集着在特定环境下形成的土族人民所崇尚的质朴艺术风格。（黄冉）

图片来源

图一、图四　高鹏杰　摄影

图二、图三　高鹏杰　制图

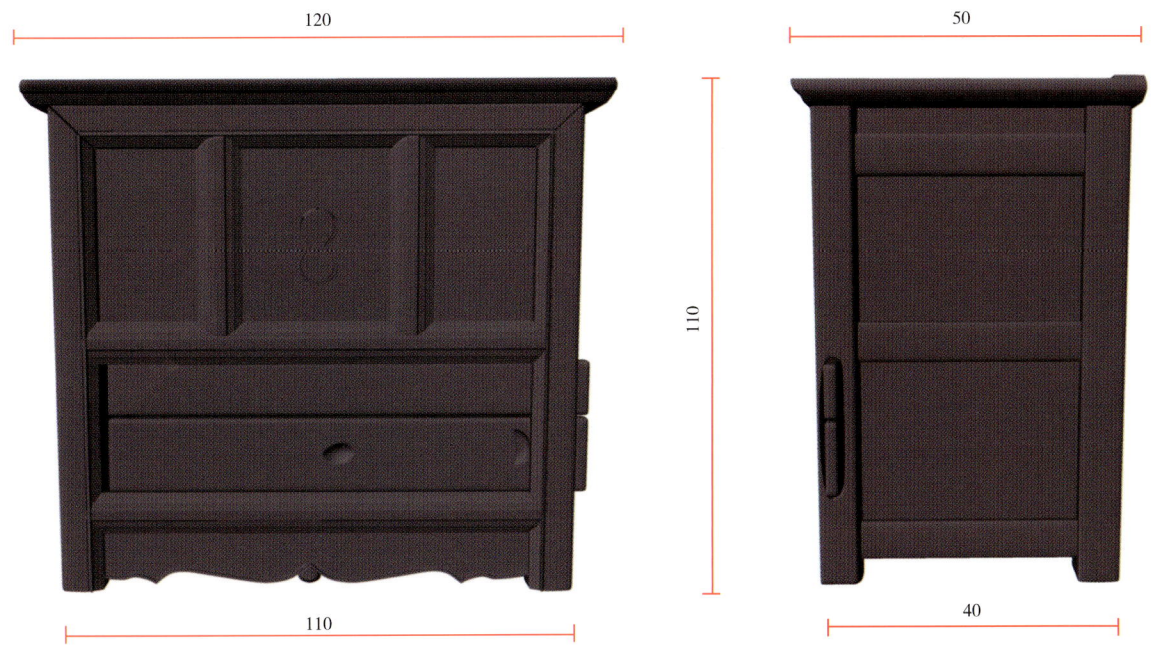

图二　土族木碗橱尺寸图（单位：cm）

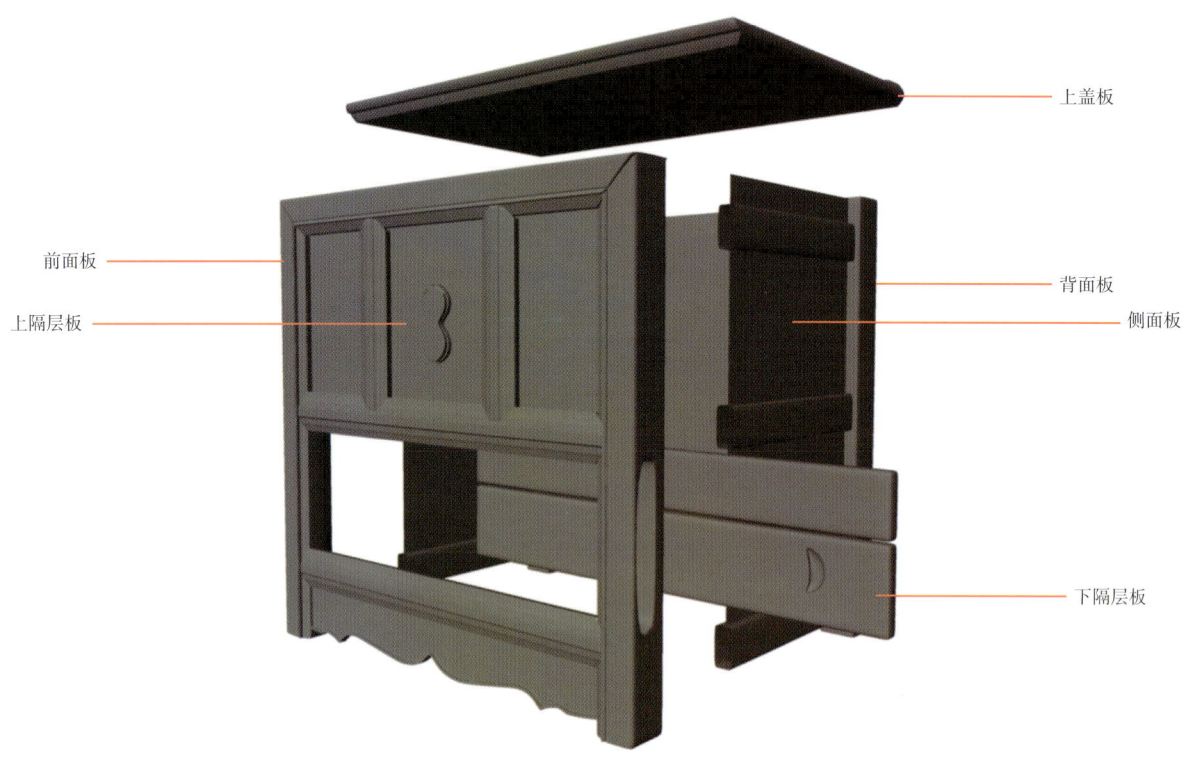

图三　土族木碗橱结构名称图

图四　土族木碗橱开启展示图

土族木质镂空筷筒

图一　土族木质镂空筷筒主图

筷子，是华夏民族走向文明的一个历史印记，也凝集了华夏人民的智慧。伴随筷子的发展，筷筒应需而生，它的发明使得筷子在存放上追寻到了一个完美至极的契合点。在我国几千年的饮食文化中，人们在制作上不断对其赋予美好的寓意，使其造型姿态万千。在材质的选用上，古人早已学会就地取材。

土族木质镂空筷筒选用上好的木材精心打制，外施以褐色油漆，色泽古朴端庄。该筷筒呈不规则六边形，反面为平滑木板，两顶端呈弧形向上略凸起。其顶部有左中右三孔，以便穿系绳子悬挂或用钉子钉于墙壁和碗柜上。内部用木板将主体分为左中右三格，可将筷子、汤勺等分类放置。底部均留有小孔，作为洗净的筷子漏掉余水之用。筷筒正面采用镂空雕刻，不仅美观还方便通风，以防筷子受潮发霉。镂空雕刻同样为左中右三块，其雕刻内容形态各异，中间以梅花、喜鹊、梅花鹿为主要纹饰。梅花鹿是中国古代吉祥物之一，又因"鹿"与"禄"谐音，使梅花鹿象征高官厚禄、灵气活力。在中国传统习俗上，喜鹊常与梅花有着不解之缘，喜鹊站在梅花枝头，即喜事临门、幸运吉祥，梅开百花之先，为报春之花，喜鹊立于梅梢，即为"喜上眉梢"。左右两端镂空图案均以卷叶纹为主，并刻有原始金属条纹样，寓意福气和财运。

该筷筒形态古朴雅致，纹理、图案凹凸有致、多而不杂，立体感强烈并富有极强的寓意性。虽然不同时代的筷筒有其各自的形态和寓意，但都饱含着土族人民世世代代的心灵祈愿，祈祷自然和生活能够给予他们最大的馈赠！（沈雅楠）

图片来源
图一　王元杰　摄影
图二至图四　王元杰　制图

图二　土族木质镂空筷筒尺寸图（单位：cm）

图三　土族木质镂空筷筒结构名称图

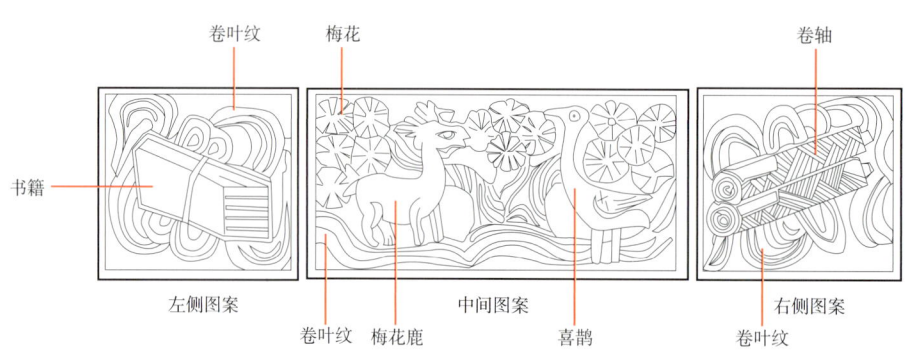

图四　土族木质镂空筷筒木雕图案分析图

土族竹编筷子笼

图一 土族竹编筷子笼主图

竹编筷子笼是土族人民的厨房用具，用来放置吃饭用的筷子。土族人民使用的竹编筷子笼呈圆筒形，远远望去仿佛一个鸟窝。聪明而朴实的土族人民结合实际生活，根据需要，充分发挥他们的想象力、创造力，利用生活中常用的材料编制了家家离不开的筷子笼。筷子笼主体是由竹篾编制而成的，编制完成后，在上端接近筷子笼口的地方穿一根绳子，打上结，一个完整的筷子笼就完成了。通常人们会在墙上或木柱上钉上钉子，将其挂在厨房，很是方便。这种竹编筷子笼既透气，底部又沥水，筷子不易发霉。在科技还欠发达的时代，确实是放置筷子的理想器具。

一个看似简单的筷子笼，制作起来却并不容易。将合适的竹子削成又薄又细的竹篾，是编制筷子笼的首道工序。一根竹子要经过锯、劈、削等三道工艺才能制成竹篾。先把竹子锯成长短合适的几段，接着就可以将其劈成篾。劈篾很有讲究，有经验的篾匠先用凿子在竹口上分点，拿劈刀劈开，再取劈开的竹片，用劈刀架着一块短竹片劈下去，这样劈会光滑一点。如此反复，直到每一根都被劈成大小粗细合适的竹篾。最后用劈竹子的刀将制成的竹篾反复削，以免细小的篾签在编制过程中伤着手。一根竹子变成可以编筷子笼的竹篾要经过四十分钟的制作过程。竹篾做好了，接着就要编。先编筷子笼的底部，横竖穿插，竹篾在篾匠的手中上下左右交织着，直到编到筷子笼口，将其收口使其平整。竹篾在篾匠手中似乎就是有生命的艺术品，它们仿佛正在为编织自己美好的未来而舞蹈。

虽然这种竹编筷子笼有着诸多优点，如

图二　土族竹编筷子笼模型复原图

图三　土族竹编筷子笼尺寸图（单位：cm）

图四　土族竹编筷子笼编织细节展示图

图五　土族竹编筷子笼三视图

第三章　土族传统餐饮

163

经济实惠、经久耐用等，但其还是存在一些缺点，如不易清洗、费时费力等，逐渐被现代化的塑料筷子笼、不锈钢筷子笼等替代，但历史不会将它遗忘。（罗德艳）

图片来源
图一、图四　高鹏杰　摄影
图二　徐常乐　制图
图三、图五、图六　高鹏杰　制图

图六　土族竹编筷子笼编织示意图

第四章 土族传统生活用具

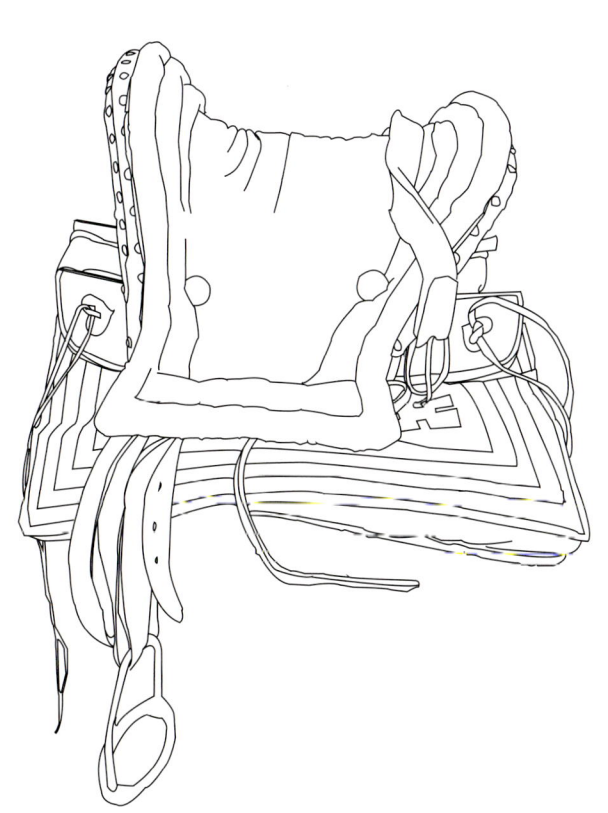

土族木推车

图一 土族木推车主图

　　本案例采自青海互助土族自治县五十乡古堡村民家中。该木推车构造主要有四个部分：两个车轮，一条轮轴，一个木框和两把长手柄。整个木推车长约350厘米。车轮直径约38厘米，由木制轮毂、八根木制辐条以及木制轮缘组成，木轮外圈包上铁皮，使得轮子更加坚固，抑或包上实心橡胶轮胎，这样木推车运行就更加平稳。现在木制车轮已很少见，多改用铁制。木框由木板手工钉装而成，长约180厘米，宽约120厘米，高约40厘米。轮轴有木制，也有铁制，连接着两边的车轮，并支撑于木框的正下方。两根长约170厘米的木质长手柄置于轮轴与木框之间，间距约115厘米，其手握处偏细且近乎圆柱形，利于劳作者抓握。在两根长手柄中间，位于木框的下方用螺纹钢筋连接着一块木板，作为木框的底部，以便存放物品。

　　土族农作物主要有青稞、荞麦、薯类等。农忙时节，木推车便成了重要的农用工具，用于搬运田地里已收割的农作物。同样，在中国第二、第三阶梯的农业区，木推车也是农民普遍使用的农用工具，但相对于土族的木推车却略有不同。第二、第三阶梯农业区的木推车又叫平板车，同样是由两个车轮支撑运行，但是整体构成只有一块长方形承载农作物的平板以及两把木制长手柄。平板面积较大，并且四周没有木框，所以承载量大。土族木推车四周围有木框，木框底板面积小，适用于低产量的农业区。青海互助地区土壤相对贫瘠，且可耕作土地少，所以作为农忙时节的运输工具，青海互助地区的木推车并不需要有很大的承载量。而且木推车上围有的木框虽限制了承载量，但在运输时，薯类、青稞等农作物需要木推车上的木框来稳固。而第二、第三阶梯的农业区农耕条件优越，是中国农作物的主要生产区域，农作物的多样性以及巨大的产量也就需要有大承载量的运输工具。

当然，木推车的使用并不局限于农忙时节。在土族人民建造房屋或其他建筑时，木推车也可用来搬运石料、木料、混凝土等建材。
（梁成）

图片来源

图一、图三　高鹏杰、徐常乐　制图
图二、图四　高鹏杰　制图

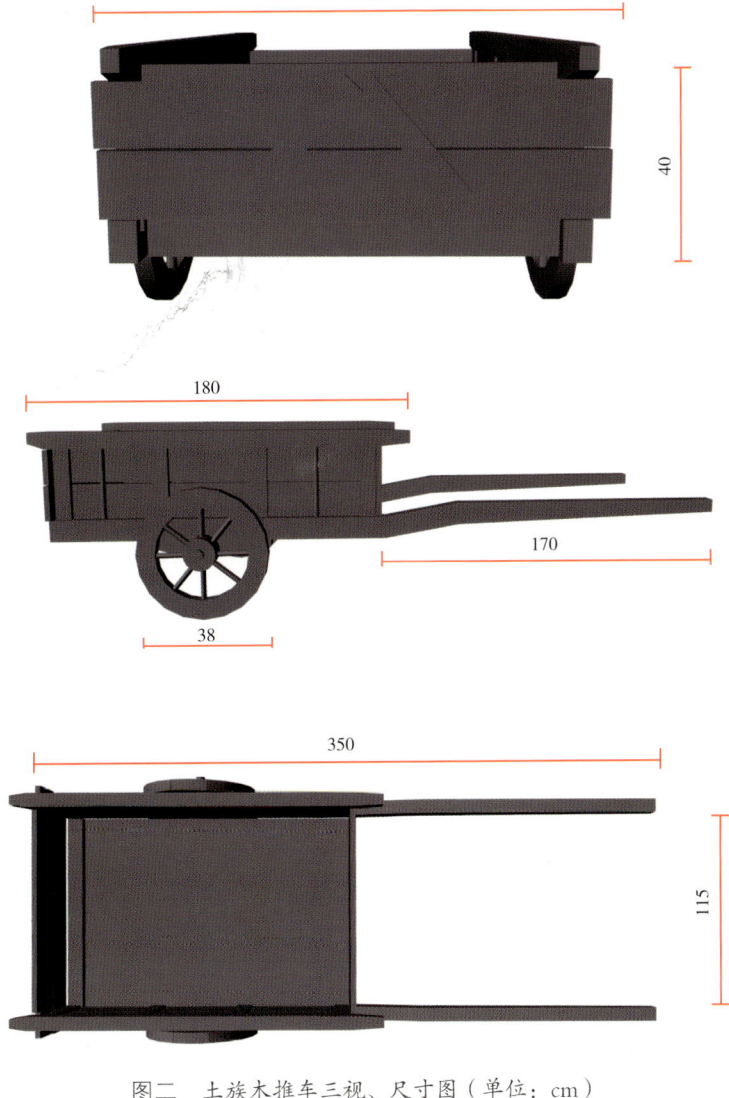

图二　土族木推车三视、尺寸图（单位：cm）

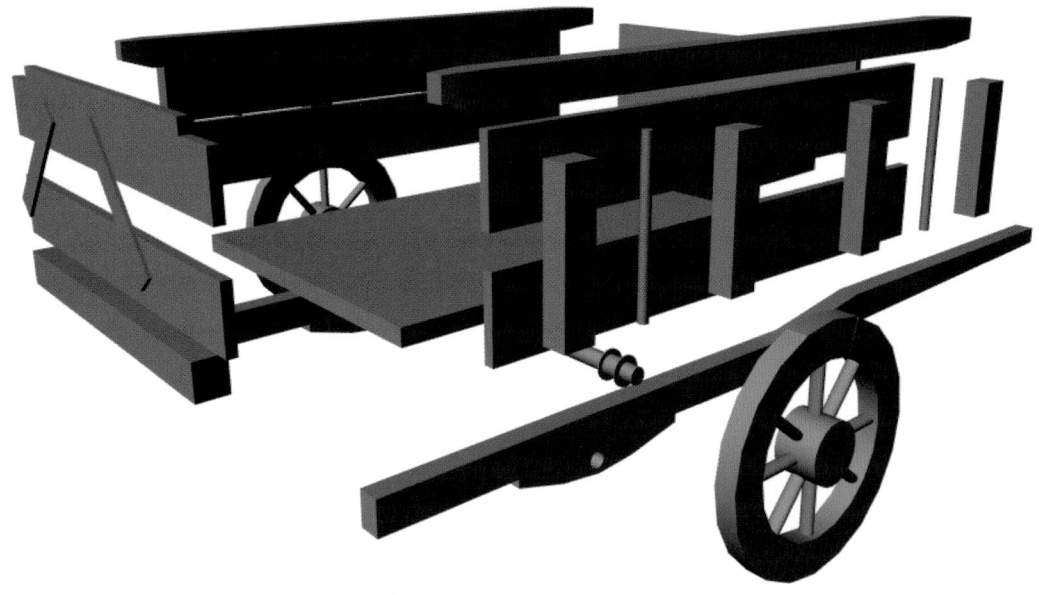
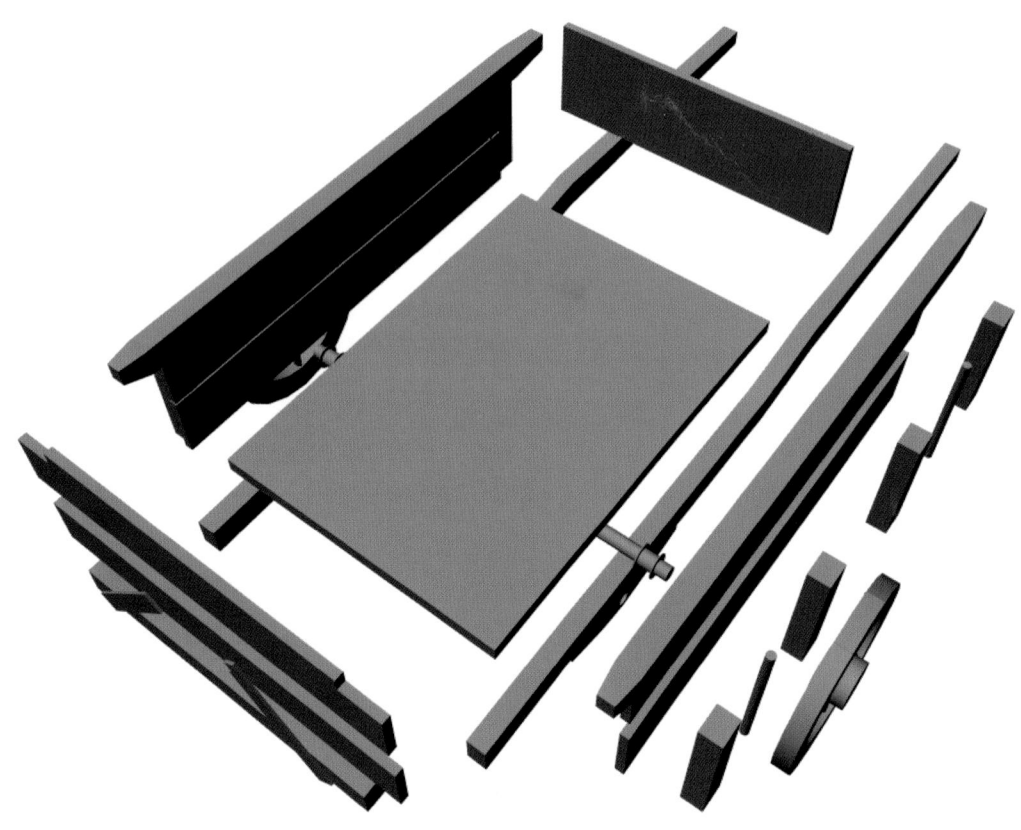

图三 土族木推车解析图

图四　土族木推车操作示意图

土族马鞍

图一　土族马鞍主图

土族马鞍在外形结构上与一般马鞍并无不同之处，由裸鞍、坐垫、左右两块方形棉垫、捆肚带和马镫组成。而在马鞍的装饰细节上处处体现了土族的民族特色。裸鞍外表由牛皮包制，显得光滑细腻，牛皮边缘用金色条带缝合，并以铆钉加以固定，既美观又有质感。坐垫采用大红色的绒布包裹，左右两块坐垫上的方形纹和条纹以红黄蓝色为主，更体现了土族人民对艳丽明快的色彩的追求。

裸鞍的原料一般多用桦木，由四大块木料组成，即两块凸形的左鞍板和右鞍板，两块U型的前鞍鞒和后鞍鞒。在四块木料的拼接过程中，存在着角度、宽窄、弧度的问题，并非常人所想的简单容易。拼接好以后，剩下的就是皮具包裹或者油漆上色。至此，完成的只是一具裸鞍，而一个完整的马鞍还需要坐垫、棉垫、马镫以及捆肚带。坐垫和棉垫便是土族刺绣文化的集中处，无论是色彩的选择还是纹样的勾勒都体现了土族的民族特色。马镫由粗布制的镫绳和铁制镫盘组成，加上牛皮制的捆肚带，整个马鞍才算完成。由此可见，马鞍的制作处处闪烁着游牧民族的大智慧，是实用性和装饰性的统一，科学与审美的结合。

土族系马背上的民族，游牧文明的历史和荣光，有一笔要重重记在马鞍的账上。曾经蒙古人的铁骑雄风席卷欧亚，马鞍功不可没。蒙古人跃上马背，变成一种所向无敌的战斗力，而土族人则把它变成了一种生产力。游牧业是土族人民赖以生存的根本，它需要土族人民跨上马背驰骋草原，马鞍的发明是一种生产力上的巨大变革，而马鞍的制作，作为一种独特的工艺，也让土族文化在华夏民族之林熠熠闪光。（梁成）

图片来源
图一　高鹏杰　摄影
图二、图四、图六　高鹏杰　制图
图三、图五　高鹏杰、徐常乐　制图

图二　土族马鞍尺寸图（单位：cm）

图三　土族马鞍模型三视图

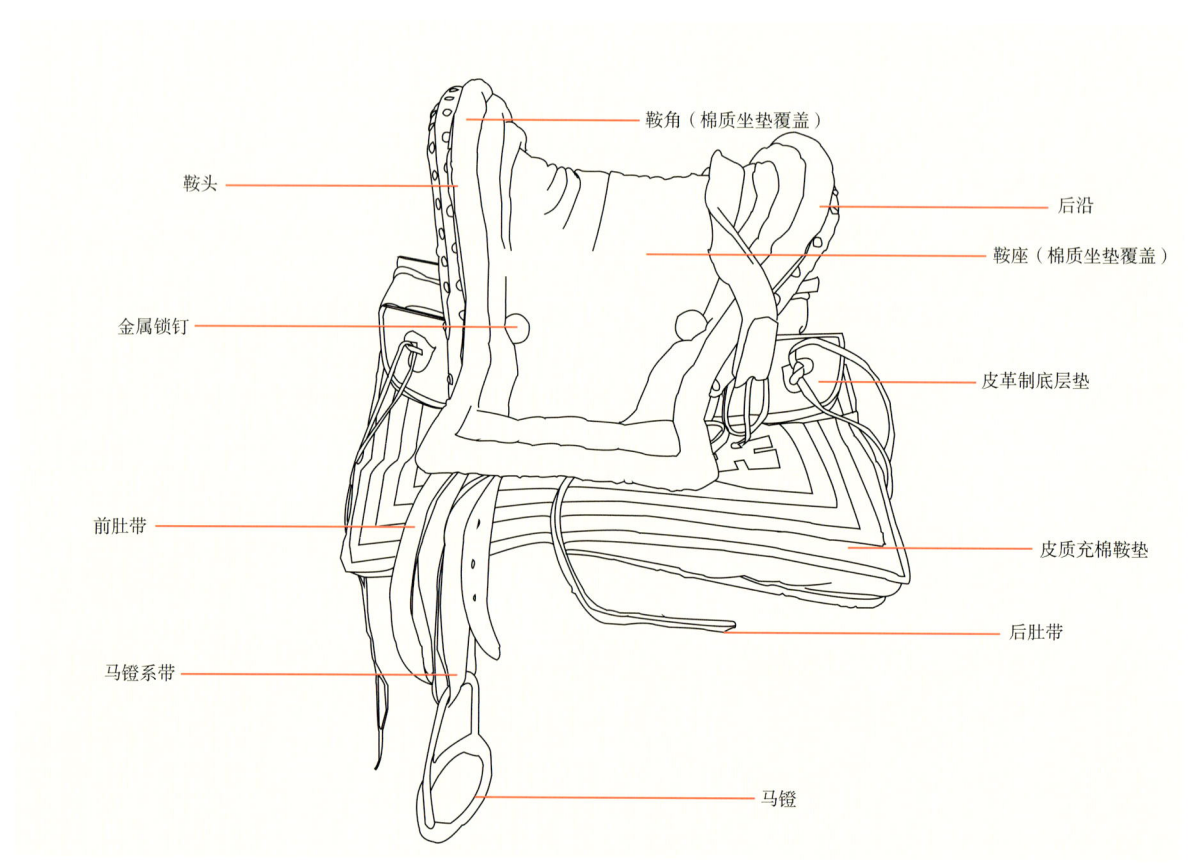

图四　土族马鞍结构名称图

图五　土族马鞍解析图

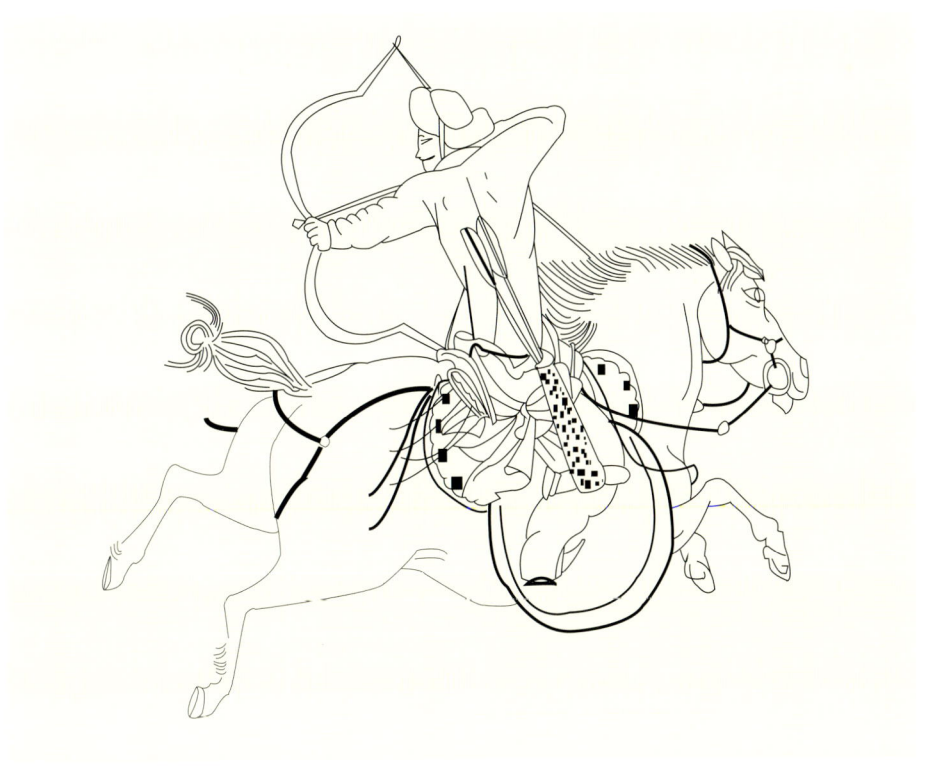

图六　土族骑行示意图

土族木质筛子组合工具

图一 土族木质筛子组合工具主图

土族木质筛子组合工具采自青海互助土族五十乡古城堡居民家中,如今依然在广泛使用。筛子组合工具由筛子、推杆和筛桶三个单个器物组成。

最上层是筛子。筛子是由薄木片或竹片弯成一个圈,口部与底部用木圈或竹圈箍住,形成一个上下通漏的圆柱体,底部用细纱布覆蒙而成,筛子需要被来回推动,故它取材轻巧,体积也不宜过大,通常筛口直径30厘米,高15厘米,底径加箍圈为31厘米,用于过滤。

第二层是推杆,通常是由两根去了皮经过抛光打磨后的槐木棍制成,表面光滑,减少了摩擦力,便于来回筛动。槐木棍的两头分别铆有一块木制挡板,卡扣在桶口,防止推杆的滑动,增强了劳作的效率。推杆通常长55厘米左右,两根推杆之间的宽度通常在10厘米左右,两头卡板大小不定。

最下层是筛桶，略成上大下小的形状，一般为松木、杉木、榉木等常见木料制成，经由铁条箍绑而成。筛桶的制作是传统箍桶工艺，先将木材开成木板，因为木桶上大下小，所以每片木板也是上大下小；然后用刨子工具将木板两面初步加工成圆弧形，两侧刨成一定角度的斜角；再将加工好的圆板大小头齐平、圆弧方向一致摆放好，在圆板两边涂上胶水，将圆板拼成木桶；最后用铁条箍住木桶。铁条的数量根据筛桶的大小有所变化，但不会少于2根，工艺要求极高，需有高超技艺的制桶匠方能胜任，因此是土族人民倍加珍惜的劳作工具。筛桶桶口直径47厘米，桶底直径36厘米，深63厘米。

土族人民使用筛子有较长的历史，当农业生产方式占据越来越重要的地位时，筛子逐渐被广泛使用，成为重要的生活用具。

（王政）

图片来源
图一、图三　王元杰　摄影
图二、图四、图五　王元杰　制图

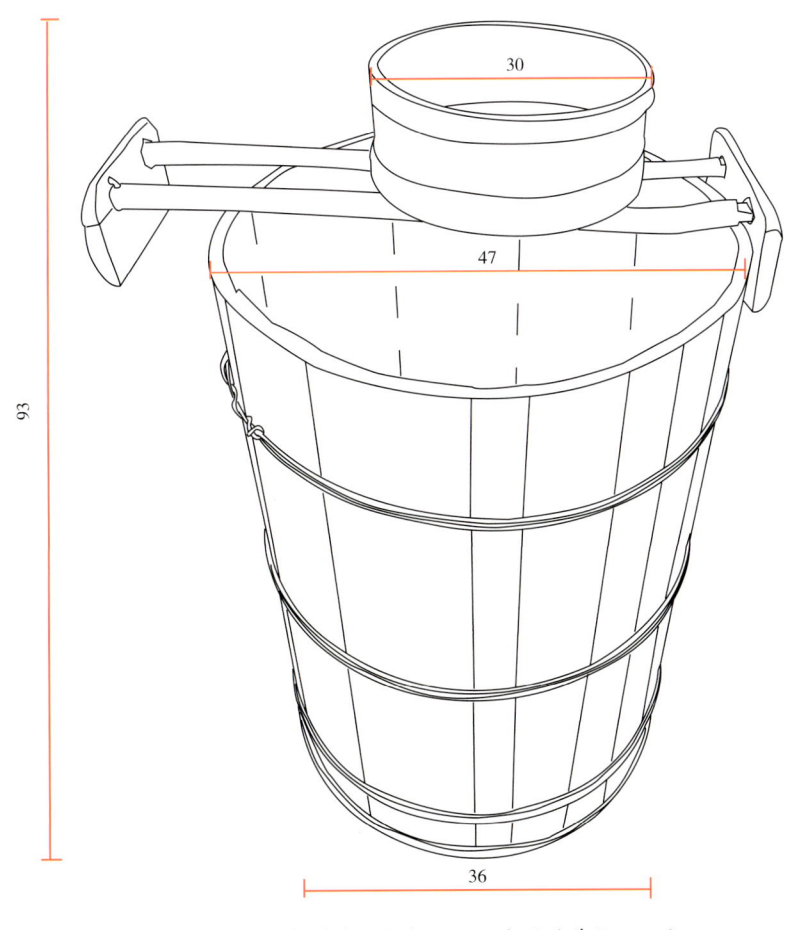

图二　土族木质筛子组合工具尺寸图（单位：cm）

图三 土族木质筛子组合工具侧面图

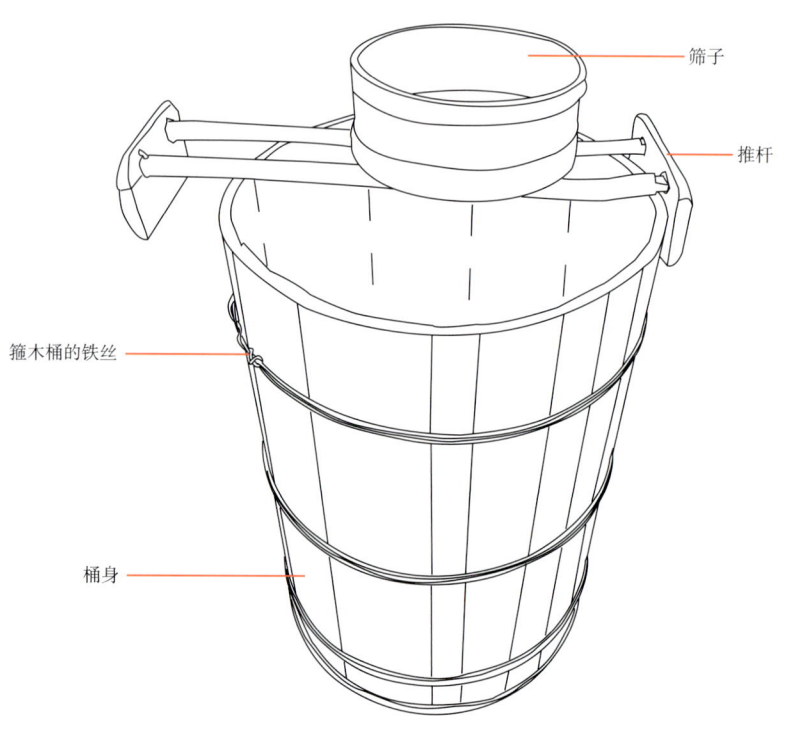

图四 土族木质筛子组合工具结构名称图

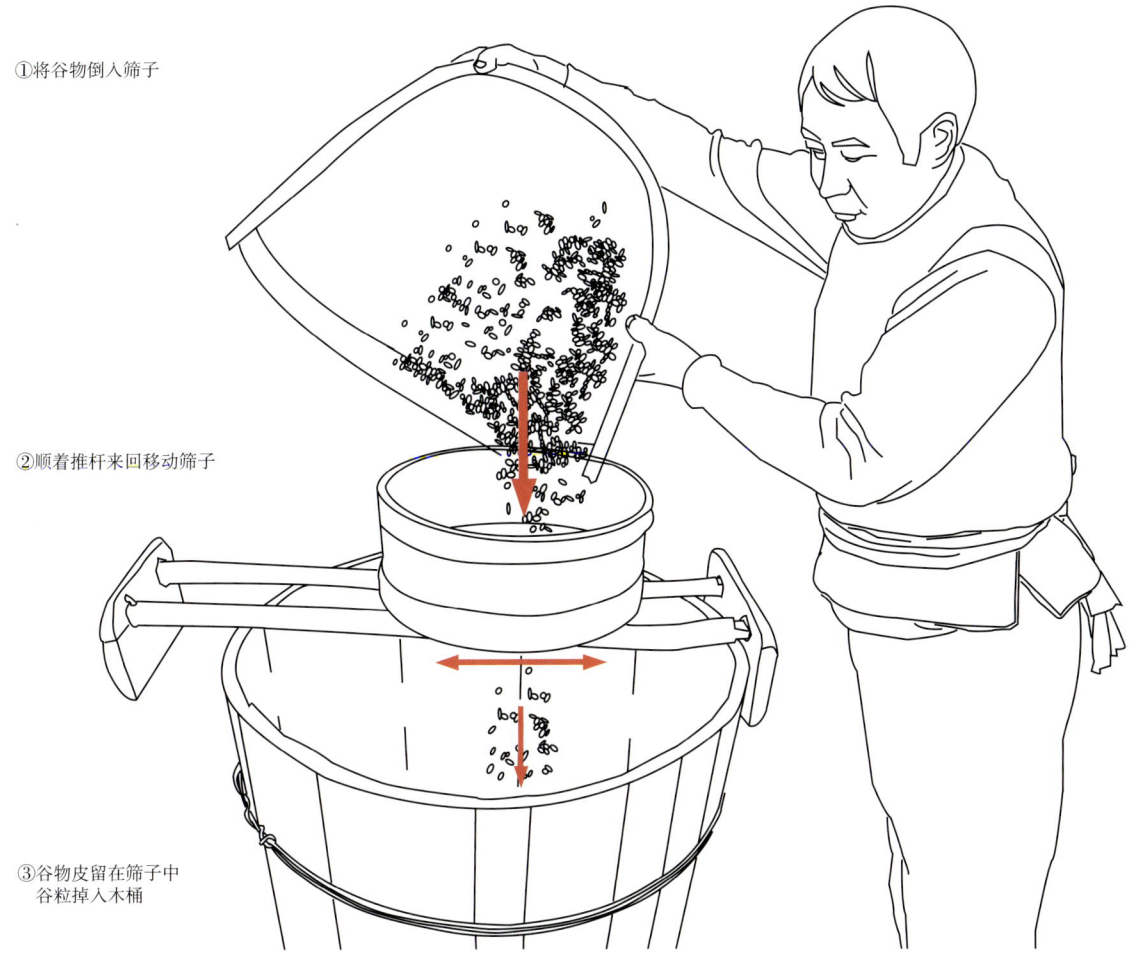

图五　土族木质筛子组合工具操作示意图

土族石臼

图一　土族石臼主图

本案例采自青海互助土族自治县五十乡古堡居民家中。在日常生活中，石臼是用以砸、捣、研磨药材、坚果、蒜头等的生活用具。石臼的选材十分讲究，主要用花岗岩凿制而成。由于花岗岩硬度高，耐磨损，色泽美观持久，常被选用为研磨工具的材料。

石臼呈上大下小略带弧度的倒锥形，厚重而结实，不易开裂破损，在杵捣研磨时不易晃动，提高研磨效率。杵棒是与石臼相配的研磨工具，杵棒的粗细程度与成人手握大小相符。使用时，将药材、粮食等放入石臼中，一手握住杵棒的一端，将另一端竖直放入石臼中，反复杵捣，另一只手将石臼底座扶稳，增强石臼的稳定性。杵棒的发力和石臼空腔底部受力集中，谷物、药材等都集中在空腔底部，使得杵棒研磨效率提高。石臼是常常被使用的必需品，因此考古学家将石臼和水井作为人类定居点的标志。

土族进入农耕经济以后，青稞、小麦、胡麻等成为他们的主要农作物。伴随着生产模式的转型，土族也必须向周围的农耕民族学习生产工具制作，石臼就是其中的代表。石臼现在还被广泛地运用。（王政）

图片来源
图一　高鹏杰　摄影
图二、图四　高鹏杰　制图
图三　胡小龙、高鹏杰　制图

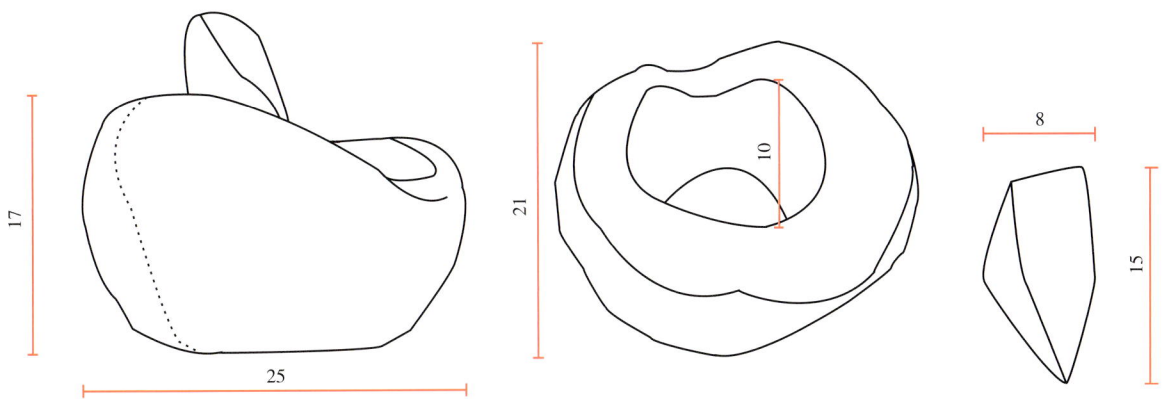

图二　土族石臼尺寸图（单位：cm）

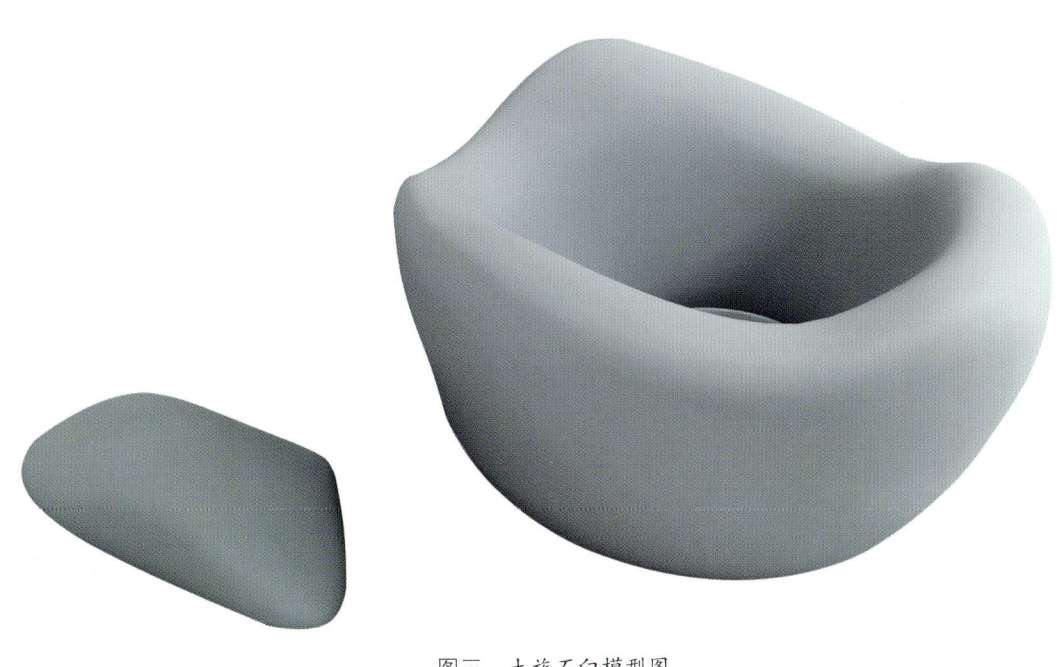

图三　土族石臼模型图

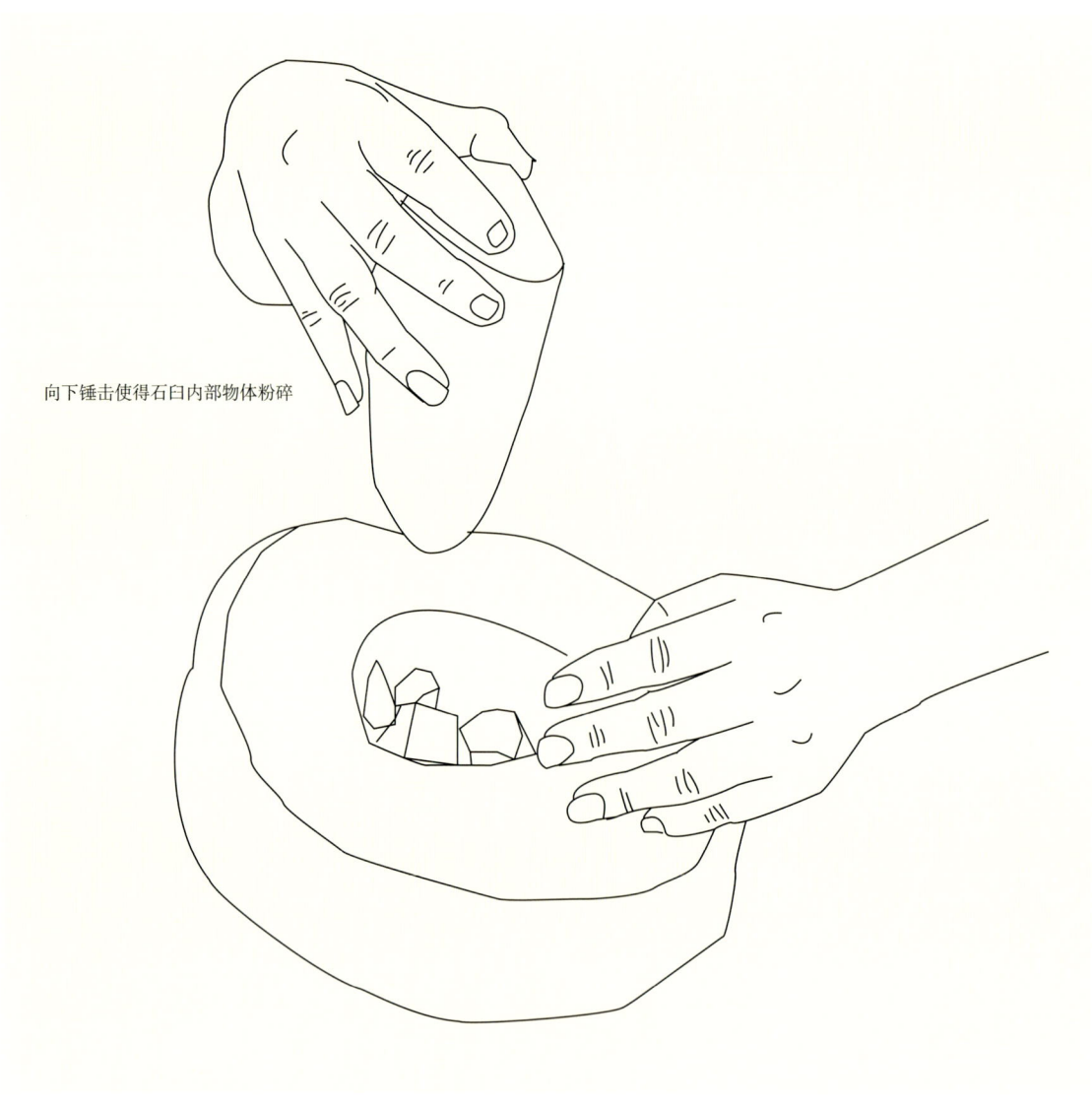

向下锤击使得石臼内部物体粉碎

图四 土族石臼操作示意图

土族针线包

图一　土族针线包主图

土族针线包长约40厘米，挂在传统女式褡裢上，针线包分为内外两层，两者形状完全吻合。针线包外壳上绣有各式各样精美花纹图案，其造型多样，有葫芦形、喇叭形、钟形、心形等等，外形精美别致。针线包的外鞘选用色彩鲜艳的棉布制成，内垫有上浆的衬里，上绣有简洁明快的樱子花，四周有规则饰边。其内胆是由丝绸缝制而成，里面填充棉花，质地柔软便于插针，上方固定有一根彩线，将外层即针线包外鞘上方穿孔穿入彩线套于内层上，其设计灵活，方便上下移动。土族女子在刺绣时则将外壳上拉，拿出针线，不用时套于内层起保护和装饰作用，避免身体各部位被针刺伤。针线包下端缝制两根细长的红色布条或挂穗，末梢系有圆形方孔铜钱和小铃铛，在行走时便会随着身体节奏发出清脆的声音，达到一种视觉听觉相结合的审美效果。

针线包的盛行是土族人民的生活缩影，其印证了土族是擅长刺绣的民族。土族妇女运用刺绣技艺美化服饰和生活，并填补了服饰色泽构图上的某些缺憾，使之更加尽善尽美，达到了实用性和装饰性的完美统一。土族民间对土族女子的审美标准中就有"一看茶饭、二看针线"之说，因此，过去的土族女子从七八岁开始就学习刺绣技艺，至成年时，技艺往往能达到精湛高超。土族妇女用平绣、盘绣、锁绣、网绣、剁绣、辫绣手法在服饰上形成局部花边装饰、立体镂空等神奇的审美效果，并进行大胆创新，针线包款式设计及其面料采选、缀饰风格，都是土族造物特色与民族文化和智慧的丰富具体体现。从美学研究价值看，土族传统针线包揭示了土族传统社会精神层面的视觉造型元素与土族人日常生活的穿戴密不可分。这对于现今和未来学者研究土族传统造物文化现象的内在面和具体实物例证，都具有不可或缺的重要价值。（沈雅楠）

图片来源
图一、图八　王元杰　摄影
图二至图七　王元杰　制图

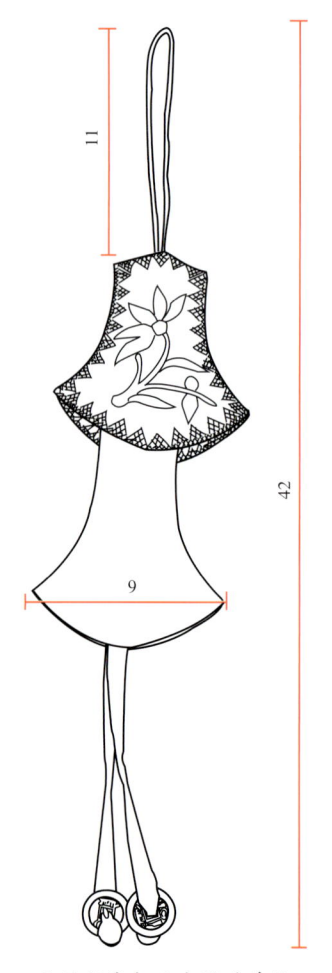

图二　土族针线包尺寸图（单位：cm）

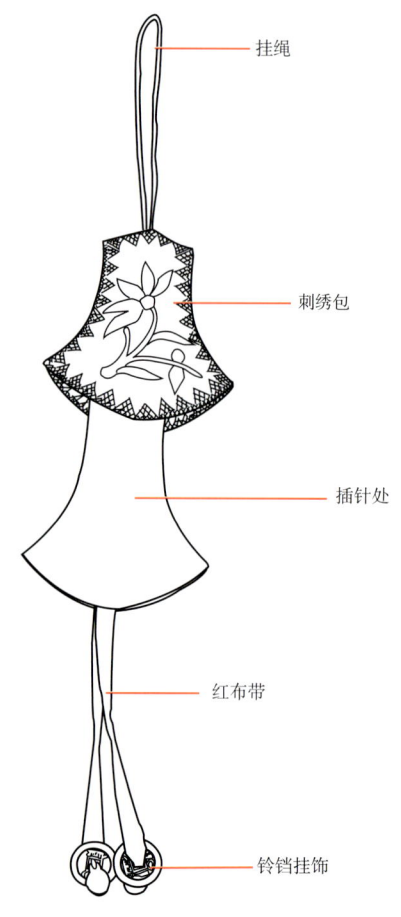

图三　土族针线包结构名称图

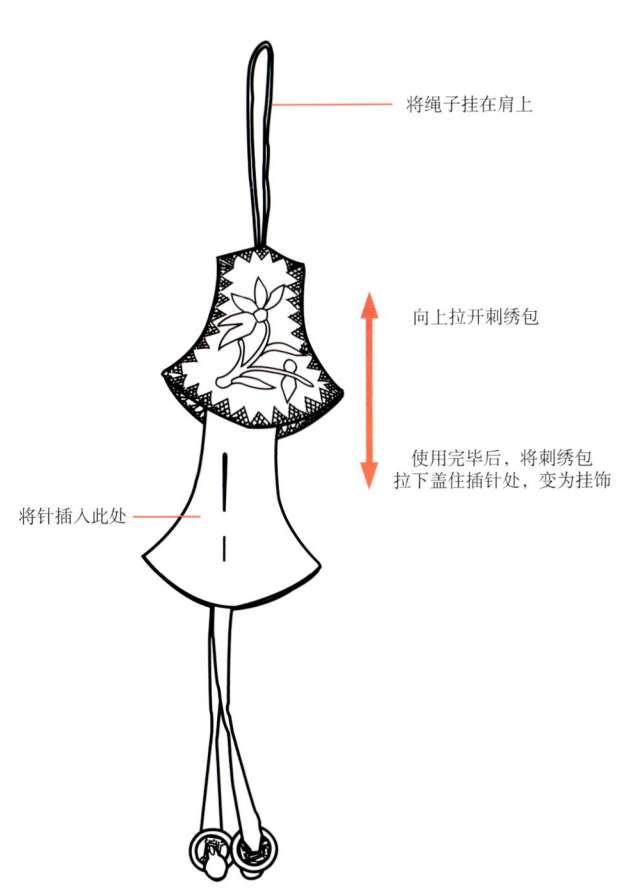

图四　土族针线包操作示意图

图五　土族针线包局部刺绣图案分析图1

图六　土族针线包局部刺绣图案分析图2

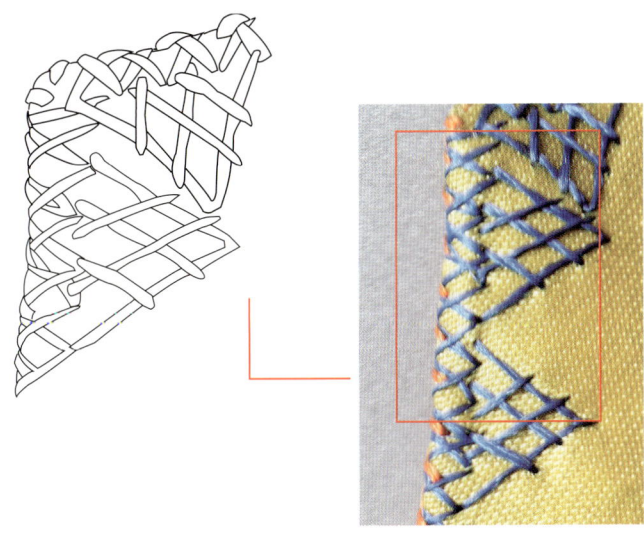

图七　土族针线包边界缝合处针脚分析图

图八　土族针线包底部铃铛细节图

第四章　土族传统生活用具

183

土族制皮工艺刮刀

图一　土族制皮工艺刮刀主图

土族制皮工艺刮刀，采自青海互助土族自治县五十乡皮革匠人家中，是土族制皮工艺主要工具之一。刮刀上部由木材镶嵌而成，木材主要选用桃木、松木、榉木等。柄成月牙形，两端距离约41厘米，木柄抵在人的腹部，符合人机工程，木柄两端细中间粗，更易于将力集中到中间；中部是刮刀的连接处，连接处长为19厘米，分两部分，上部分是木杆，下部分是由生铁锻铸而成的"倒Y"形铁杆，木杆插在其上；下部是刀片，整体成梯形，上端稍窄，下端稍宽，刀刃有一定弧度，便于切割，刃长28厘米，宽10厘米，刀刃无锋，这种设计有两个优点，一是便于切割，刀刃较钝且有弧度，以防不慎切断皮革；二是易于刮皮，刀刃长而无锋，以防在刮皮过程中对毛皮有所损伤。

刮皮是制皮工序里的重要一步，主要作用是除去毛皮上残存油脂和使毛皮松软。刮皮时，首先将毛皮固定在皮板上，竖直摆放，然后将月牙柄顶在人的腹部，手握着刮刀铁杆分叉处，对着毛皮从上往下，反复在毛皮上刮铲，直到毛皮柔软松弛为止。处理后的毛皮被张钉在木板上，使其充分伸展，并摆放在通风处晾干，刮皮工序才算完成。

土族的制皮工艺有着悠久的历史和成熟的技术传承，从古至今，土族的许多生活用品均为牛羊毛皮制成。相传很多毛皮工艺品作为商品，通过往来丝路上的商队，运往欧洲等地。

土族刮刀如今依然被土族的制皮匠人使用。这种刮刀在设计上非常巧妙，月牙形的刀柄设计，可以让刮刀在操作时借助腹部的力量，宽阔的刀刃可以保证刀刃与毛皮的接触面积最大，有利于提高工作效率。（王政）

图片来源
图一　高鹏杰　摄影
图二、图三、图五　高鹏杰　制图
图四　胡小龙、高鹏杰　制图

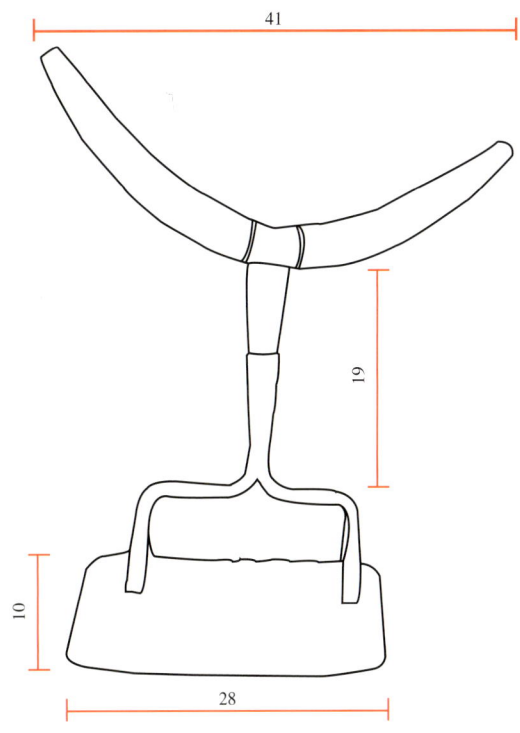

图二　土族制皮工艺刮刀尺寸图（单位：cm）

图三　土族制皮工艺刮刀结构名称图

木质月牙刀柄
铁质套柄
铁质刀柄
铁质开刃刀面

图四 土族制皮工艺刮刀模型解析图

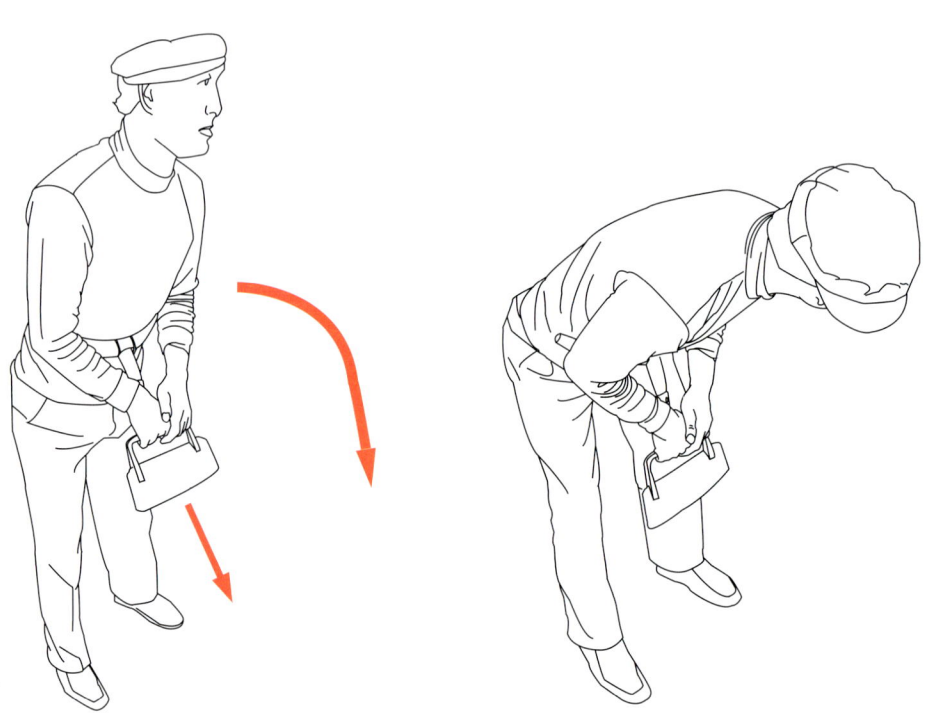

刀柄抵住腹部，双手扣住刀把，弯腰借助腰腹力量向下反复动作来刮去动物皮毛上的附着物

图五 土族制皮工艺刮刀操作示意图

土族铁质手刀

图一　土族铁质手刀主图

铁质手刀采自青海互助土族自治县五十乡古堡居民家中,是土族毛皮加工工具之一,因适合一只手握用而得名,主要用于去除皮毛上的油脂和残肉。手刀刀刃很锋利,故还配置了皮制的手刀护套,以保护手刀不生锈并便于携带。

我国毛皮加工起源很早,在周口店北京猿人文化遗址中就曾发现用于缝制毛皮的骨针。制革是将脱毛的毛皮加工成皮革,据考古发现,早在殷商时期就有皮甲,这表明我国的制皮业有三千多年的历史。土族为游牧民族,畜牧业发达,制皮业是其必备的手工业之一,先进的制皮工艺为其提供御寒的皮制衣物,也为其战士提供防御的皮甲。

手刀顶端是凿子形的柄,刀身呈拱形,逐渐向两端上翘,刀刃是扇形的。锥形的顶端可以平衡手刀的重心，拱形且两端向上翘的设计，使握刀更加方便和稳健，扇形的刀刃设计为手刀提供更多的功能，使用起来更加方便。如今手刀依然被土族制皮匠人使用，制作皮制品依然是土族制皮匠人最重要的工作。（王政）

图片来源

图一　王元杰　摄影

图二至图四　王元杰　制图

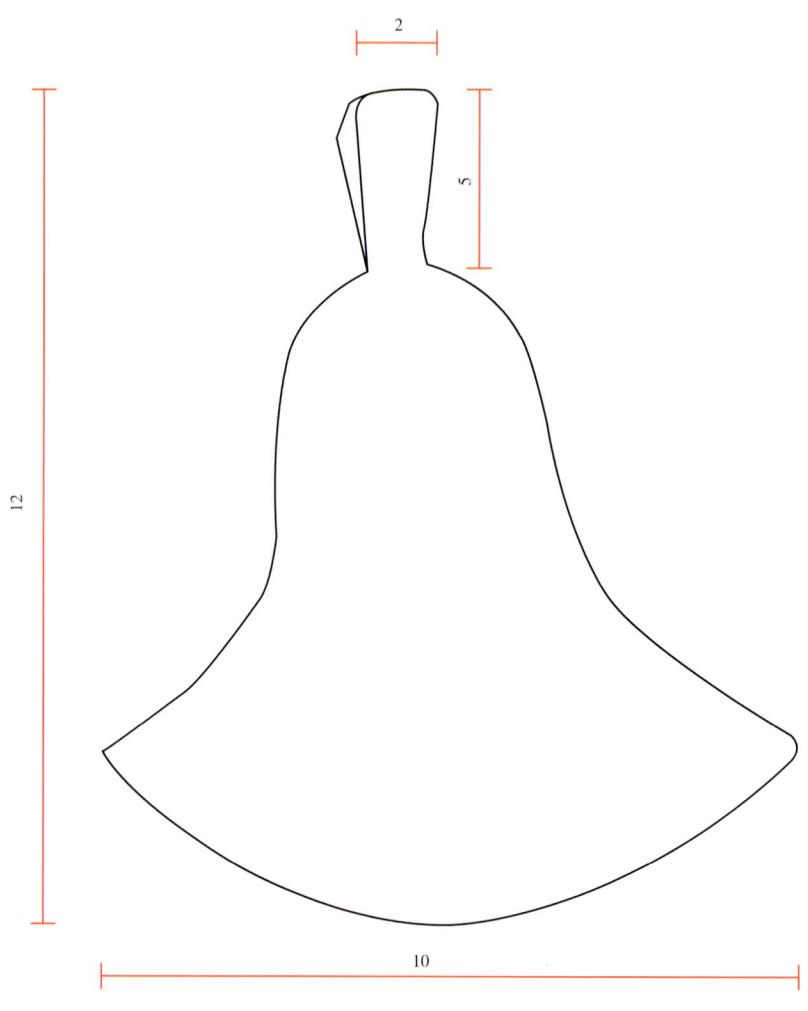

图二　土族铁质手刀尺寸图（单位：cm）

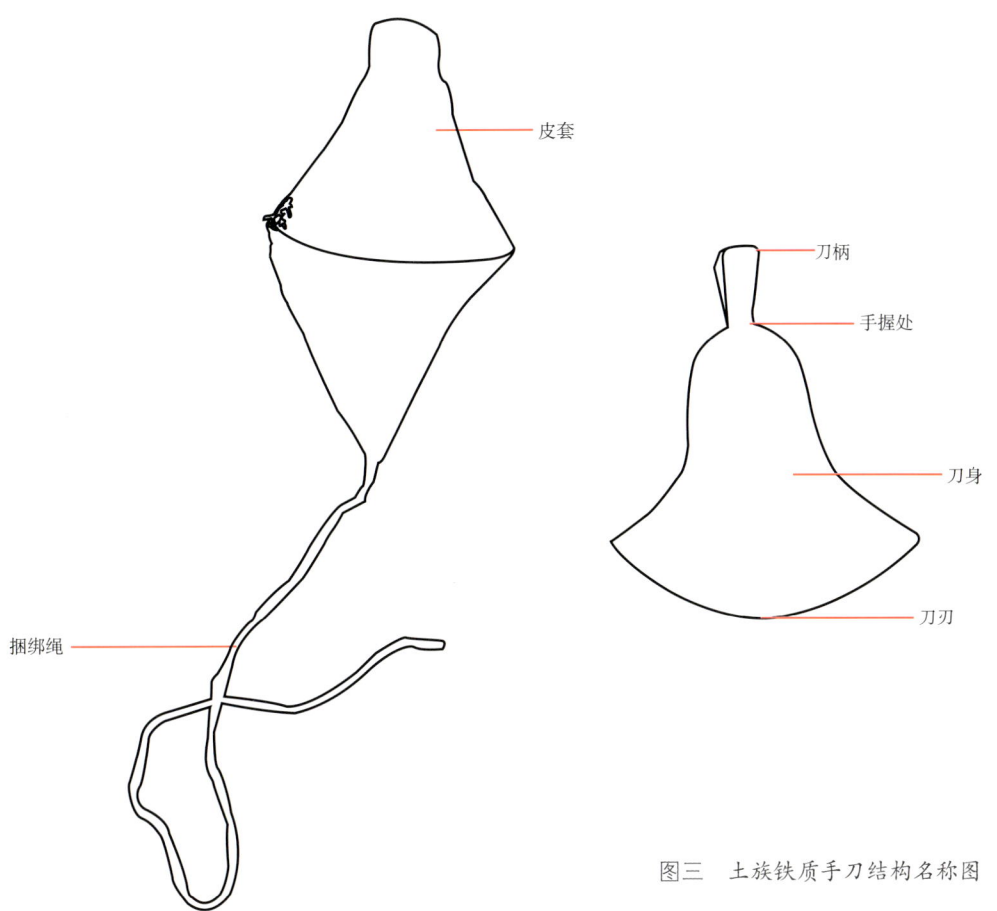

图三　土族铁质手刀结构名称图

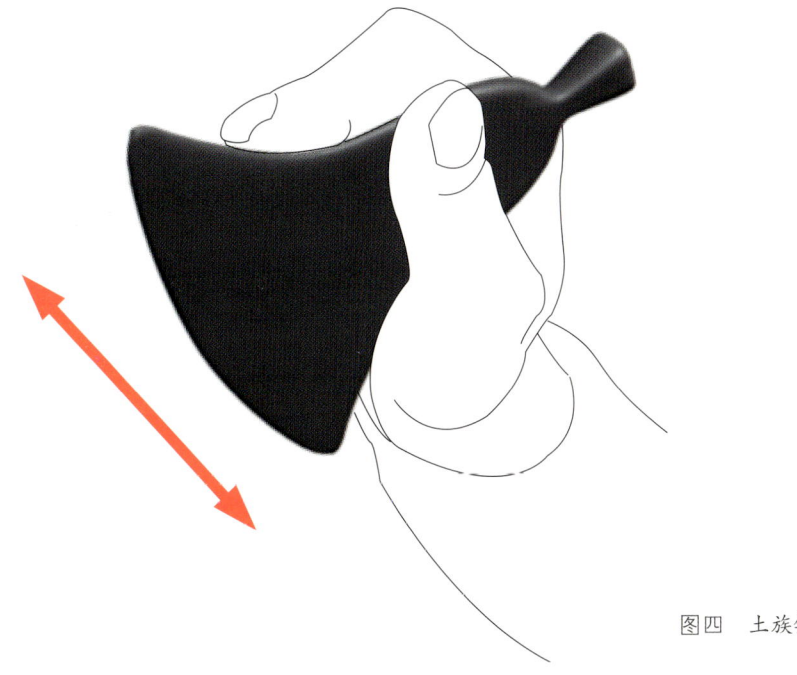

图四　土族铁质手刀操作示意图

土族双柄刮刀

图一　土族双柄刮刀主图

土族双柄刮刀是土族人民用于兽皮去毛、去渍的相关加工器具。土族人民先将宰好的牛、羊放入水中煮,使其皮毛分离,然后捞出,用双柄刮刀作除毛去渍处理。

该双柄刮刀由刀片、手柄和麻绳组合而成。刀片为一截月牙形弧曲状铁条,开刃,长度约9厘米,宽约3厘米,其厚度从刀刃向刀背逐渐增厚。此器具选用木质手柄,挑好挺直的树杈后,需对其进行去皮处理,再在表层进行反复打磨,使其光滑,以减少与手之间的摩擦力。以起点为轴心,起点直径为4厘米,两柄间呈60°夹角,刮刀榫卯于两柄夹角间,使其牢固,两手可分别握住两侧手柄,一柄截断,留木四寸许,木柄长约112厘米,末端钻孔,穿入麻绳,系结,麻绳长45厘米。

双柄刮刀操作时,先绷开皮张,毛面向上,双手持柄,单足踩住麻绳,重心放在足部,身体后仰,足部用力,刀口紧贴兽皮,在皮毛上反复刮,以除去兽毛,此外还可以用作刮除兽皮外侧残茬。该双柄刮刀设计巧妙且独特,与其他刮刀的不同在于:该双柄刮刀采用的是足部力量和臂部力量相结合原理,两者同时施力,操作更为省时、省力,使用时也更为灵活多变,使劳动效率大大提高。

双柄刮刀是土族劳动者智慧的结晶,在实践中,土族人民将其功能发挥至最大化,在操作上自由变化灵活多样。这也极大地体现了土族人民在发明生产生活用具上的独特造诣。此外，该双柄刮刀极具民族特色，具有一定的典型性，其产生于土族人民，又服务于土族人民。（沈雅楠）

图片来源

图一　王元杰　摄影

图二至图四　王元杰　制图

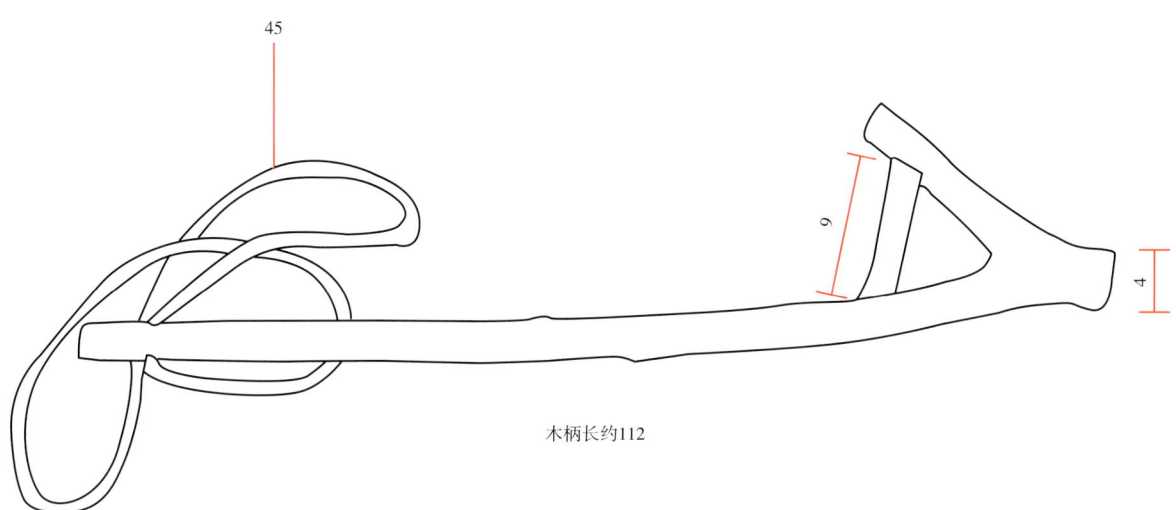

图二　土族双柄刮刀尺寸图（单位：cm）

图三　土族双柄刮刀结构名称图

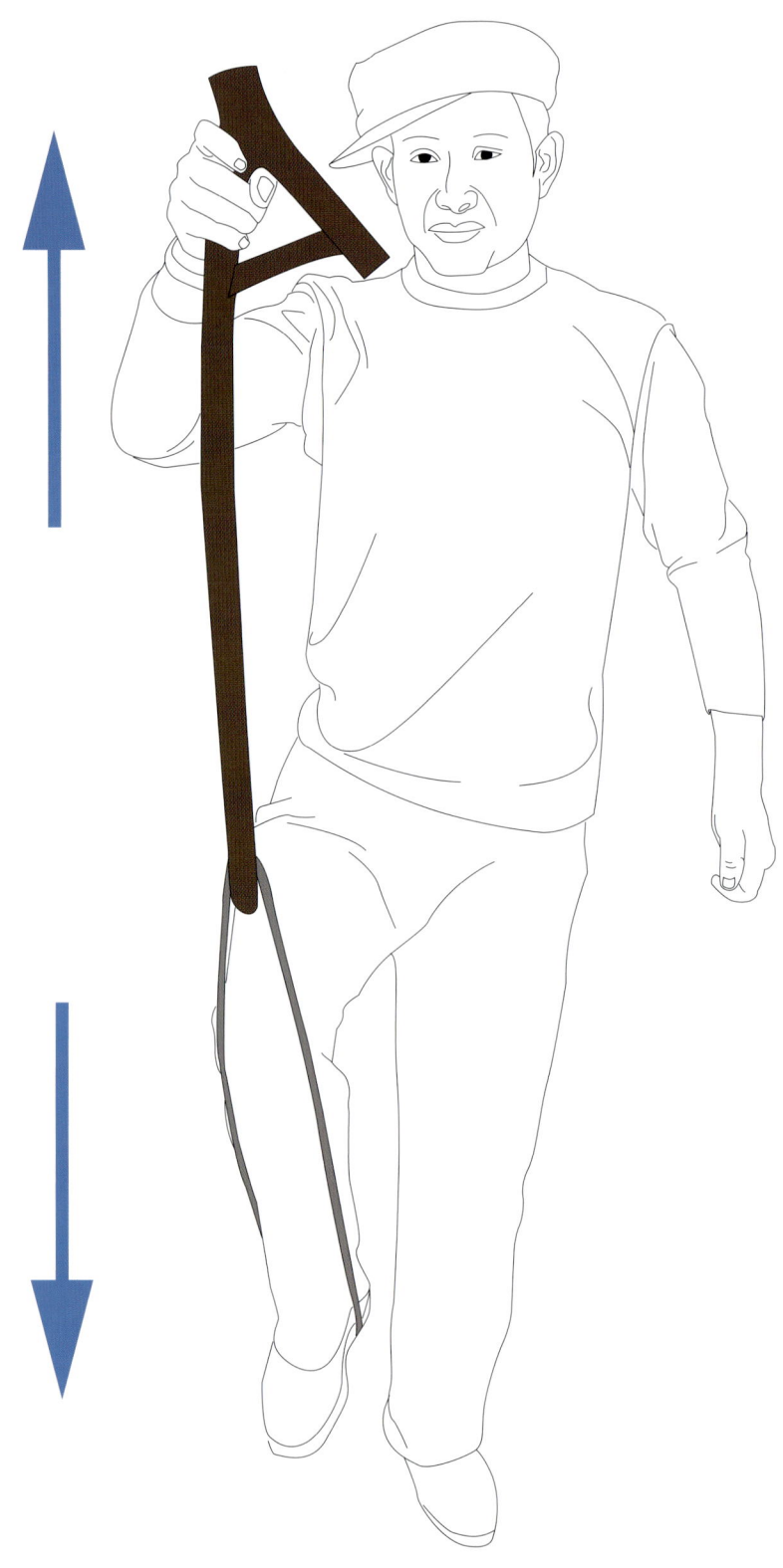

图四　土族双柄刮刀操作示意图

民国土族熨斗

图一 民国土族熨斗主图

民国土族熨斗是土族妇女烫熨衣服、毛皮等的一种铁质工具，其形状类似于单柄平底圆锅。熨斗通体是由生铁铸造而成，口宽底窄，口沿部分有一圈宽、高各为1.5厘米的棱，底部平直，离底部2厘米的位置连接有手柄，手柄上缠绕厚麻布以防手持握时被烫伤，靠手柄的口棱上连接有一块"山峰"状的铁片，用以隔离炭火，铁片外面用线条简单修饰。熨斗外口径为18厘米，内口径为14厘米，手把长为14厘米。

土族"熨斗"的运作工序及功能是：首先将烧制火红的木炭放入使其底部高温预热，然后放在衣服上循环熨烫，其过程中通过洒水使衣服均匀受热，使得服装平整美观；另一个功能是烘干毛皮中的水分，使其干燥平整。

土族熨斗的外形构造和设计原理充分展示了土族人民过人的造物智慧与创意能力。今天传统熨斗适用范围逐步缩小，然而它们在土族造物文明的历史演化进程中所起的作用不能忽视。（沈雅楠）

图片来源
图一　高鹏杰　摄影
图二至图五　高鹏杰　制图
图六　胡小龙、高鹏杰　制图

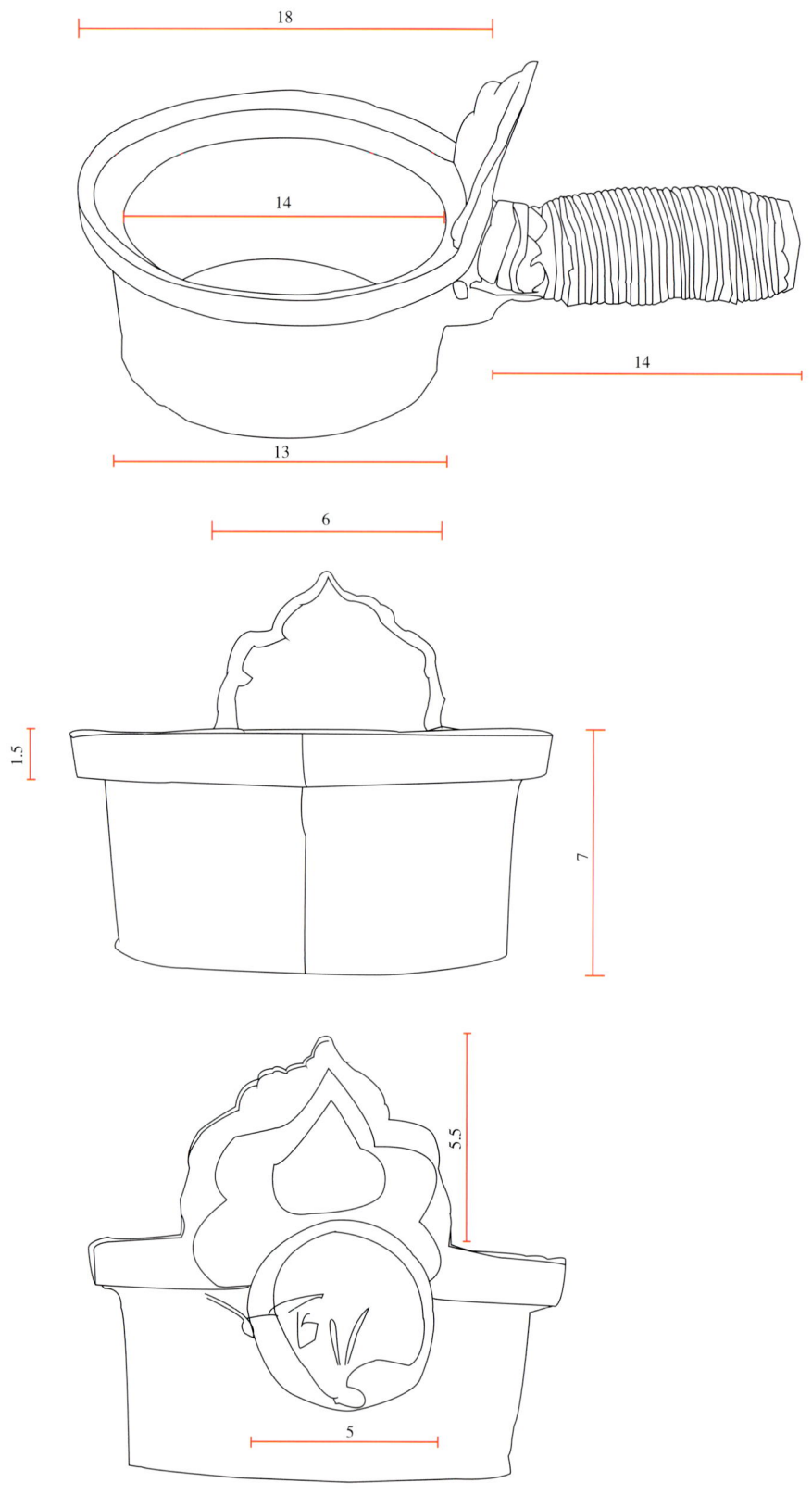

图二　民国土族熨斗尺寸图（单位：cm）

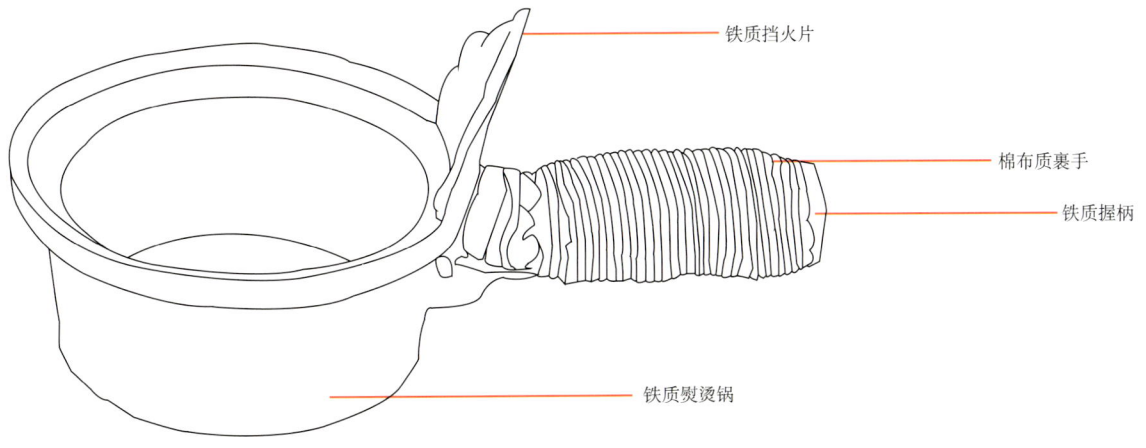

图三　民国土族熨斗结构名称图

图四　民国土族熨斗操作示意图

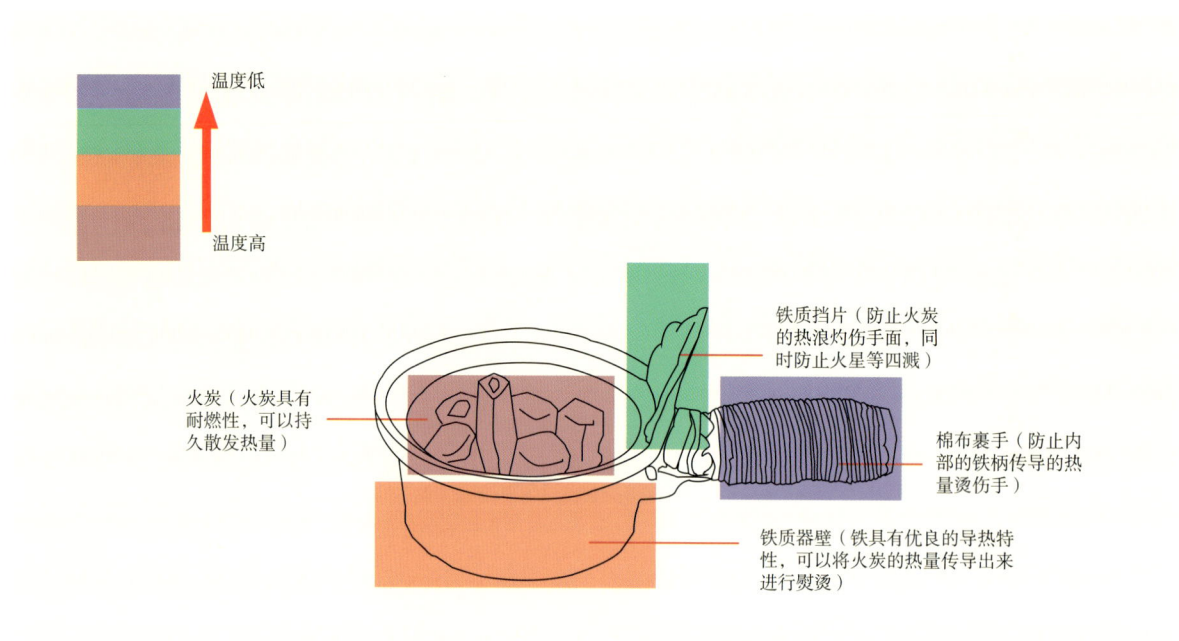

图五　民国土族熨斗使用原理分析图

图六　民国土族熨斗模型效果图

土族胡麻转子

图一　土族胡麻转子主图

　　土族胡麻转子是土族人民用于储存粮食的工具，通体是一根胡麻绳盘绕成中空筒状的存储空间，常常还配有一个胡麻盘绕的盖子。胡麻转子的体积和存储空间是随着实际需求而改变的，通常大的高200厘米左右，底径也可达200厘米，一般为粮仓、酒坊等大规模存储粮食的地方所使用，所用的胡麻绳也较粗。小的胡麻转子只有70～80厘米高，底径在40～50厘米，一般为家庭个体存储粮食所使用。制作一个胡麻转子，首先需要准备两根同等粗细的胡麻绳（根据实际需要，来决定胡麻绳的粗细），将两根胡麻绳的一端打个结，并固定在墙上或桌角上，然后顺着一个方向将两根胡麻绳搓制成一根绳。胡麻转子所用麻绳的长短没有特别的规定，一般都是根据实际需要而制作，如果需要存储的粮食超过一个胡麻转子的盛装范围时，还可以再接一根胡麻绳，继续向上盘绕。随着存储的粮食增多，胡麻转子也会越来越高，随着高度的增加，胡麻转子形成一个上小下大的锥体，增强了它的稳定性，不易坍塌。胡麻转子大小收放自如，不使用

第四章　土族传统生活用具

时，也可以将胡麻转子像绳子一样收起来。胡麻转子的绳子有粗有细，粗的直径可达5厘米左右，细的只有2厘米左右，由于纤维粗而极具韧性，故坚固度极强，再加上胡麻本身独有的特性，能够防湿以及避免鼠虫之害。

西北地区，把油用亚麻和油纤兼用亚麻统称胡麻。土族种植的胡麻是油纤兼用的亚麻，此种亚麻一般较为矮小，分茎和分枝数较多，茎秆较粗，生长期为85~110天，主要目的是收取籽粒、榨取油脂，同时还能作为亚麻绳的材料。土族的食用油主要有亚麻籽油和菜籽油两种。这种亚麻一般春天播种，秋天收割。收割后，将亚麻茎秆完全浸泡在水里半个月，接下来剥去麻皮，洗去淤泥和脏物，晾干，此时的麻皮色泽发黄，且发出淡淡的清香，经加工处理变纤维，再用手工或机器搓成麻绳。

胡麻转子非常粗糙，这是因为油纤兼用的亚麻纤维含量低，品质也很差，制作出来的胡麻绳自然也很毛糙。胡麻转子的制作材料廉价、制造容易，便于在土族人民中普及。由于胡麻转子主要功能是堆放粮食，一般不会轻易搬动，每逢新年时，土族村民还会在胡麻转子上贴方形红纸，红纸上印有"丰""登"字样，丰登即年成好的意思，反映了土族人民美好的愿望。胡麻转子是土族人民发挥自己的聪明才智，结合当地特有资源所创造出的便捷高效的粮食存储工具。

（王政）

图片来源
图一、图五　高鹏杰　摄影
图二至图四　高鹏杰　制图
图六　王存辉　摄影

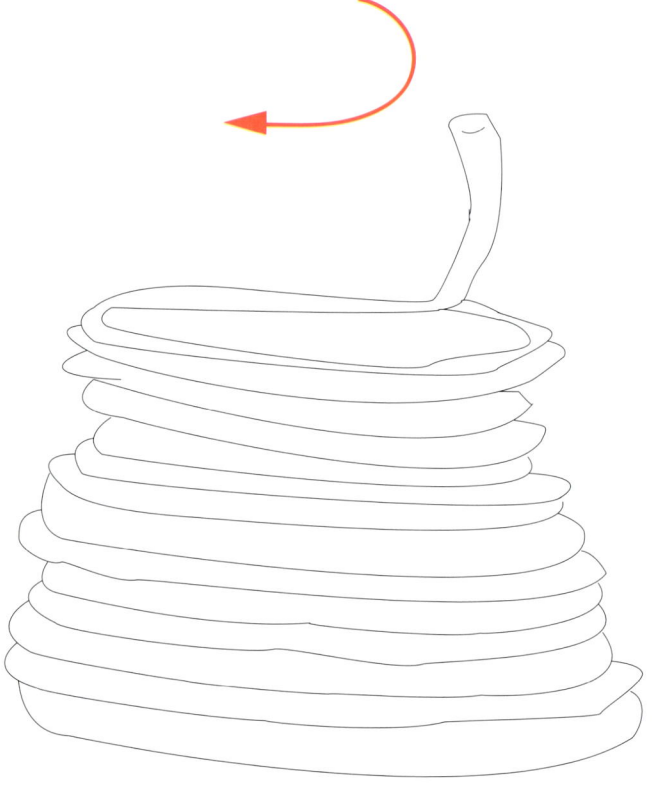

图二　土族胡麻转子堆砌示意图

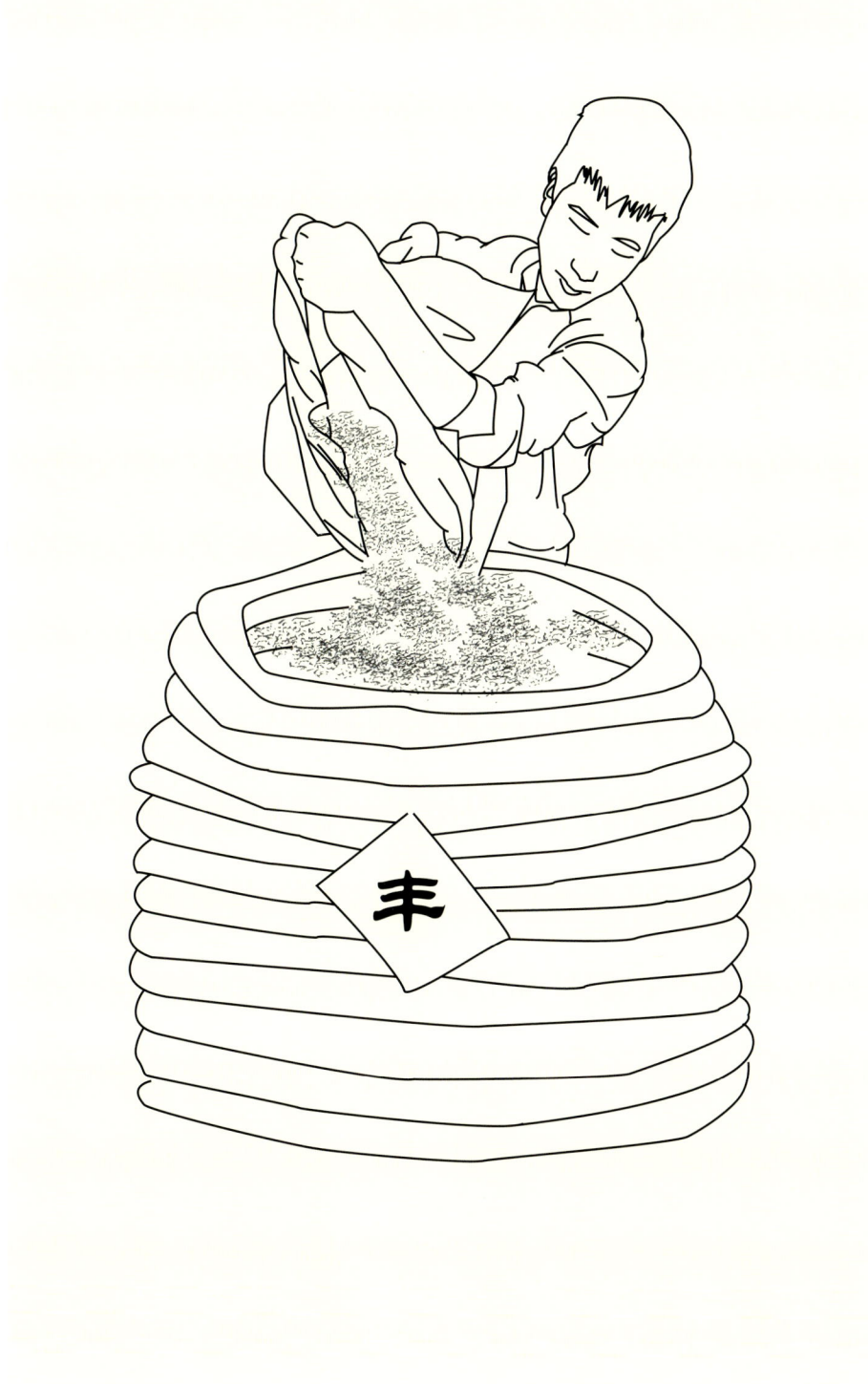

图三　土族胡麻转子存粮示意图

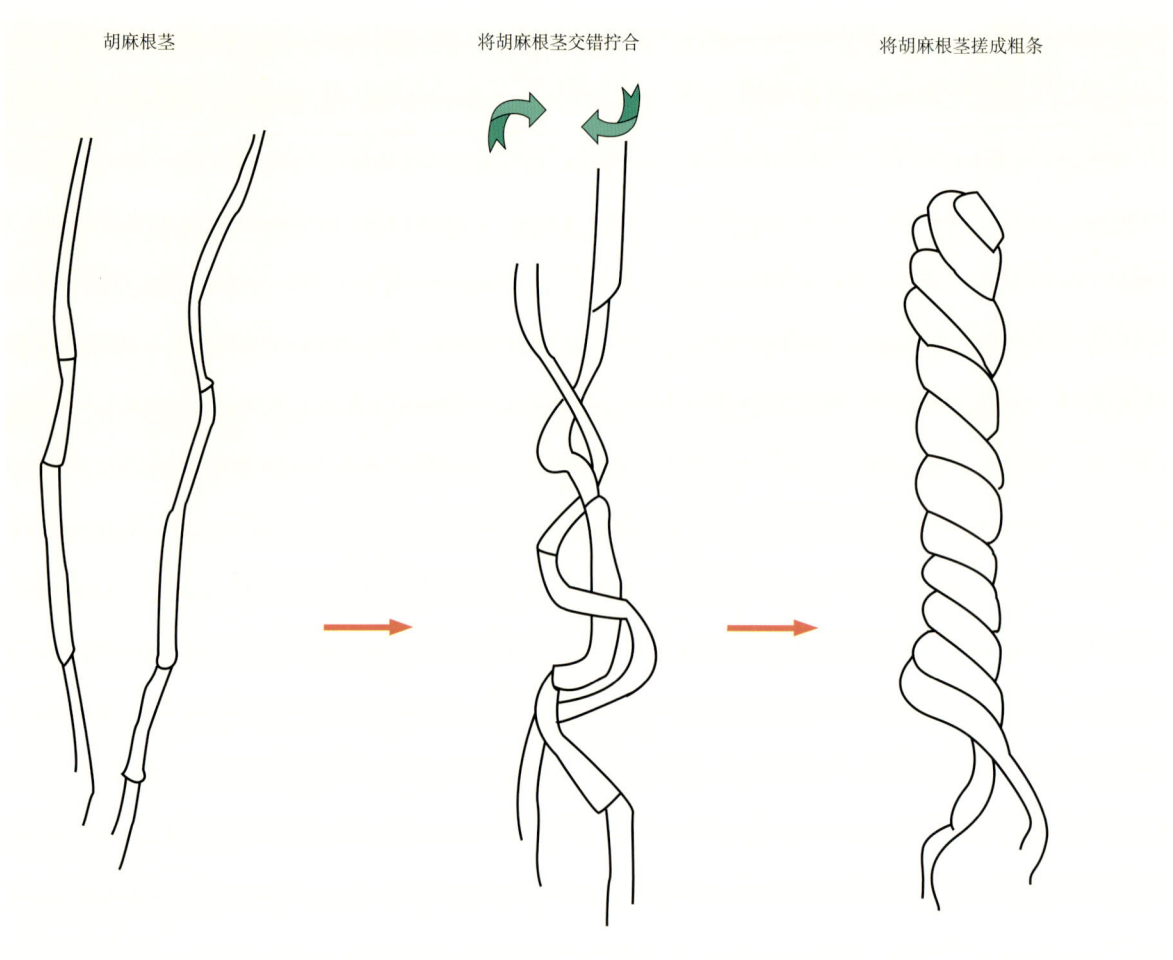

图四　土族胡麻绳制作方法示意图

图五　土族胡麻转子局部细节图

图六　土族胡麻转子使用情境图

土族火盆和火盆架

图一　土族火盆和火盆架主图

火盆是土族人平日里常用的一种取暖工具，里面盛上俗称"小灰"的细碎木炭，端到火炕上，可以使整个房间温暖起来。木炭质地坚硬，从炕洞或灶炕里铲出时一般只燃烧了百分之七八十，所以其热度仍然很高，制成"小灰"就能充分保持其热度。火盆最早是用泥制成的，泥火盆的最大特点是传热慢但保暖性能非常好，近代才有了用铁、铜制成的火盆，火盆的形状以圆形为主，大小不一。火盆也被称作"神仙炉"，具有极强的地方风韵与传奇色彩。在土族，一般房屋卧室里有暖床的炕，火炕上放着火盆和炕桌，炕连着锅灶，烧饭的火可以暖炕。冬天，做晚饭，趁炕里的炭还没有化成灰烬，把它扒出来，放到火盆里，一家人一天的取暖就靠它了。一般一个火盆都配有一个扒火铲，用来把不断烬化的灰拨开，露出火来供人取暖。在严冬时节，门外风雪呼啸，人们用火盆取暖，全家人坐在热炕头上讲故事，剪窗花，纳鞋底，一边游戏，一边在火盆里烧些小吃。

这种平常百姓家用的火盆一般用生铁铸成，深厚的腔体以及宽大的盆沿，功能类似于暖气的散热片。木炭是首选的后续燃料，它燃烧速度缓慢，热量慢慢弥散开来，能够保持一天的取暖所需。火盆架顶部方形面上有圆形内凹，正好可以摆放火盆，短粗的四条方形支腿，整体相连，更是起到了加固稳定的作用，其用普通的木材所制，古朴韵味十足，造型简单，结构科学合理，具有一定实用价值。（迟亚妮）

图片来源

图一、图五　高鹏杰　摄影
图二至图四　高鹏杰　制图

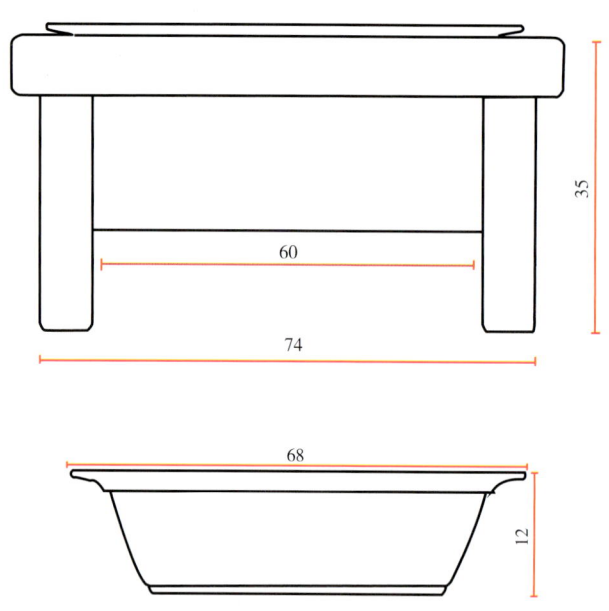

图二　土族火盆和火盆架尺寸图（单位：cm）

图三　土族火盆和火盆架模型三视图

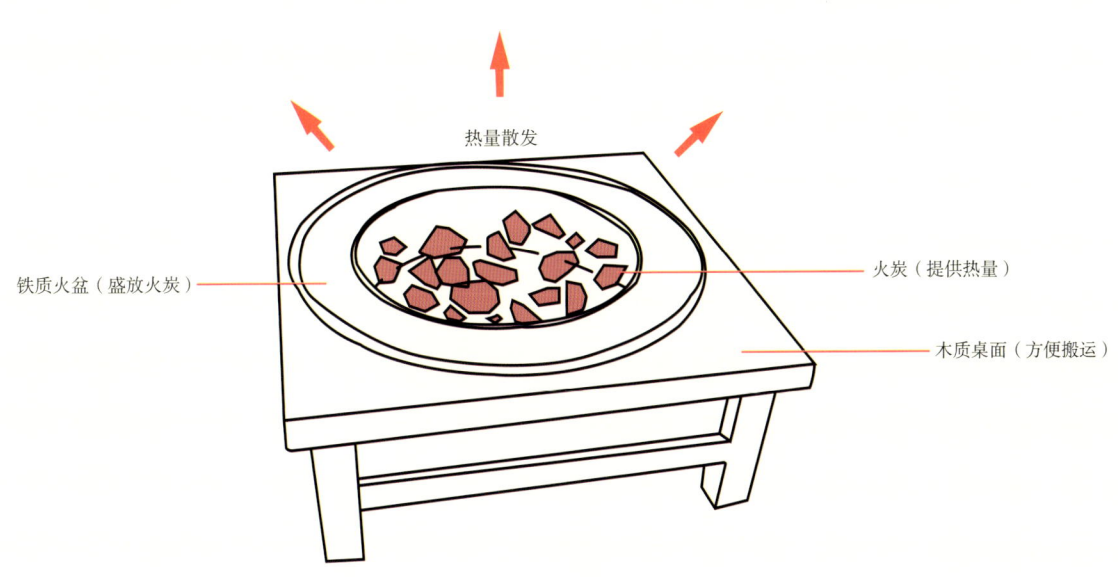

图四 土族火盆和火盆架工作原理示意图

图五 土族火盆烤火气氛图

土族油灯

图一　土族油灯主图

　　土族油灯采自青海互助土族自治县五十乡古堡村民家中。油灯由青铜铸造而成，高35厘米，上盘约7厘米，下座约10厘米，中间相连的柱体约18厘米，灯身无纹样装饰，造型古朴简约，设计巧妙，充分体现了土族地区的民族文化特色。

　　油灯源于火的发明和人类照明的需要，这种传统的生活用具，经历了几千年历史的演变。从实用角度出发，最初的油灯来源于"钻隧取火"用以保存火种。新石器时代出现的"陶豆"，可作为最原始的灯具雏形，形式较为简单，类似于盛食器的"豆"，"瓦豆谓之登（镫）"，这种上盘下座，中间以柱相连的形制，为中国油灯的基本造型奠定了基础，反映了人类文明的最初成果。随着社会生活的发展以及铸造技术的不断提升，油灯的造型也得到了空前的发展，在中国的艺术长河中树立了一面独特的旗帜。

中国幅员辽阔,民族众多,各个民族的油灯又具有自身独特的民族性和地方特色,多样化的取向明显,造型的审美性和实用性紧密结合,但主要凸显功用上的特点。土族的油灯与汉族一体化的油灯有所不同,多为组合式,方便拆解,便于携带,形制也较为简单,由上、中、下三部分组成,多为金属和陶制,甚少使用瓷器制作。

在设计照明用油灯时主要考虑到具体的用途,实用性成为首要的因素,常见的样式有座式、吊式、挂式和座挂两用式四种,有的在座式油灯的某一部位增加一便于手拿的把手,便于手持移动。而结合座、挂两用式等多种用途,则是技艺和构思的巧妙结合,因此,通过增加组装的部件,或通过力学的原理,使之实现多种用途。在民间油灯中这种多功能的设计比较常见。

油灯虽小,却反映出土族文化中许多独特的内容,比如民俗风情、审美情趣、宗教信仰等方方面面。(黄冉)

图片来源
图一　高鹏杰　摄影
图二、图四、图五、图六　高鹏杰　制图
图三　高鹏杰、徐常乐　制图

图二　土族油灯尺寸图(单位:cm)

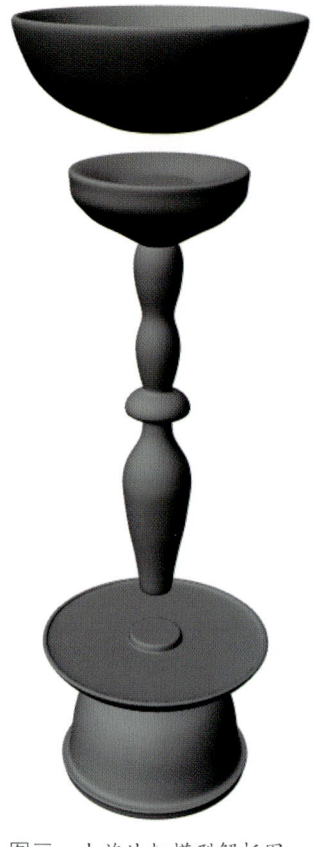

图三 土族油灯模型解析图

铜质灯盏

木质灯盏托

木质灯柱

木质灯座

图四 土族油灯结构名称图

图五　土族油灯操作示意图

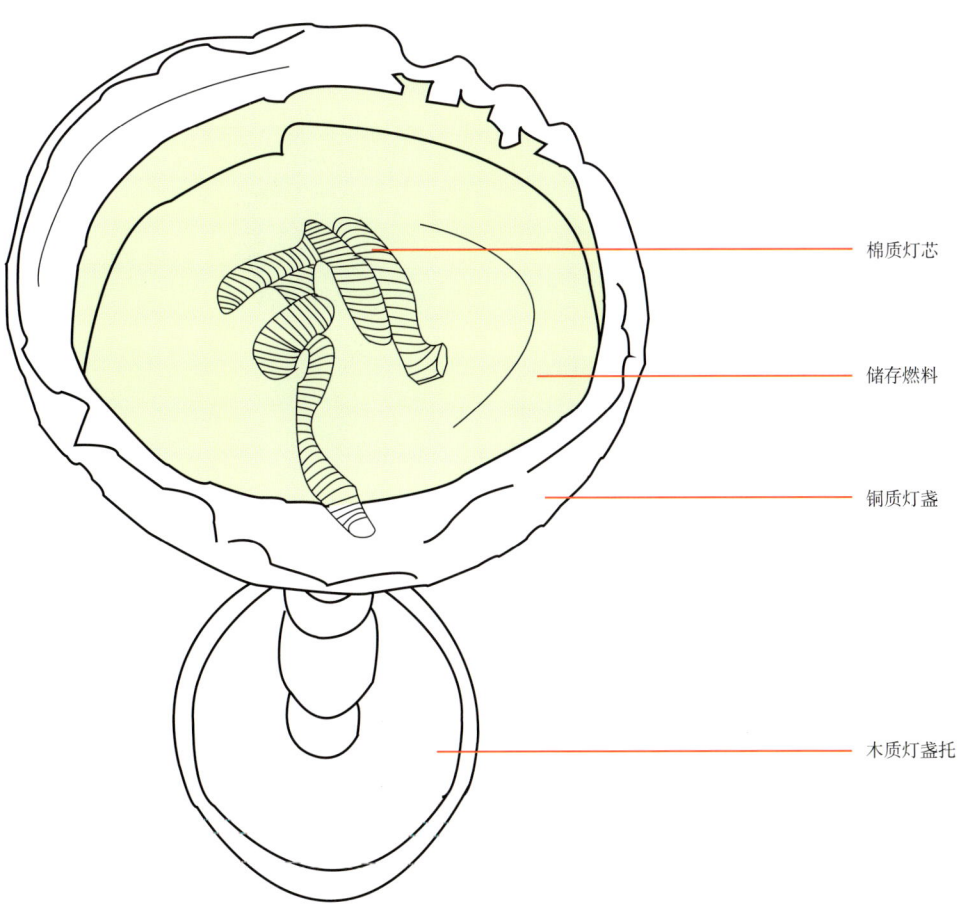

图六　土族油灯工作原理图

第四章　土族传统生活用具

当代土族储物桶

图一　当代土族储物桶主图

当代土族储物桶是土族一种日常木质储物容具，常用于存储食粮、生活用品等，可防虫、防潮、防尘，还能保温熟食和茶水，可满足土族人民的多种生活需求。储物桶桶口略大于桶底，常选用杉木制作，因杉木质地优良、坚硬防腐，可长久使用，且健康环保。储物桶由桶身、桶盖、桶底构成，造型简洁实用，其口直径为45厘米，底直径33厘米，高62厘米，为手工打造。其底面为平底，桶身常用八片同等厚度的木片拼合，外用三根可塑性木条加固，宽均为2.5厘米，具有良好的柔韧性和可塑性，主要用于固定桶身，使其不易散架，以维持储物桶的持久性和耐用性；桶盖为椭圆形平滑木板，长轴约45厘米，短轴31厘米，契合于储物桶桶口内壁，其边缘凿空呈U字形，宽度约为18厘米，用作揭盖的开关，设计简洁巧妙。

储物桶呈稍稍烤焦状，使其表层炭化。此外，储物桶外壁还会均匀地涂上一层透明的柏油，虽然炭较为稳定，但空气中的水分仍会渗进木头，使其腐烂，而柏油透水性较弱，这样可以延长储物桶的使用寿命，也是一种最常用的防腐手段。

该储物桶是土族家庭中非常实用的生活

容具，方便了土族人们的生活。其造型简洁巧妙，存储量大，该储物桶所用的材质还具有天然环保等优点。（沈雅楠）

图片来源

图一、图三、图五　王元杰　摄影
图二、图四　王元杰　制图

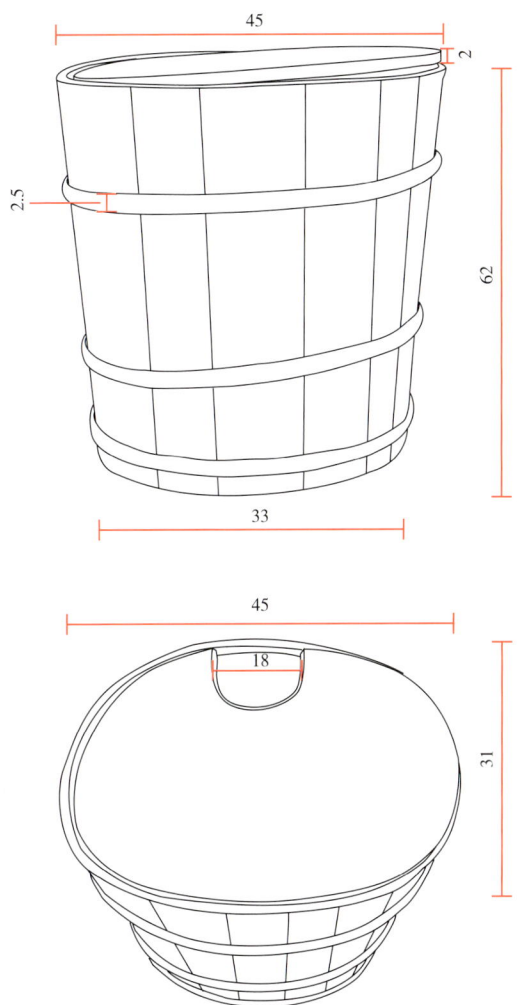

图二　当代土族储物桶尺寸图（单位：cm）

图三　当代土族储物桶俯视图

第四章　土族传统生活用具

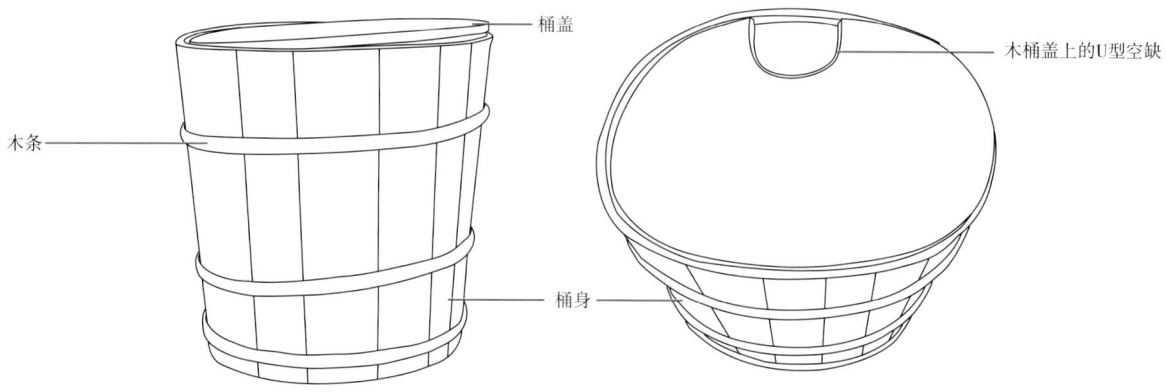

图四　当代土族储物桶结构名称图

图五　当代土族储物桶制作图

土族床脚柜

图一　土族床脚柜主图

土族床脚柜是土族放在床边的一种柜子，多用硬木打制而成，是床榻中较为新奇的一种，分为上下两个柜子。下部的柜子是一个长方体脚柜，四周刻有简单线条纹理，有波浪纹、铜钱纹，并施以漆料。左右边框中间各绘以几朵绽放和含苞待放的牡丹，象征着大富大贵。正面刻有三组花卉，有粉色的牡丹和黄色的菊花，颜色艳丽，刻画形象逼真，栩栩如生。翻盖式的设计，造型简单，可以存放被褥等大件物品。上部的柜子是两组施以红漆的木柜，在柜子的正面开了一组不大的对开式的门，四周用铜扣固定柜门。可装衣物，也可以盛放针、线、剪刀等杂物。多为木板素面，无雕刻，呈现出木材的天然纹理。

床脚柜同时具备贮藏、陈列等功能，一般置于墙边，可较好地利用空间。柜子坚固耐用，造型简洁，质地防潮、防腐且耐磨，柜子上的图案色泽鲜艳，是土族人民生活中常见的生活用品，具有强烈的时代感和民族风格，给人以直觉审美效应。

床脚柜的形制最开始把榻身做成一个上开盖的柜子，后逐渐演变成榻身为抽屉的样子。传统的床脚柜形式为现代的家具的设计提供了大致的方向和创新的基础。（迟亚妮）

图片来源
图一、图四　高鹏杰　摄影
图二、图三　高鹏杰　制图

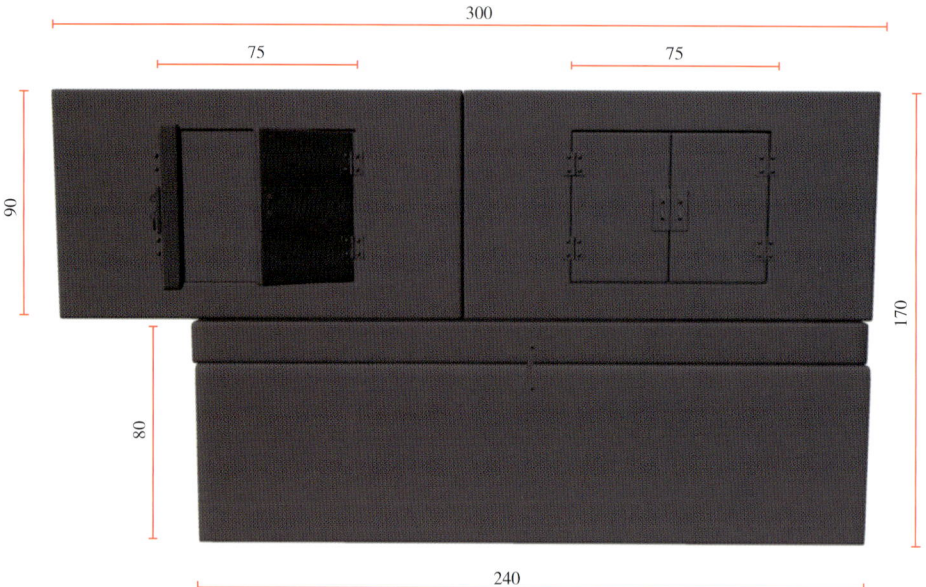

图二　土族床脚柜尺寸图（单位：cm）

图三　土族床脚柜花纹图

图四　土族床脚柜使用情境图

土族彩绘木盒

图一 土族彩绘木盒主图

受自然生产条件的局限，传统土族人民饮食习惯相对单一，多以面食为主，肉类为辅，较少食用蔬菜水果。同时，受周围藏族的影响，土族人民也喜食茯茶、油茶。青海地处高原，在这些寒冷干旱地区经常饮用奶茶，不但可以驱寒，还能保持体能、减少干燥感。由于茶叶在当地是贵重稀少之物，常常为远方的客人上茶以示敬意。这种风俗被称为"格茶"，亦称"善茶""舍施茶"。而茶叶的保存则是十分重要的。

土族彩绘木盒，就是用来存放茶叶的器具。此木盒造型古朴简易，整体为木质，边长约为22.5厘米，高约为18厘米；中空以放置物品，有一盖与盒体分开，外部造型简单。收藏茶叶时，土族人民通常将它放在干燥阴凉处，避免潮湿和阳光直射。作为贮藏茶叶的容器，该木盒有着紧密的木质结构、强力的防潮性能，十分耐用。反观外观则花样繁多，外侧一面绘有美丽纹样作装饰。例如此木盒外部绘制有茂密的枝叶、盛放的花朵，不但造型精致，色彩应用也极为熟练，蓝色的花叶与黄色木盒形成了鲜明的颜色冲撞，对比强烈有力，令人赞叹。这只木盒可谓做到了实用与美观并存。

土族是十分浪漫的民族，他们对色彩的运用、颜色的搭配都格外在行，不管是制作工艺还是装饰纹样，都具有鲜明的民族和地方特色。他们的日常装饰图案种类繁多，比较常见的有"八宝""云气""太极图""寒雀探梅""石榴花"以及十二生肖等。这些图案生动形象，线条流畅鲜明，寓意深刻优美，都表露出土族人民对美好生活的向往与期望。每一个都是一件精美的艺术品，具有极高的观赏和收藏价值。这些装饰花纹体现出土族对色彩与美的追求，传达着山间林中的鸟语花香，或寄托着美好的祈盼，都体现出了极高的审美价值。（康棣）

图片来源
图一　王元杰　摄影
图二、图三　王元杰　制图

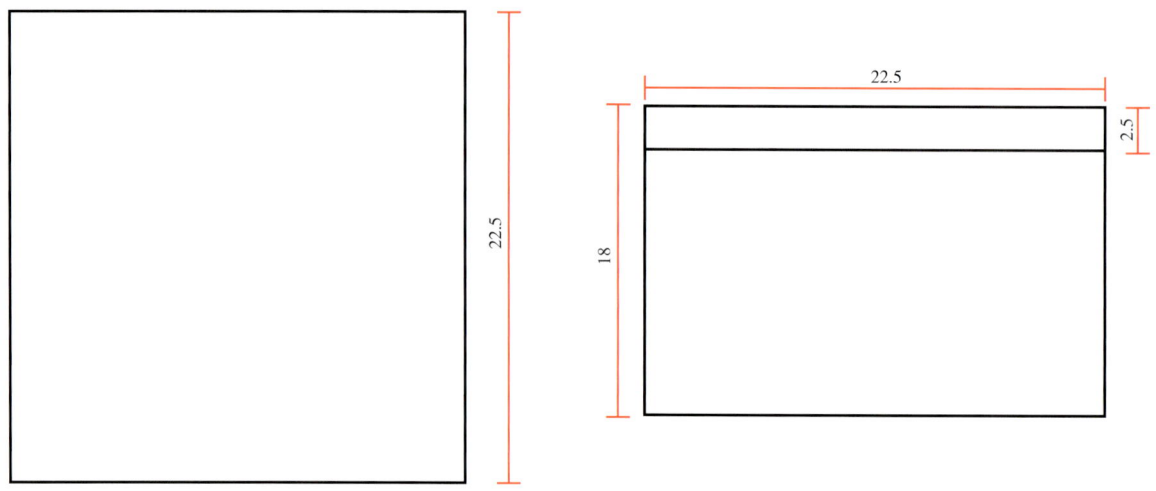

图二　土族彩绘木盒尺寸图（单位：cm）

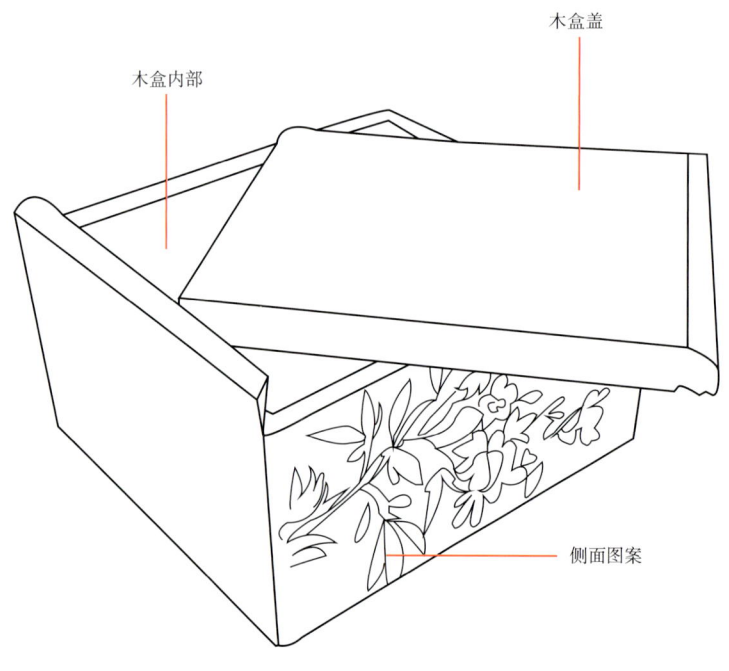

图三　土族彩绘木盒结构名称图

土族木方盒

图一 土族木方盒主图

土族木方盒采自青海互助土族自治县文化馆，盒身为木质，边长15厘米，高10厘米。由五块木板钉凑而成，顶端以铰链的方式连接盒盖，该木方盒多采用香樟木、杉木制作而成，这些木材本身具有特殊气味，可起到抑菌、杀虫的效果，以此来预防虫害。盒体两侧由两块木板支撑，沿侧面对角线依次使用三颗铁钉将其固定，木板底端与盒体底部齐平，打磨成斜角状，而木板顶端则超出盒体顶部，表面被打磨得光洁平滑，避免使用过程中与人体碰撞摩擦而产生不必要的伤害，顶端两旁各凿出一小洞，用于固定盒体顶部的盖子，木板在起到加固作用的同时也体现出一种形式上的美感，达到审美功用两不误的境界。盒盖为长方形，宽为15厘米，长17厘米，嵌入盒体两端的木板槽内，设计巧妙，制作精良。这种木盒往往集中统一堆放在柜子中，因此盒体正中央还设一圆形的铜制拉扣，取用的时候方便抽出。

这种木盒用途广泛，使用率极高，多用于存放食物、种子、药品、工具等，类似于我们今天所使用的储物盒、整理盒、收纳盒等。按用途划分，这种储物盒有食品盒、香盒、粉盒、药盒、镜盒、油盒、黛盒、文具盒、棋盒等。其形制更是多样，除了常见的长方形、正方形，还有圆形、八角形、瓜形、石榴式、桃式、双鸟式、方胜式、银锭式、镂空式、委角式、菊瓣式、筒式等。同时还有在大盒内套小盒的"子母盒"和多节套装的"套盒"等，不仅品种繁多，样式更是千变万化。

这种木方盒作为土族人民日常生活中最常见的、最生活化的家具用品，体现了土族人民深藏不露的收纳智慧。（黄舟）

图片来源
图一、图五　高鹏杰　摄影
图二、图四　高鹏杰　制图
图三　高鹏杰、徐常乐　制图

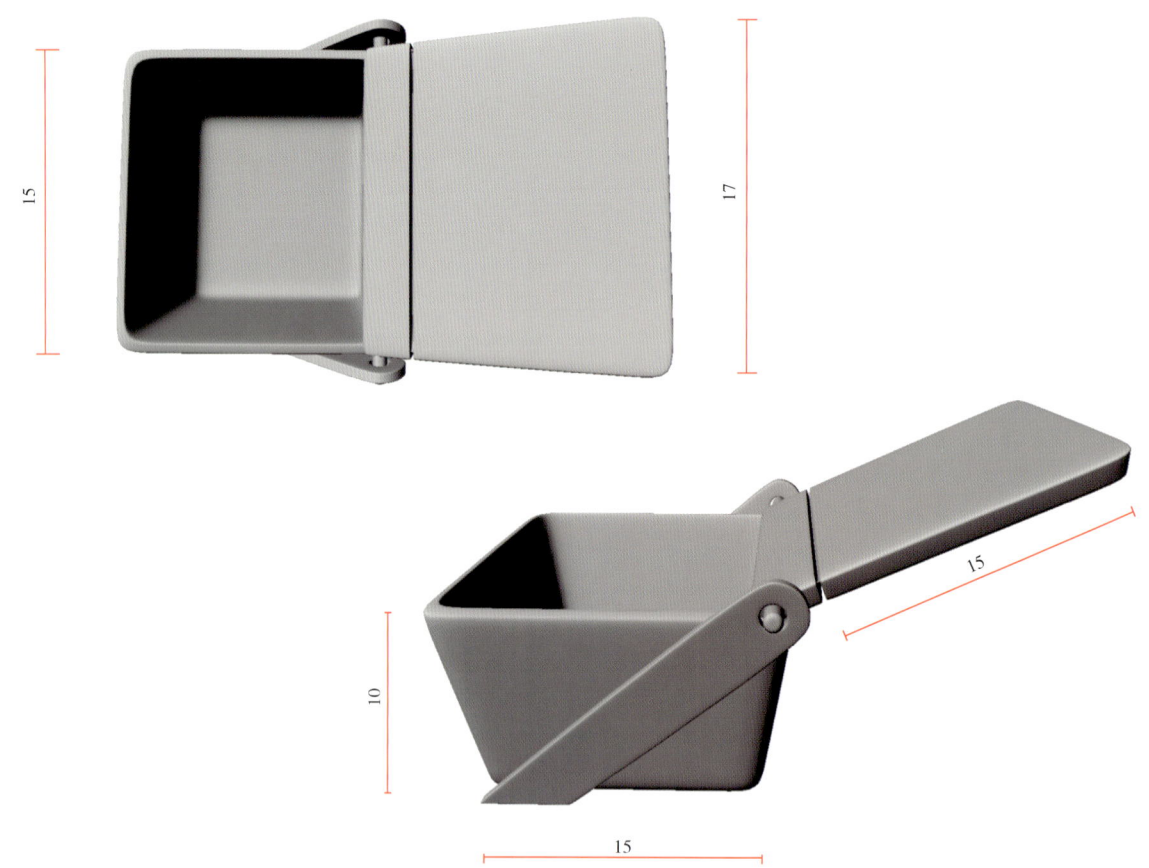

图二　土族木方盒尺寸图（单位：cm）

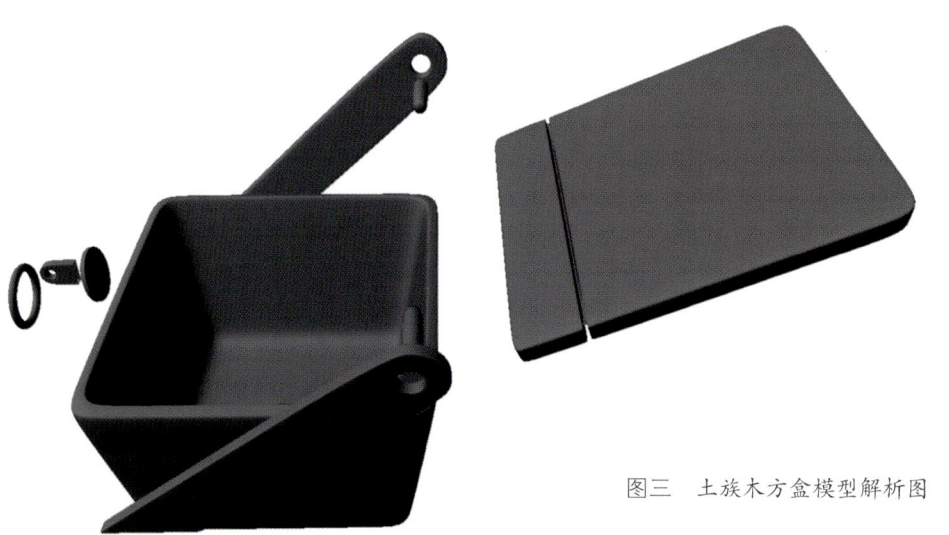

图三　土族木方盒模型解析图

图四 土族木方盒使用示意图

图五 土族木方盒使用效果图

第四章 土族传统生活用具

217

土族饰品盒

图一　土族饰品盒主图

土族是豪爽热情的民族，土族人民能歌善舞，他们用雄浑的歌声张扬个性，用夸张的肢体动作表达情感，同时，他们也用浓烈的色彩表现内心，那些丰富浓烈的色彩装饰和艺术纹样出现在他们身边的每一处。图中的这只饰品盒就是代表之一。

图中的木盒呈扁圆柱体，由完整树干制成，无拼接痕迹。整体由两部分组成：盒盖与盒身。盒身外部有凹凸形轮廓作装饰，且勾画以线条；盒盖也有同风格装饰线条，即与盒盖同一圆心的圆形装饰。盒子外部以铁皮加以固定，增强其承载力。这只饰品盒在日常生活中用来放置土族姑娘的装饰首饰，是每一个爱美姑娘的必需品。和汉族姑娘不同，土族姑娘不用珍珠、水晶、钻石这些珠宝装饰自己，而是佩戴着由绿松石、红珊瑚、黄蜜蜡等制成的首饰，也有家境稍好的姑娘喜欢用金银首饰。随着经济的发展，土族姑娘也开始接纳汉人的首饰，学会了汉人的装扮。土族人民用绚丽的色彩和精致的首饰装扮自己、美化生活、传递情谊、寄托心灵。土族女性都有一双灵巧的手，还是姑娘的时候就跟着母亲学习女红，制作出许多精美的手工艺品。

土族人民生活细腻安宁，每一样物件都有自己的功用。即使一只小小的饰品盒都有属于它特别的花纹和装饰，这些细节都表现着土族人民对生活的热爱和对美好生活的向往。（康棣）

图片来源
图一　王元杰　摄影
图二、图三　王元杰　制图

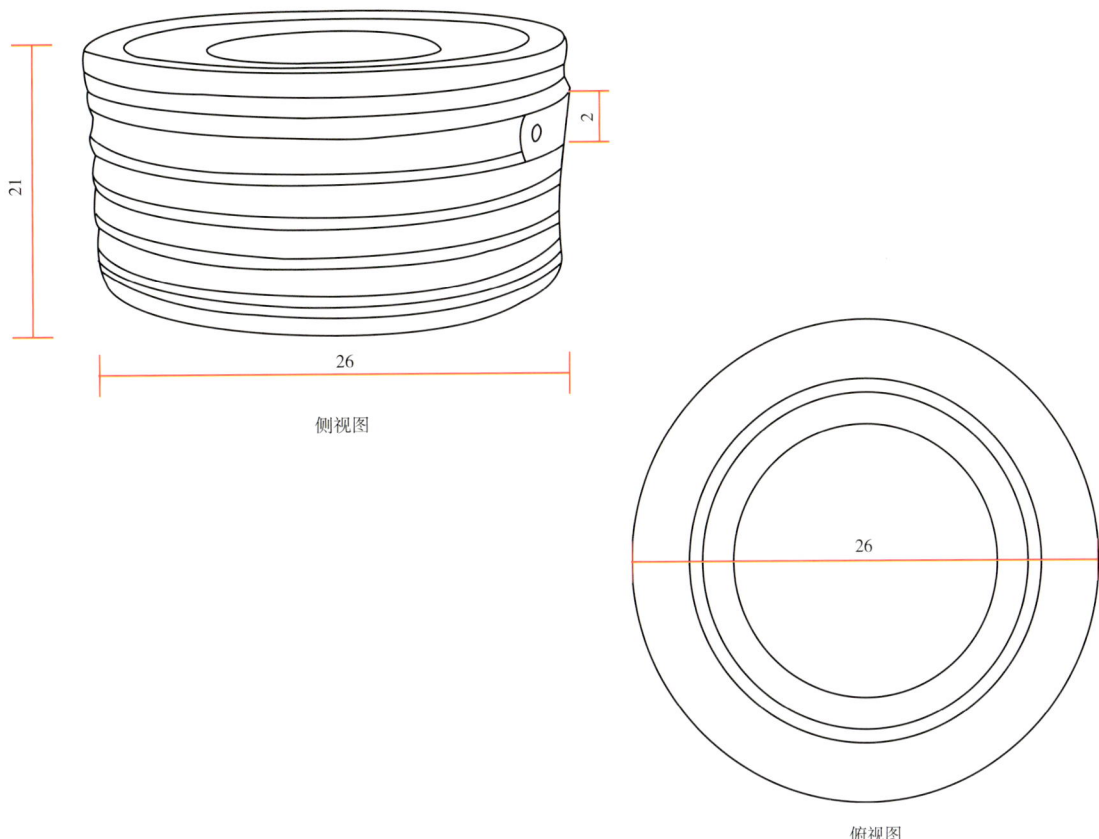

图二　土族饰品盒尺寸图（单位：cm）

图三　土族饰品盒结构名称图

土族烟丝盒

图一　土族烟丝盒主图

土族烟丝盒采自青海互助土族自治县居民家中，是一种被广为使用的烟具。整个烟丝盒外形小巧，结构比较简单，由木头制成，长约35厘米，宽约18厘米，烟丝盒前低后高，前面高约14厘米，后面高约16厘米，用以放置烟斗或水烟用具，并且利于拎取，烟丝盒两边的木板也呈前低后高的坡形。整个烟丝盒上方无盖，中间有两块与烟丝盒等高的小木板嵌入其中，将烟丝盒分隔成三个空间。第一块隔板上边缘中间凸起，第二块隔板上边缘则中间凹陷。前面的空间一般放置烟草、蜂蜜等，中间则放置一些普通的烟丝，最后一格放置烟具。

烟丝盒制作也比较简单，一般土族烟民都可以自己动手制作，只需将几块木板黏合即可。随着卷烟工业的发展，卷烟的普及范围越来越大，土族烟民一般都选择简易便携的卷烟，烟丝盒也变得少有人使用，随着时间的推移，也就慢慢地变成一种古董文化，一种土族特有的烟文化产物。但在传统节日来临或者接人待客时，土族烟民往往更喜欢使用具有传统土族特色的烟丝盒。土族传统节日来临，土族烟民使用烟丝盒，这是一种节日的气氛；接人待客，递上烟丝盒，这是一种接人待客的尊重，于点燃间，话也就自然从唇中流出，少了陌生而多了亲切，少了做作而多了真实，这是一种亲朋间的亲近。在土族烟民看来，烟草绝不仅仅是一种消费品，它早就融入土族社会风俗和人情世故，成为一种土族特有的烟文化。而烟丝盒虽正一步步被卷烟工业所取代，但是它作为土族烟文化特有的产物，并不会随之消逝，少了些实用性反而更提升了它的文化价值，更增添了一种文化意蕴。醉翁之意不在酒，烟民之趣不在烟。烟雾终将散尽，唯有文化永存！（梁成）

图片来源
图一　王元杰　摄影
图二、图四　王元杰　制图
图三、图五　徐常乐　制图

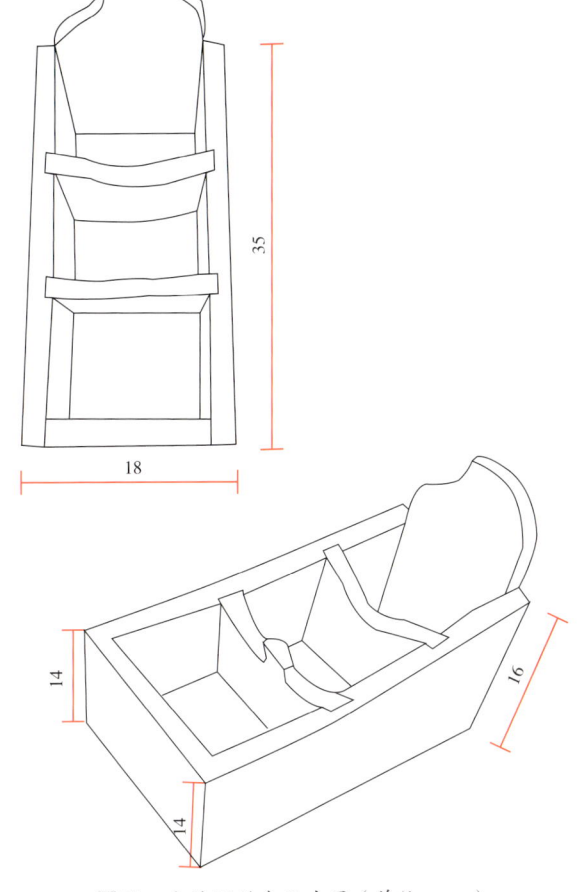

图二　土族烟丝盒尺寸图（单位：cm）

正视图

俯视图

侧视图

图三　土族烟丝盒模型三视图

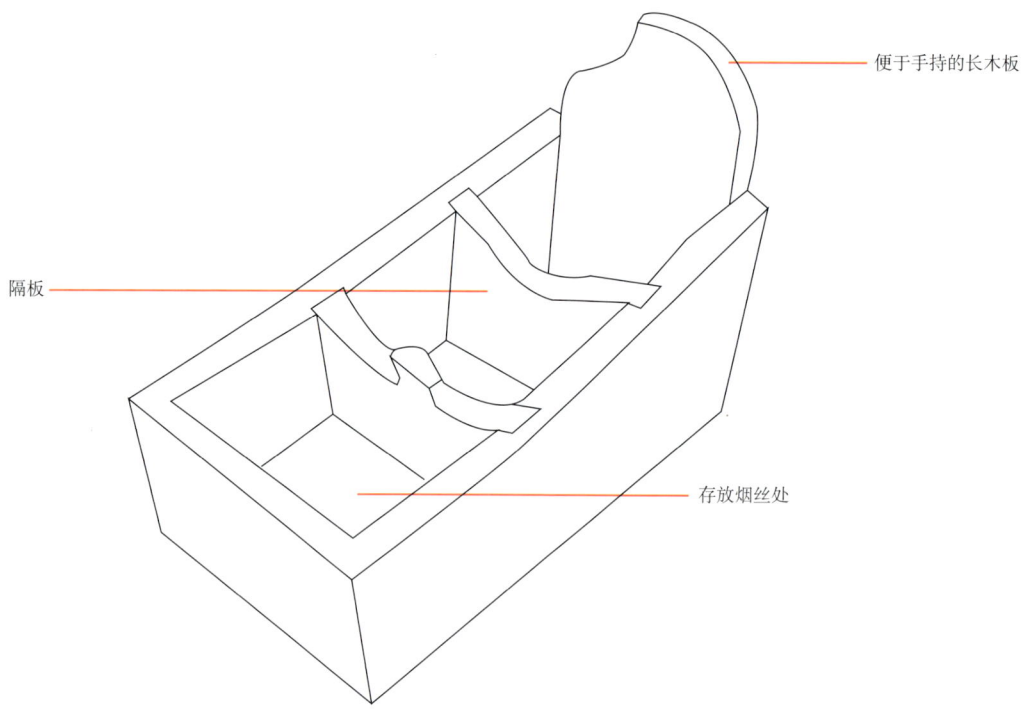

图四　土族烟丝盒结构名称图

图五　土族烟丝盒模型解析图

土族木柜

图一 土族木柜主图

土族木柜采自青海互助土族自治县文化馆，木柜呈长方体结构，由两个抽屉和两扇柜组成，长130厘米，宽80厘米，高150厘米，柜子侧面和底部均有艾叶纹饰的雕花，刀法流畅，纹饰饱满，样式简洁，造型朴素，美观典雅，木雕纹饰在起到装饰作用的同时更赋了木柜美好的文化深意，使得美观与实用并存。柜子上的两抽屉和柜门均为对称分布，抽屉上装有铜制九瓣花形柜扣，柜扣上置有圆形拉环，环洞比一般人的拇指略粗一些，可方便人们推拉抽屉。抽屉长40厘米，宽17厘米，柜门则以4个铜制铰链固定，柜门沿中轴线二分之一处设有长方形片状铜制柜扣，柜扣上连接桃心形拉环，便于开关柜门。该柜子由木头制成，由于红木、榆木、水曲柳、核桃木、樱桃木、香樟木等木头的纹理美观，物理性能良好，树径较大，可加工性较高，产量丰富且易于砍伐等特点,因此这类木材常常被用来制作家具,并且这些木材气味十分特殊,可以起到抑菌、防虫害的效果。

从装饰风格上可以看出,土族居民的木柜多半简洁大方、素洁文雅,去除了一些繁缛的雕刻、镶嵌手法,使用雕刻、镶嵌之处,也显古朴简约。从造型结构上来看,结构整体化,线条流畅,上下贯通,多采用榫卯的方式将各个部件连接,用料较省且不会破坏木柜本身的整洁效果。从空间尺寸到各个部件是否合情合理,都要经过反复推敲,达到增一分则长,减一分则短的地步,即使是柜子上的陈设,也有一套相互适应的规范,体现了土族人民的观念意识和审美情趣,可以说是土族人民悠久灿烂的工艺文化中一颗璀璨的明珠。(黄冉)

图片来源
图一　高鹏杰　摄影
图二、图四　徐常乐　制图
图三　高鹏杰、徐常乐　制图

图二　土族木柜模型图

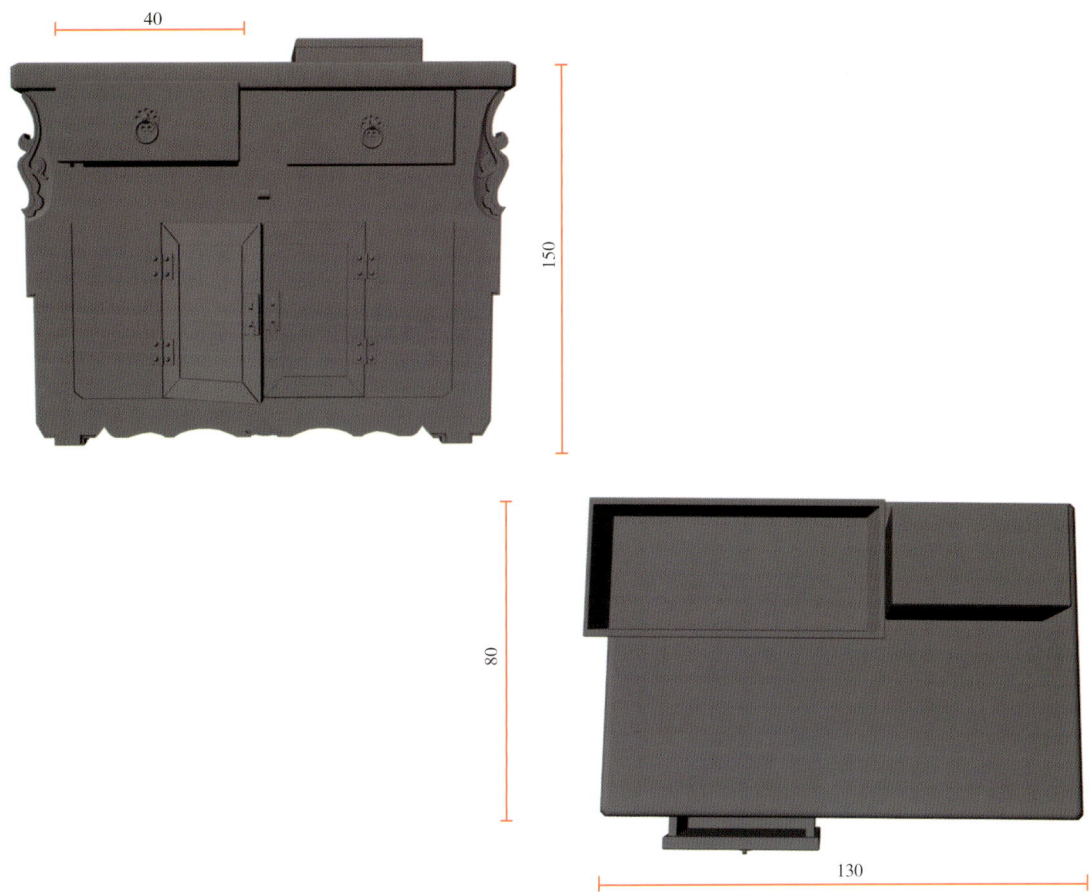

图三　土族木柜尺寸图（单位：cm）

图四　土族木柜解析图

第四章　土族传统生活用具

土族小木几

图一　土族小木几主图

土族小木几采自青海互助土族自治县居民家中，外形比较小巧，几面呈长方形，长约42厘米，宽约21厘米，木腿不高，约17厘米。该木几的装饰性集中于木几的木腿处。四根木腿分前后两个部分，每个部分的木腿连接成一块，两边的木腿中间各用一根木条连接支撑。木腿与木几上方的夹角处也用一块近似三角形的小木块嵌入，增加了木几的支撑力度。由于年代较长，木几略显破旧，但仍可以看出木几表面被打磨得光滑美观，体现了做工的精致。

土族小木几是土族居民普遍使用的家用木具，用于土族居民日常席坐。其木腿的形状类似土族房屋建筑，弯曲有度，很好地融合了土族建筑的特点。与一般的木几相比，土族小木几要矮很多，或许我们觉得用之不便，但在土族居民家中，小木几却是非常实用的木具。土族居民制作木几时对木料的选择非常严格，通常选用周边的木材精心打磨加工，然后拼接而成。虽然算不上浩大工程，但是其中的精细程度从木几光滑的外表上便可见一斑。加以精致独特的外形设计，完美细致的拼接技术，土族居民良好的手工艺水平展露无遗，更是体现了他们对待生活的认真态度以及对美的追求。（梁成）

图片来源
图一　王元杰　摄影
图二、图三　王元杰　制图

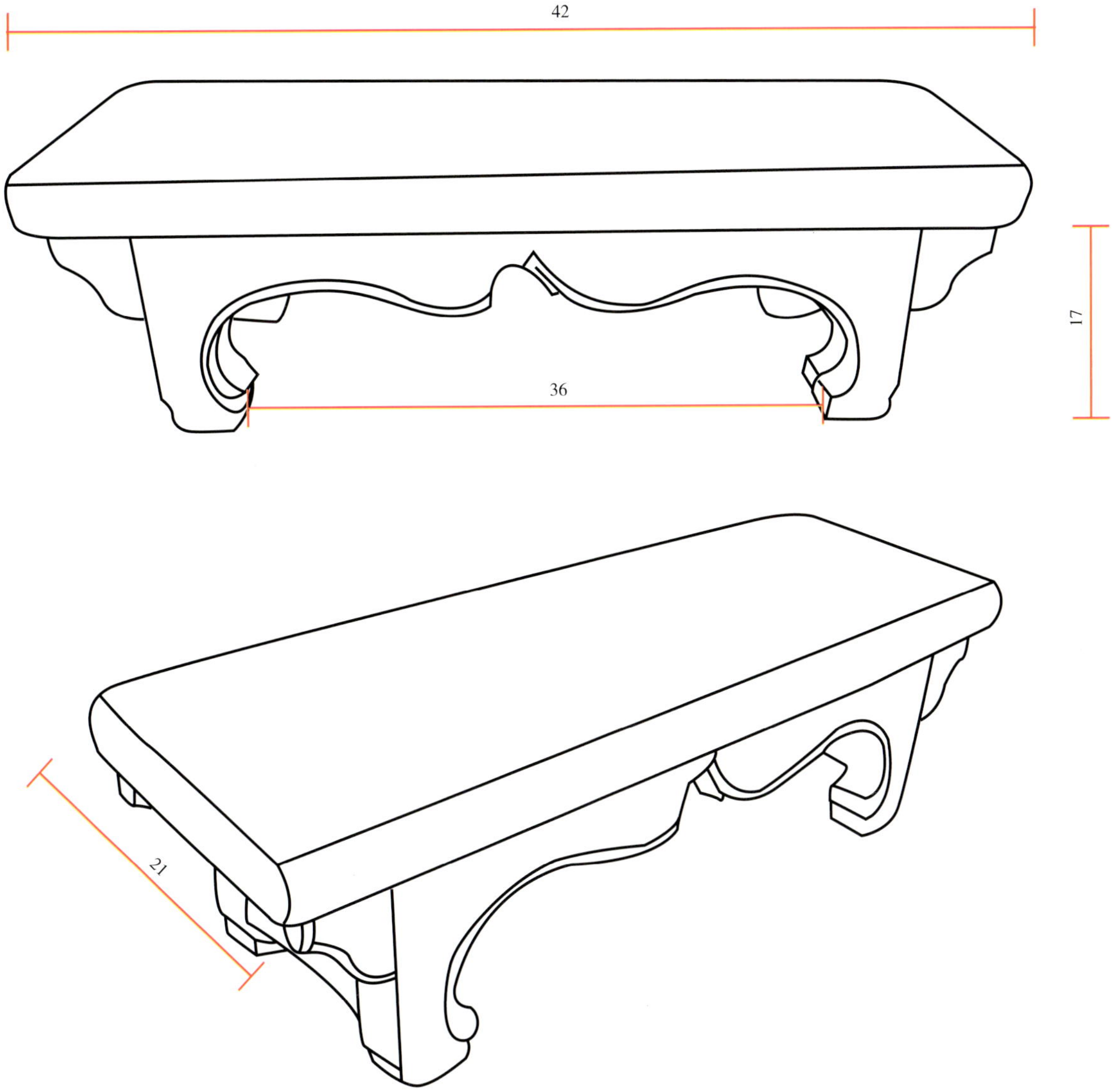

图二　土族小木几尺寸图（单位：cm）

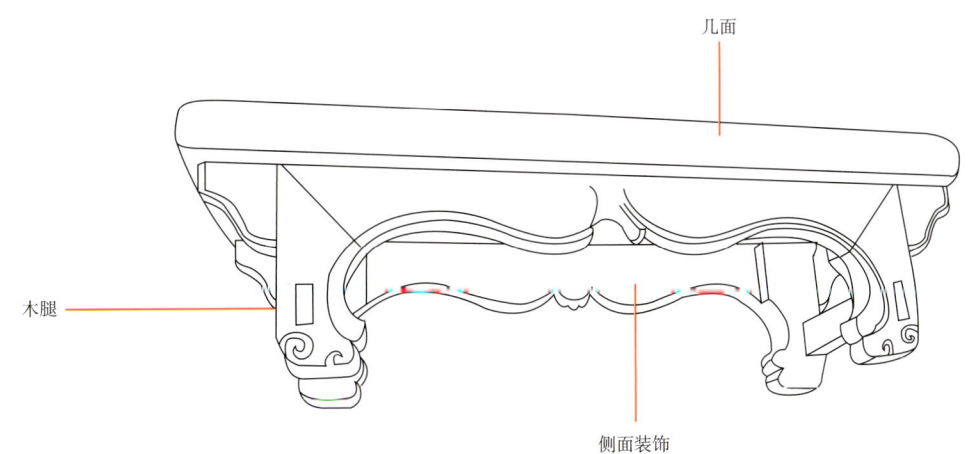

图三　土族小木几结构名称图

第四章　土族传统生活用具

227

土族银质烟斗

图一　土族银质烟斗主图

土族银质烟斗采自青海互助土族自治县文化馆，是一种吸烟丝的用具。该烟斗为藏银制成，总长度约23厘米，为三段组合式结构。中段呈圆球形结扣状，底端设有圆形拉环，中部两端分别连接烟锅和烟嘴。烟嘴处向烟腔处过渡，直径依次递增，直至结点处，再由结点处向烟锅部分依次增大。烟锅顶端设有五个环扣，最外端连接一个银制铃铛，起到美化装饰作用的同时便于悬挂饰物。烟斗中部最左端悬挂一铜钱，上面铸有嘉庆通宝几个字样，铜钱边缘穿有三孔，坠有烟铲、烟锥等物，方便在使用过程中挑拨烟丝。烟斗中部最右端同样悬挂一铜钱，钱币左右两端打孔，分别穿入一铃铛，钱币下端挂一弥勒佛小像，造型小巧、制作精良。

烟斗既能用于享受烟草又可以作为收藏品，富有一定的艺术价值和升值空间。除银质烟斗外，石楠根、海泡石、老玉米芯和胶泥等也常被用来制作烟斗。此外，烟斗的填装、点火也颇有技巧。常用的填装方法为"三层法"，一层：将烟草轻轻地揉洒进斗钵，直至溢满钵面为宜。然后用手指轻柔地压至半斗满。二层：揉洒烟草，添至满溢，然后压至2/3至3/4斗满。三层：揉洒烟草，添至满溢，然后紧压表层。最后，用指头按压装填好的烟草，看其是否有"弹性"，若按下后毫无生气，表示填塞得太紧；反之一按即塌，则表示太松。

享用的过程中要保持平缓的吸烟节奏，其重要的作用是保持烟草不间断燃烧。节奏本身，是抽烟斗行为中的"艺术"，往往需遵从"中庸之道"，保持合理的吸烟次数，保持烟草阴燃，满屋飘香。不能性急狂抽，令舌头发烫、刺痛，甚至高温损坏烟斗，气味焦煳难闻。掌握好一定的节奏便可以收放自如。

同样，清洁的步骤也是必不可少的，只有仔细清洗后，才能保证下次使用时不至于因积聚的残余烟油影响烟草的口感，抽完一斗后，自己亲自清洁擦洗，也不失为一种乐趣。（罗德艳）

图片来源
图一　高鹏杰　摄影
图二　徐常乐　制图
图三至图五　高鹏杰　制图

图二　土族银质烟斗模型图

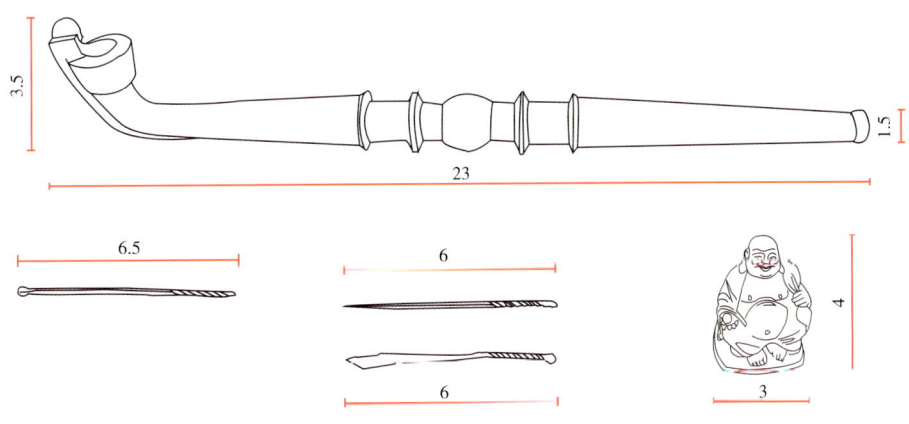

图三　土族银质烟斗尺寸图（单位：cm）

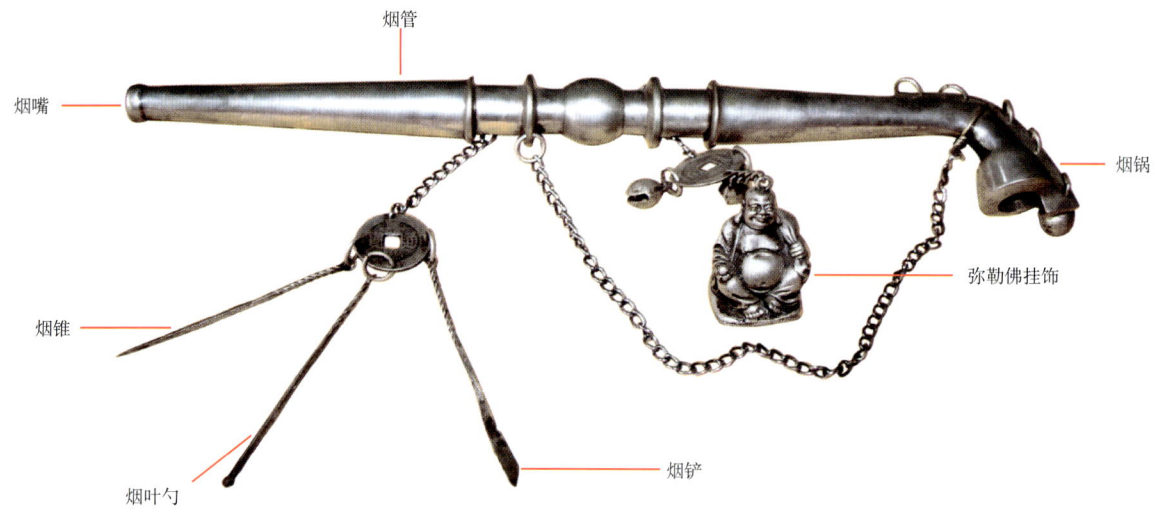

图四 土族银质烟斗结构名称图

图五 土族银质烟斗使用示意图

第五章 土族传统生产工具

土族皮质连枷

图一 土族皮质连枷主图

土族皮质连枷是一种脱粒的农具，用来拍打谷物、豆子等。连枷由枷杆和枷叶两部分组成，枷杆和枷叶由一根铁制螺钉做轴连接起来，打麦子、青稞等时，左右挥动枷杆，使枷叶绕轴转动，敲打农作物，麦粒、青稞就会脱落，土族人民将这项农活称为"打连枷"。

连枷是由皮鞭演变而来，枷杆的材质是槐木，槐木纹理顺直均匀，富有韧性，质地轻盈。枷叶是皮质鞭条，这是由于早期土族以畜牧业为主，皮制品易得易用，皮制品质地轻盈、极具韧性，十分适合用以充当枷叶。连枷的材料易于搜集，且结构简单，便于制作和携带，土族人们一般都是亲手制作。在所有农活中打连枷最为辛苦，体力差的人无法胜任。打连枷可以单人，但更多的时候是俩人甚至更多人对打，关键是要配合默契。

打连枷一般都选在晴朗的日子，由于经过堆压和受潮，小麦、青稞等农作物的颗粒不易脱落，打完之后亟须晾晒，为确保晒透，还要常常给它们翻身。当听到谷物晒到发出"嘎""啪"等声音时,这时候使用连枷就会较为轻松。土族男女都参与农活,男人和女人常常在一起,同时有节奏地挥动连枷。(王政)

图片来源
图一 高鹏杰 摄影
图二至图五 高鹏杰 制图

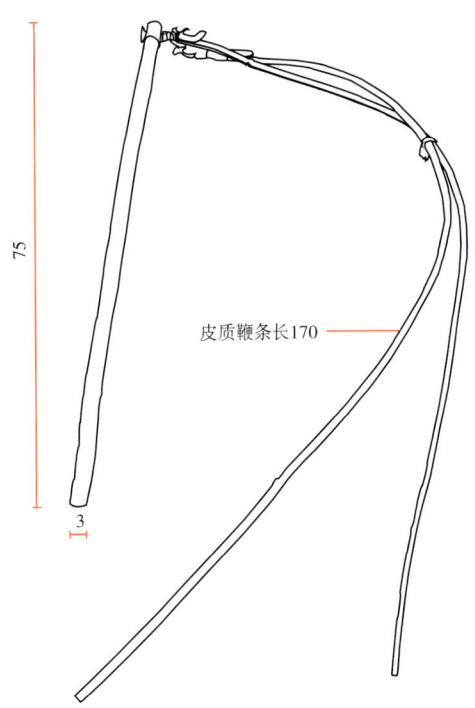

图二 土族皮质连枷尺寸图(单位:cm)

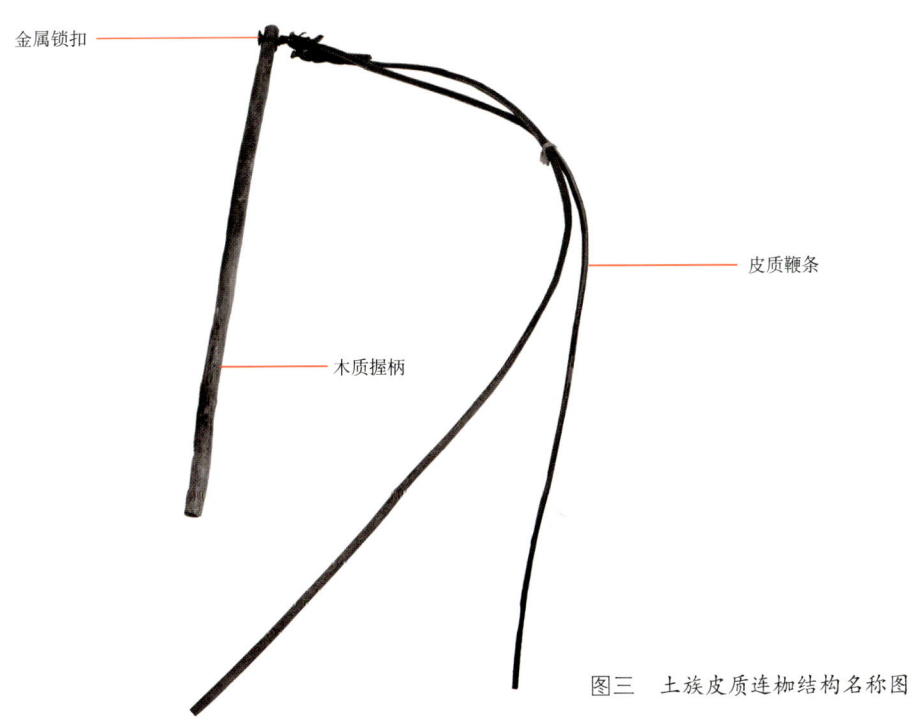

图三 土族皮质连枷结构名称图

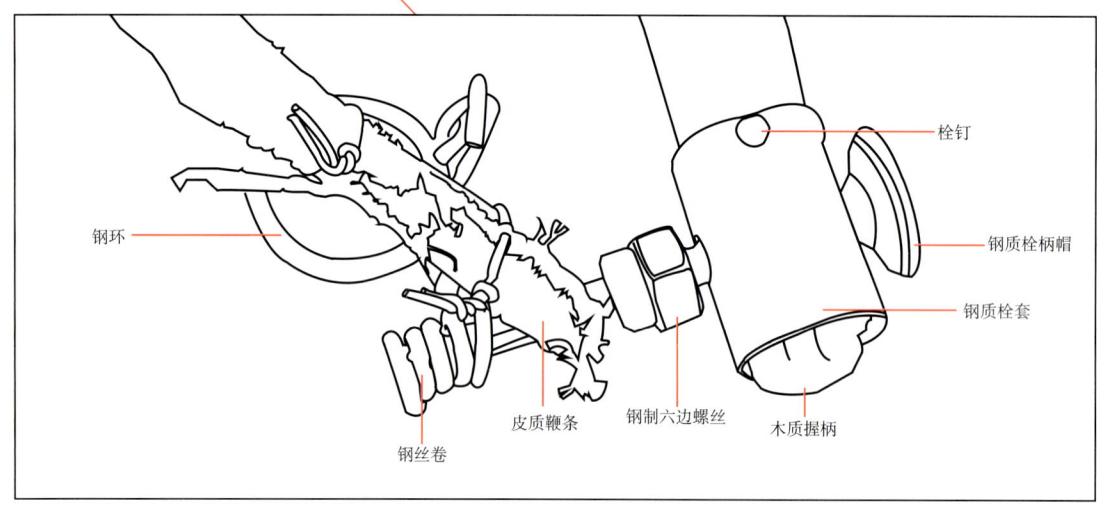

图四　土族皮质连枷细节分析图

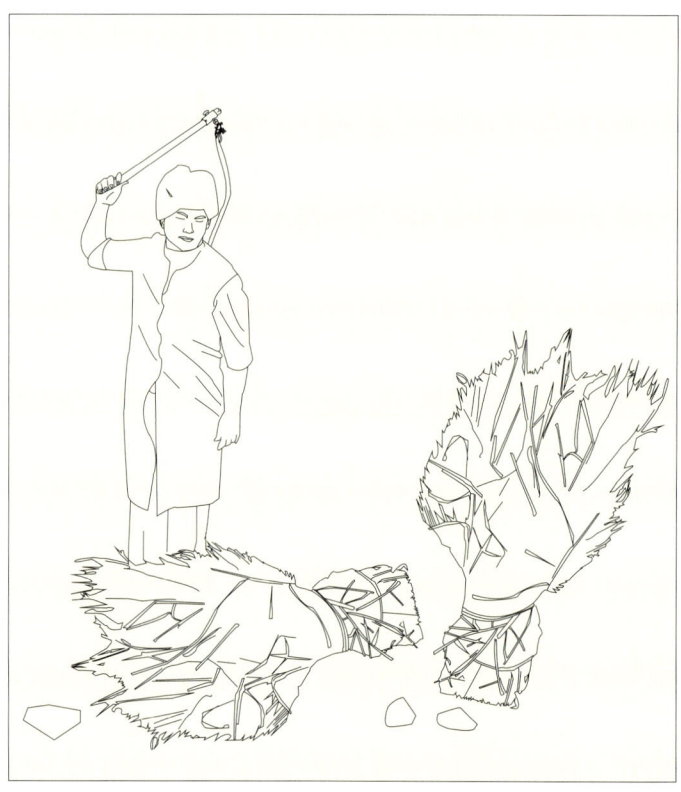

图五　土族皮质连枷操作示意图

土族石磨

图一　土族石磨主图

土族石磨采自青海互助土族自治县五十乡古堡居民家中，是用人力或畜力把谷粒、豆类研磨成粉末、浆汁的石质用具。制作石磨的材料一般选用花岗岩，花岗岩有硬度高、耐磨损、越磨越光洁的特性。石磨的制作工艺极为讲究，先要将花岗岩上部打磨平整，用角尺贴在上部，量出四边厚度并划上线后打平，再用圆规划出圆形，把多余石头打去，形成一个上磨锥形。再在中心偏一些的地方打一个洞，便成磨孔，磨孔是加料的地方。在靠外侧打一个长方形孔，利于安装磨手。最后凿磨牙，磨牙内是八卦形，这样就完成上磨工艺。用另一块同等大小的花岗岩，用来做下磨。先把底面打平，外围凿条槽，用来接磨出流下的东西，前边还有一个磨嘴，磨出的东西沿槽流向磨嘴，流入容器内。

磨盘整体分为两部分：下扇（不动盘）和上扇（转动盘）。两扇磨的接触面都錾有排列整齐的磨齿，用以磨碎粮食，錾的磨齿分为8个扇形，从短到长逆时针排列。磨的下盘和上盘中间各有一个圆柱形的眼，磨的轴固定在下盘之中，使用时，上盘将眼套入轴中。上盘相对于下盘，在一侧突出了一个半圆形的耳朵，耳朵中间有个磨的手摇把插入这个眼中，并用布条固定。上扇中间有个凹面，凹面之中还有一个磨眼，贯通整个上扇，供漏下粮食之用。下盘固定，上盘手摇转动，粮食从磨眼漏入磨盘的两扇交接处，磨齿与粮食摩擦，谷物与谷壳分开，再从缝隙中流出来。

土族日常主食以青稞为主，小麦次之。土族人们许多食物在制作之前都需要粉碎，故户户都有一个小石磨，操作方便，相当精巧。（王政）

图片来源
图一　高鹏杰　摄影
图二、图三　高鹏杰　制图
图四　胡小龙、高鹏杰　制图

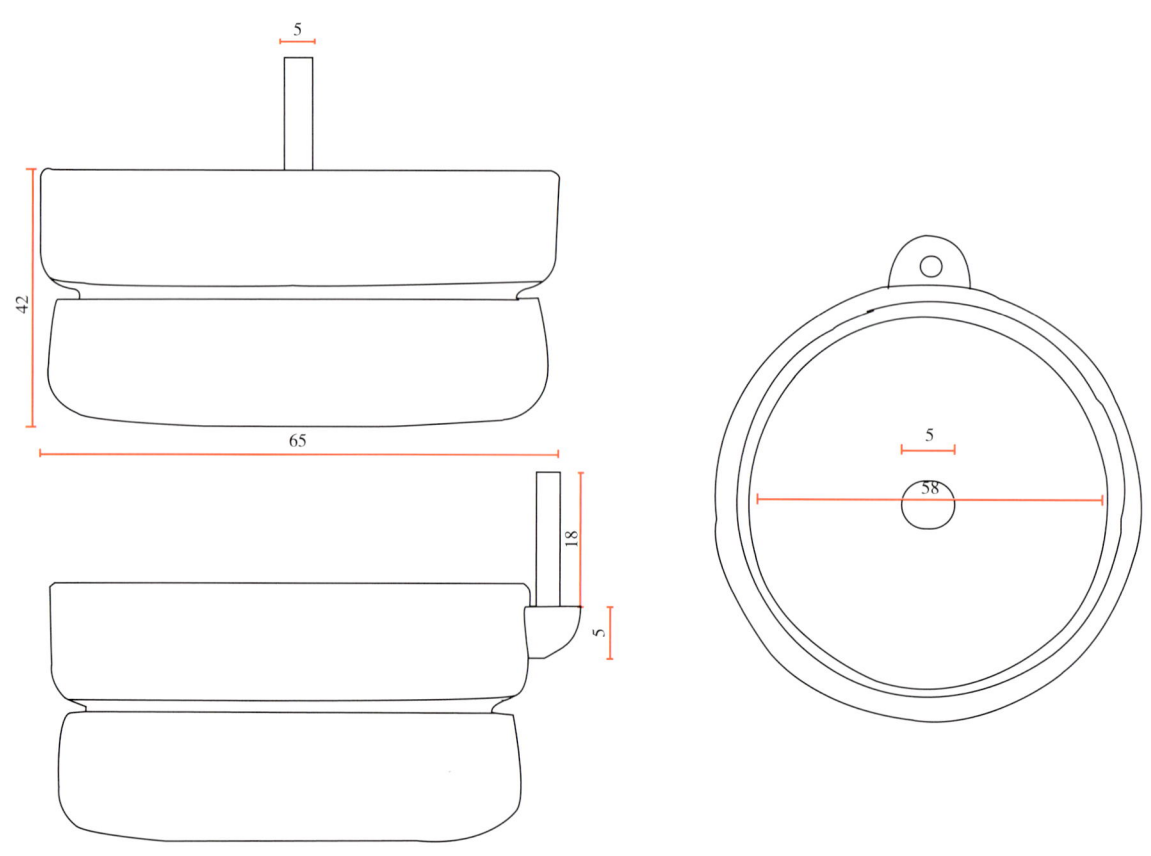

图二　土族石磨尺寸图（单位：cm）

豆类等作物由孔放入,经过研磨后汁液流出,汇集入磨盘下方的容器内,最后收集起来

图三 土族石磨操作示意图

图四 土族石磨模型解析图

第五章 土族传统生产工具

清末土族木质十字打孔器

图一　清末土族木质十字打孔器主图

　　清末土族木质十字打孔器是土族传统的钻孔工具，被应用于各种皮革制品、木制品等打孔。十字打孔器采自青海互助土族自治县制皮匠人家中，由其亲手制作而成。十字打孔器整体成"伞"状，由木杆、钻头、旋转手柄和麻绳组成。杆身长40厘米，直径1.8厘米，其上端有一个直径0.3厘米的孔，下端装有铁制针状打孔钻头，长3厘米，直径0.4厘米，十分锋利。旋转手柄是一个扁长的六边形木杆，长38厘米，最窄部分宽1.5厘米，最宽部分宽4厘米，其中心位置有一个直径2厘米的孔，打孔杆由此穿过，与之交叉形成一个十字形，两端各有一个直径0.3厘米的孔。麻绳从打孔杆上端穿过，并固定在握杆两端。使用十字打孔器时，将旋转手柄往上提，顺着一个方向旋转打孔杆，使麻绳紧紧缠绕在打孔杆上，再将打孔针竖直顶在需要打孔的皮革、木料等物品上，双手紧握握杆两端，用力下压，绳子还原的动力使打孔杆快速旋转，一个标准的圆孔就形成了。十字打孔器设计简洁，制作简单，操作方便，受到土族人们的喜爱。

土族人民聚集地气候多变，常有风沙，制皮工艺用具是土族必不可少的劳动工具。过去，土族几乎家家户户都会从事毛皮的加工与制作，十字打孔器运用普遍。当畜牧业生产方式转为农业生产方式时，制皮匠人成为专职，而定居方式必然促进建筑业、木器加工业的兴起，打孔器的使用范围随之拓展。（王政）

图片来源
图一　王元杰　摄影
图二至图四　王元杰　制图

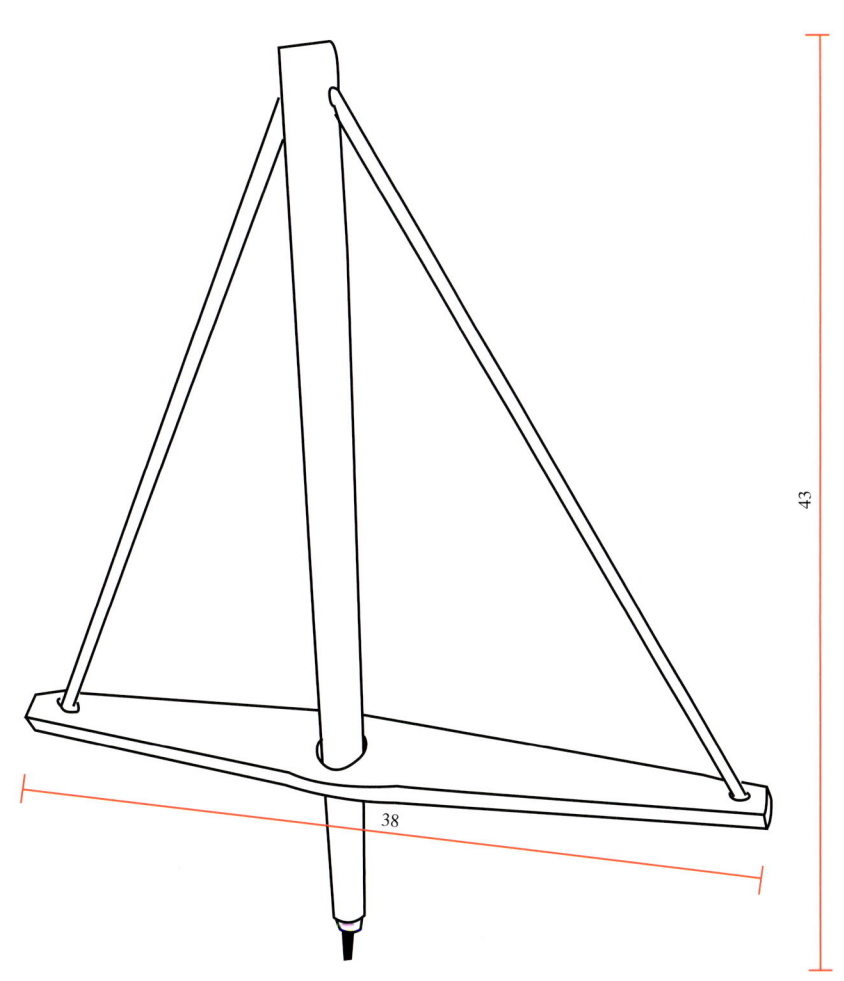

图二　清末土族木质十字打孔器尺寸图（单位：cm）

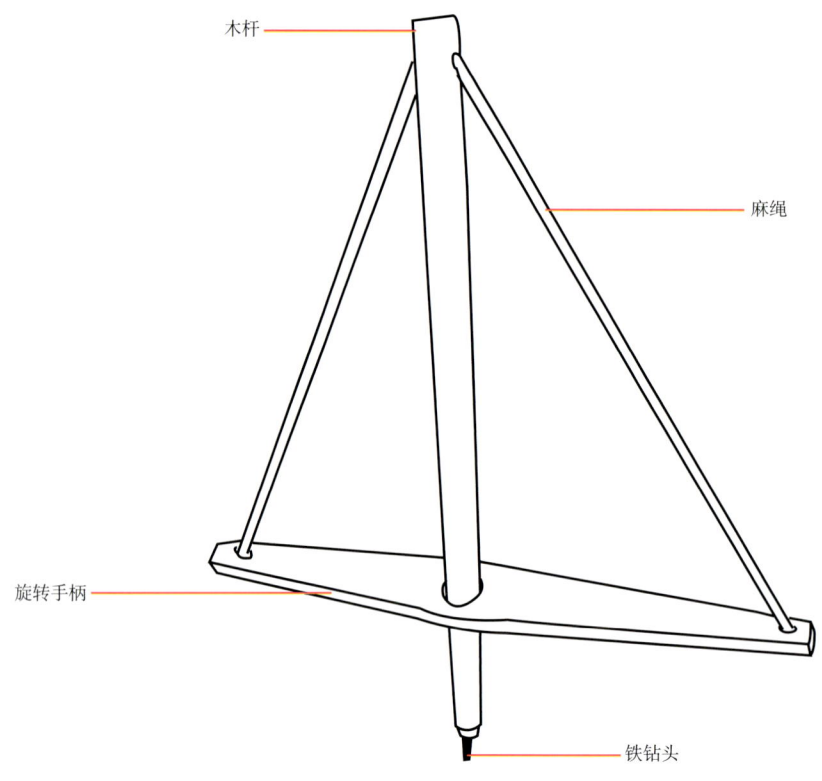

图三　清末土族木质十字打孔器结构名称图

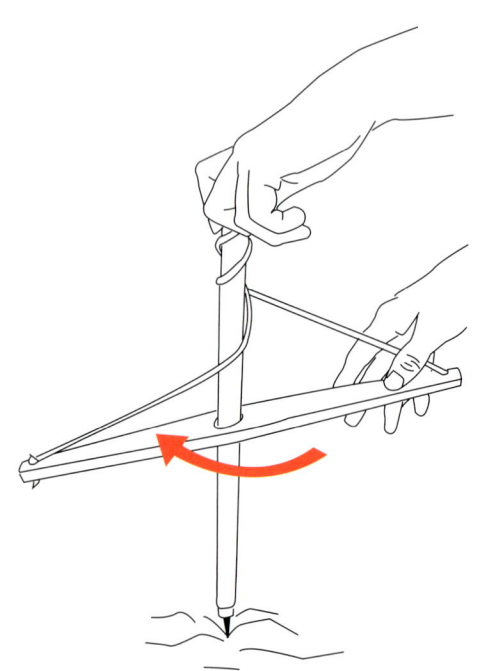

步骤①：将打孔器按入要打孔的地方，左手用力按住木杆作为支撑，右手将旋转手柄顺着一个方向转动，使麻绳紧紧缠绕在木杆上。

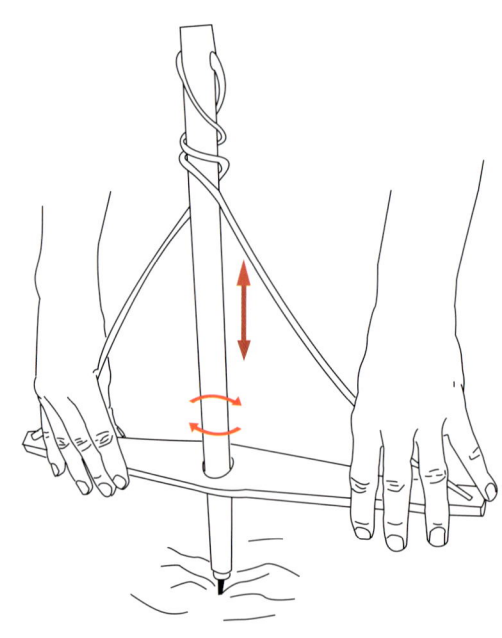

步骤②：双手按住手柄，上下提按打孔器，使中间的木杆快速旋转，钻孔。

图四　清末土族木质十字打孔器操作示意图

土族草叉

图一 土族草叉主图

土族人民在长期农牧业生产劳动中形成了一套属于自己的劳动习惯，也衍生出了一系列与之相对应的生产工具。

土族草叉整体外形构造成"Y"形，由手柄和两根叉齿组成。土族草叉制作时通常选取杨树，因杨树具有韧性好、抗弯强度大和原材料获取较易等优点。土族人民直接选取较为规则的、带有枝杈的杨树枝干，一般以两杈的杨树枝干最为适宜，之后用铁丝在草叉枝干处加固成型。

草叉，顾名思义，是与草有关，作为一种工具，主要用于整理草料、麦秸、青稞杆等。与木耙具有很大的相似性，草叉在农村用来打场，类似于耙。但草叉的齿很长，叉草或麦秆很方便。草叉是极其重要的生产工具，在农作物收割完成之后，散乱的秸秆需要整理成堆时，就用草叉挑起堆成草垛。每年秋天时，土族人民需要为自家的牲口贮备大量的草料，草叉在堆放草料过程中起到重要的作用。

草叉是游牧民族和农耕民族共同使用的生产工具。在过去，作为西北的游牧民族，铁器一直是一种重要的战略资源，土族人民发挥自身的聪明才智，直接取材于森林，使用天然的草叉，这种草叉有着轻巧方便、经久耐用等优点，一直被沿用至今。

土族先民以农牧业为主，商业活动寥寥，农业活动在他们的生活中起到了举足轻重的作用。在这种生产水平较低、产品种类单一的情况下，他们利用简单质朴的劳动工具，充分发挥现有资源，带动了当地的经济发展，让土族人民在这片土地上大展宏图。

（康棣）

图片来源
图一 高鹏杰 摄影
图二、图三 高鹏杰 制图

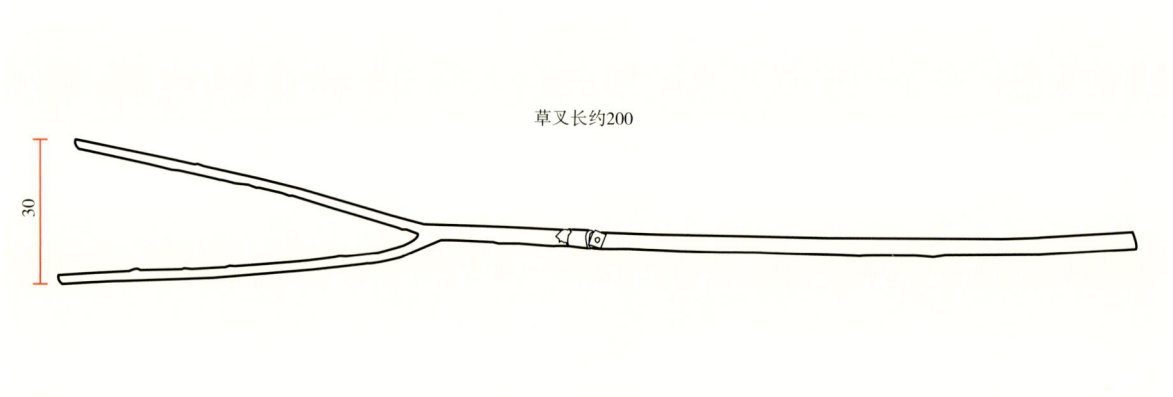

图二　土族草叉尺寸图（单位：cm）

图三　土族草叉操作示意图

土族镰刀

图一　土族镰刀主图

镰刀是土族人民在农村收割庄稼的一种农具。镰刀在使用过程中，大小、长短、宽窄等都有过改变。镰刀俗称割刀，由两部分组成：刀身和手柄（又称刀头和刀把）。刀身是铁质的，刀口比较锋利，人们利用刀口的锋利来割东西。有的刀片上带有小锯齿，有的是平的，而刀背则是钝的。手柄是木质的圆柱，便于手握，而且轻便。刀身主体呈月牙状，尾端巧妙地做成空心圆柱形，使得手柄插入其中，与刀身相结合。

镰刀通常用以收割农作物，在收获庄稼时，镰刀就会起到很大的作用。土族人民在收割时，左手抓起农作物，右手手持刀柄末端，用刀口对准农作物的底部由远及近进行收割。土族人民还用镰刀削发。用镰刀削发，是当地男孩的成人礼，是由当地德高望重的老人用镰刀割掉男孩头部四周的头发，只留下头顶中部的盘发，这被留下的发髻象征着男孩成了男子汉。

镰刀从由石头制成，到用青铜制成，再到用铁制成，每一次变化，都使得收割效率提高。在使用镰刀的过程中，有时手柄和刀身结合得不好，有掉头的现象（刀身与手柄脱离），通常手柄只要塞入刀身尾端（也可用布在手柄末端绕一圈），把刀背朝下，手持手柄在上，由上而下使劲地往硬物上磕，刀背和手柄接紧了以后，还可以继续使用。一般镰刀使用一段时间后，刀口会变得钝，降低劳动效率，人们就会借用磨刀石对其进行打磨，使之再次变得锋利，以继续使用。

镰刀因其构造简单实用、控制性能良好、价格便宜等特点成为土族农耕劳作不可缺少的工具之一，并一直沿用至今。（罗德艳）

图片来源
图一　王元杰　摄影
图二至图五　王元杰　制图

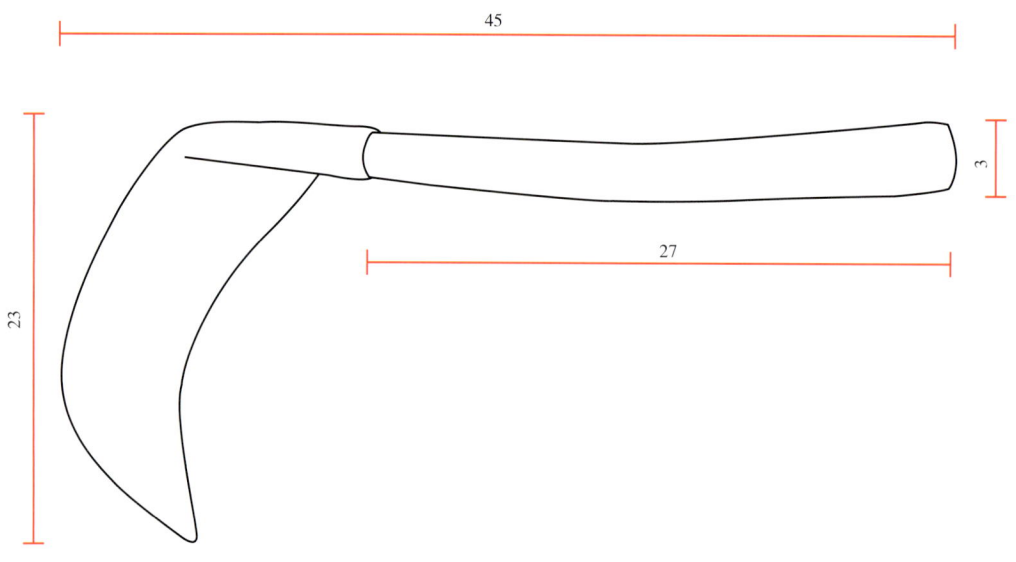

图二　土族镰刀尺寸图（单位：cm）

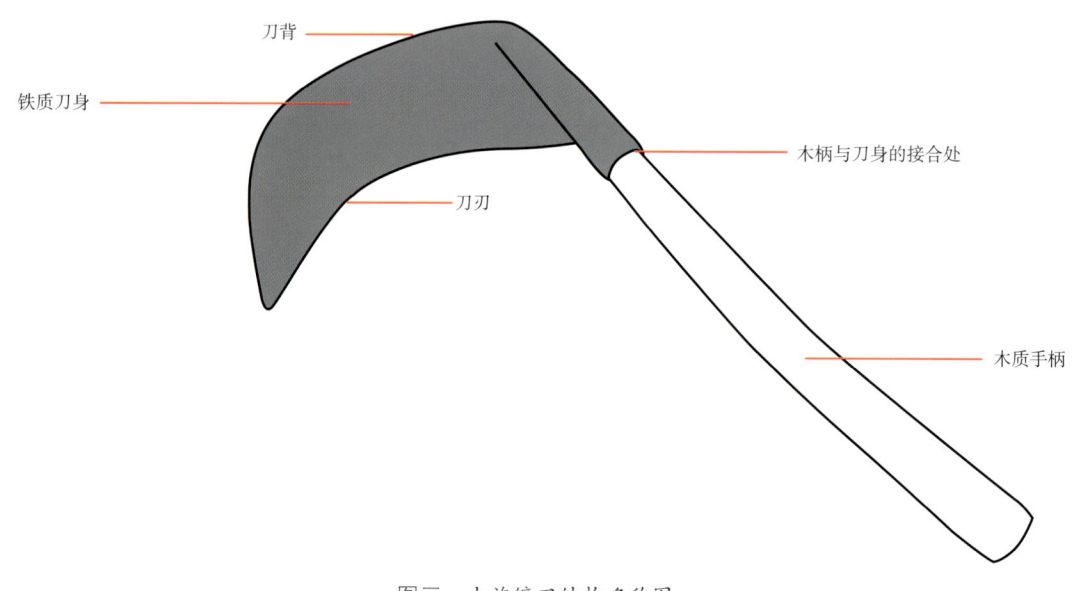

图三　土族镰刀结构名称图

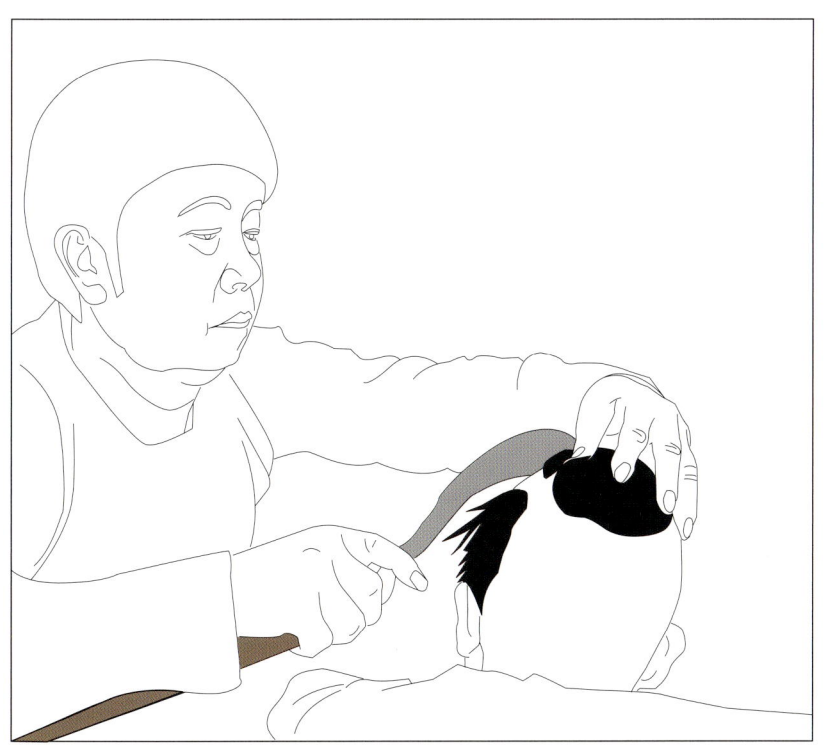

图四　土族镰刀操作示意图1——削发

图五　土族镰刀操作示意图2——收割

第五章　土族传统生产工具

245

土族耧车

图一 土族耧车主图

耧车是古代播种用的农具,也叫耧犁,是一种人力或者人畜合力的播种机。据东汉崔寔在其《政论》中记载,耧犁"三犁共一牛,一人将之,下种挽耧,皆取备焉,日种一顷",大大提高了播种的效率和成功率。即使现在北方农村,三脚耧车还在使用。

土族农家大都有耧车,有一腿耧至七腿耧多种,两腿耧使用比较广泛且播种均匀,具有开沟、下种、覆土三合一功能。会做耧车的木匠,手艺算是很不简单。耧车类似于犁,将剶耧车插入耧车脚背上的二孔中并紧紧绑在横木上。耧车入地8厘米深,而种子经过耧脚撒落下来,因此能在土中种得很深,并使产量大为提高。用耧车耕种的土地,如同用小犁犁过那样。相对于犁与耙来说,耧车的做工就细密多了。耧车大都用牛来拉，耩麦时大都使用牛，耩黄豆的时候则用人拉，黄豆的生长周期短，播种时更要讲求效率。使牛拉耧的时候，还要有一人牵牛并扶住耧杆，负责牛的速度快慢和到地头时牛的拐弯，这个人叫作"帮耧"，用人拉耧时，就不用人帮耧了。操作的主角是后面扶住并摇晃耧把的人，而由他掌握播种的速度和密度，从而提高了效率和质量。

现在土族人们耕种基本上都是机械化操作，老式的耧车渐渐退出了田野。新型生产工具逐渐在土族居民家推广开来。（康棣）

图片来源

图一　高鹏杰　摄影
图二、图五　高鹏杰、徐常乐　制图
图三、图四、图六、图七　高鹏杰　制图

图二　土族耧车模型图

图三　土族耧车尺寸图（单位：cm）

第五章　土族传统生产工具

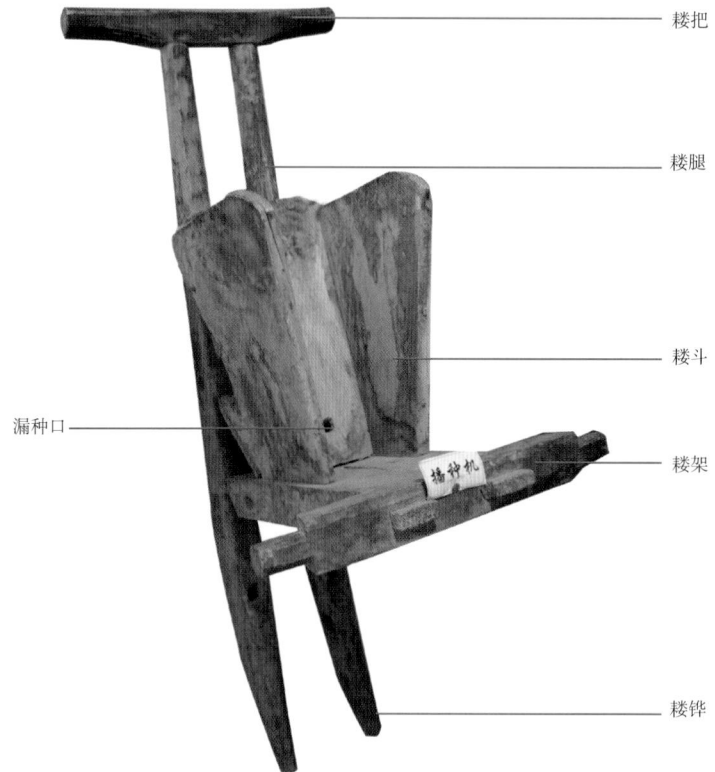

图四　土族耧车结构名称图

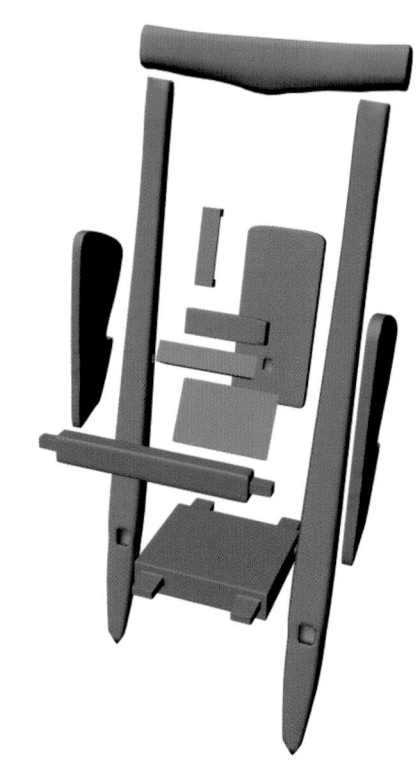

图五　土族耧车解析图

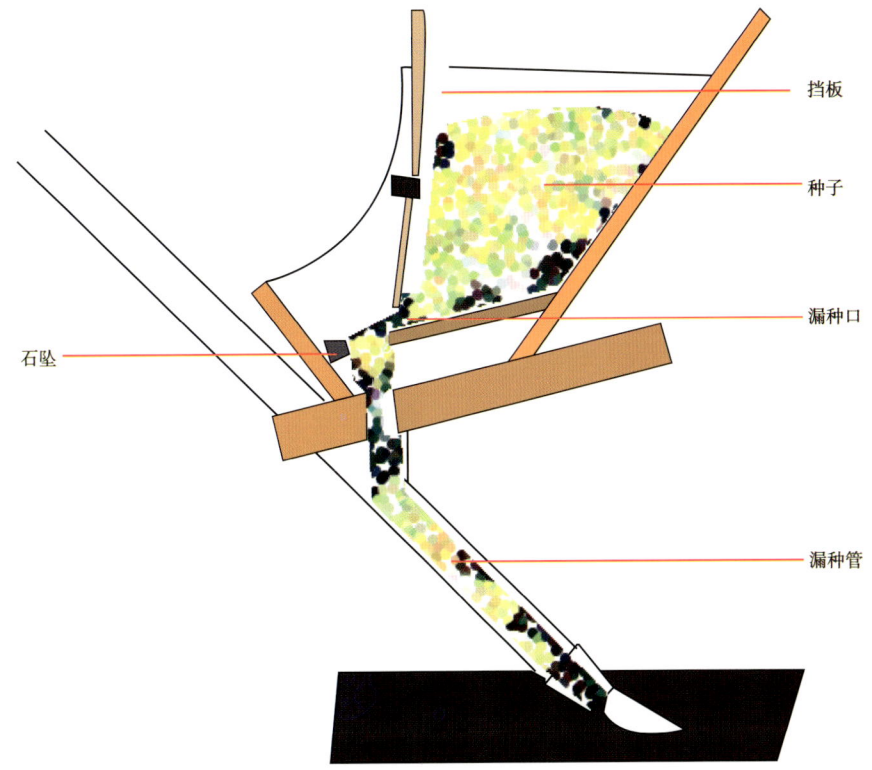

图六 土族耧车操作原理图

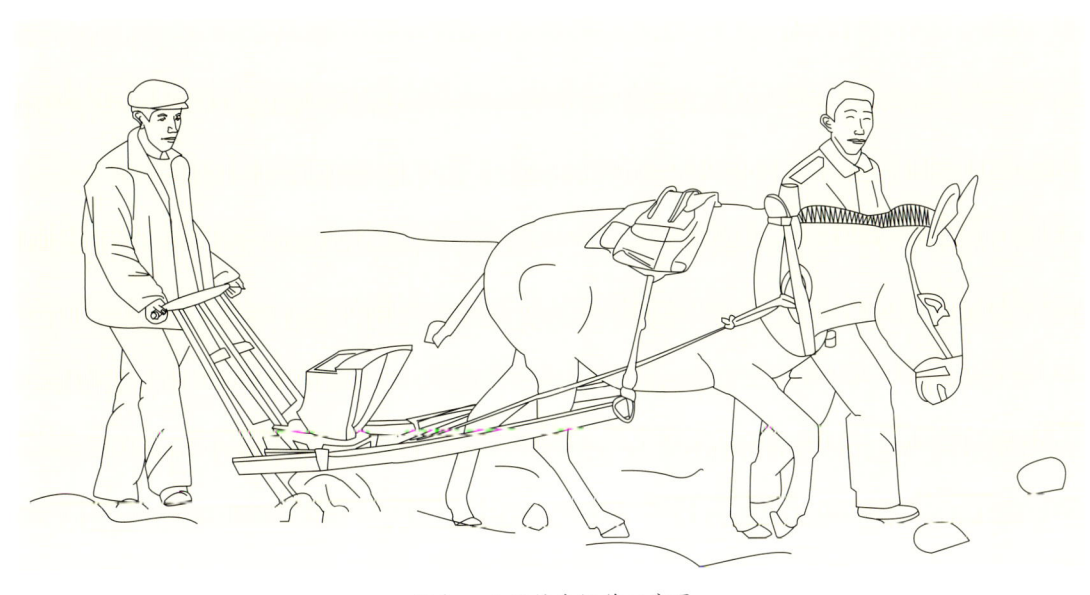

图七 土族耧车操作示意图

249

土族木质推板

图一　土族木质推板主图

"推板"是土族人民的主要木质农具,由单人双手推动推把即可操控。在土族,推板常以桦木作为原材料来进行加工整合,因其轻便易得、转向灵活、便于操控。推板常用于农民夏秋收粮打场、推粮以及冬日推雪。

土族木质推板由三块长方形木板和推把组合钉制而成,二者呈90°夹角,整体呈"T"字形。三块同等厚度(3厘米)的木板,最顶端一块木板长约为87厘米,宽约10厘米,第二块和第三块依次略短一些,左右两侧分别钉制有长方形木条,用于连接三块木板,增强推板的牢固性,使其不易散架,起固定作用。推把为长约160厘米的实心圆木,直径约4厘米,削平头部,钉制于木板之上,推把需经反复打磨,直至表面平整光滑,以减少与手间的摩擦力,操控则更为舒适。其受力臂较长,通过杠杆原理可实现轻松操作。前行推动时操作者以推板头部为支撑点,主要靠胸部力量与手部力量相结合向前推进。利用该原理设计推板，既可以降低劳动强度，又能提高劳动效率。

推板自发明以来，极大地节省了广大劳动者的劳力，同时也方便了农民的生活，提高了劳动效率，从而在一定程度上使得生产力也有了逐步的提高。（沈雅楠）

图片来源
图一　张家灵　摄影
图二、图三　张家灵、王元杰　制图
图四、图六　王元杰　制图
图五　张家灵　制图

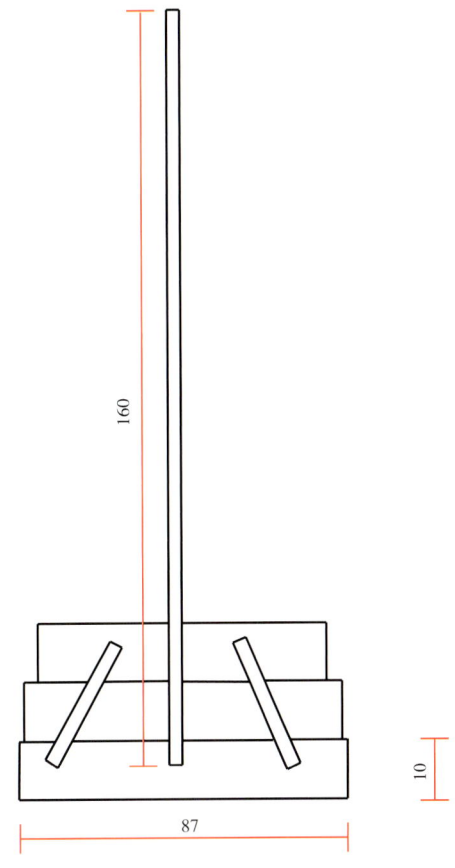

图二　土族木质推板尺寸图（单位：cm）

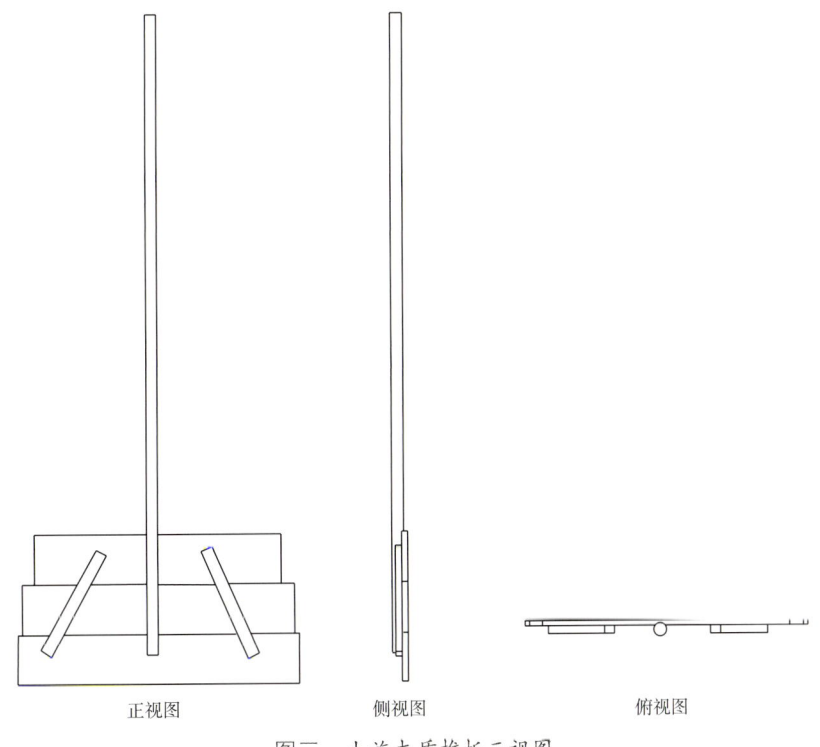

图三　土族木质推板三视图

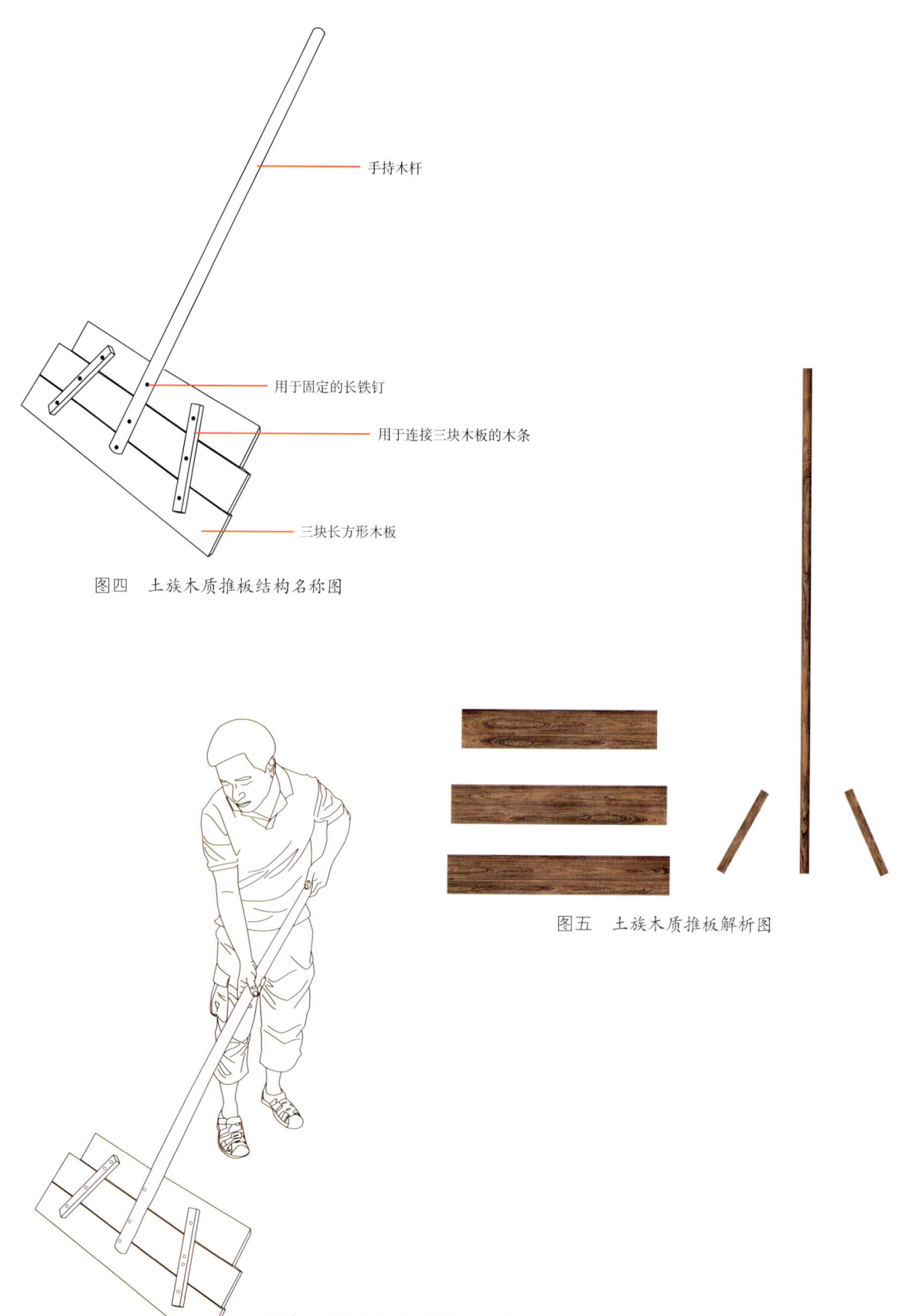

图四　土族木质推板结构名称图

手持木杆
用于固定的长铁钉
用于连接三块木板的木条
三块长方形木板

图五　土族木质推板解析图

图六　土族木质推板操作示意图

土族耢子

图一　土族耢子主图

土族耢子取自青海互助土族自治县五十乡古城堡土族居民家中。耢子，是中国传统的农耕工具，主要用荆条和木框或者藤条和木框编制而成，近似于长方形，长约60厘米，宽约38厘米，3厘米左右厚度，边上系有各为22厘米左右的麻绳，用以承载人或畜的牵引力。

对于不了解传统农耕工具的人来说，初次听说耢子，往往联想到犁或耙之类的农耕工具，在造型上它们确实有相似之处。耢子也属于耙的一种，却与一般的铁耙有着很大区别。一般的铁耙带有铁齿，以齿片搅动切碎泥块，其与耢子的主要区别就在于一个有齿，一个无齿。此外，耢子与铁耙的功用性能也有所不同。耢子多应用于北方干旱地区以及高原地区，使用时耢子身上压以一定重量，畜力或人力在前面拉，用以平整土地，形成干土覆盖层，起到减少土壤表面蒸发和平地、碎土、轻度镇压等作用。

现如今，随着农业的飞速发展，越来越多的传统农耕工具被现代化大型机器替代，许多有着悠久历史的农耕工具在农村逐渐消失。正如耢子，如今只有在部分现代农业尚未覆盖的偏远地区才使用，青海互助土族自治县便是其中之一。但随着时间的推移，也许在不久的将来，耢子或许也将渐渐被人们遗忘。那么，在农业逐步现代化的趋势下，以耢子为代表的中国传统农耕工具是否已经失去了存在的价值和意义？当代画家胡海艺曾作一幅水墨画，作品内容就是中国传统农耕工具耢子，凝练生动地刻画出耢子那种古老沉重的传统色彩。虽然农业的现代化使得这些古老的农作用具失去了一定的农用价值，但是它们存在的意义毋庸置疑，也许不会被人们

时刻记起，但是它们在历史上留下的痕迹应以艺术或文献等载体流传。（梁成）

图片来源
图一　高鹏杰　摄影
图二、图四　高鹏杰　制图
图三　高鹏杰、徐常乐　制图

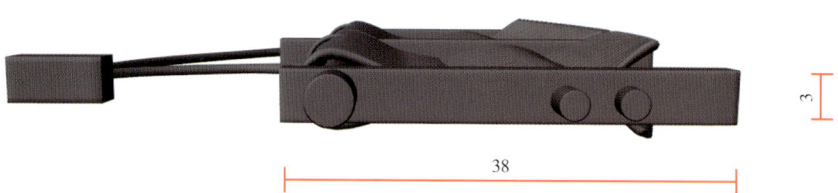

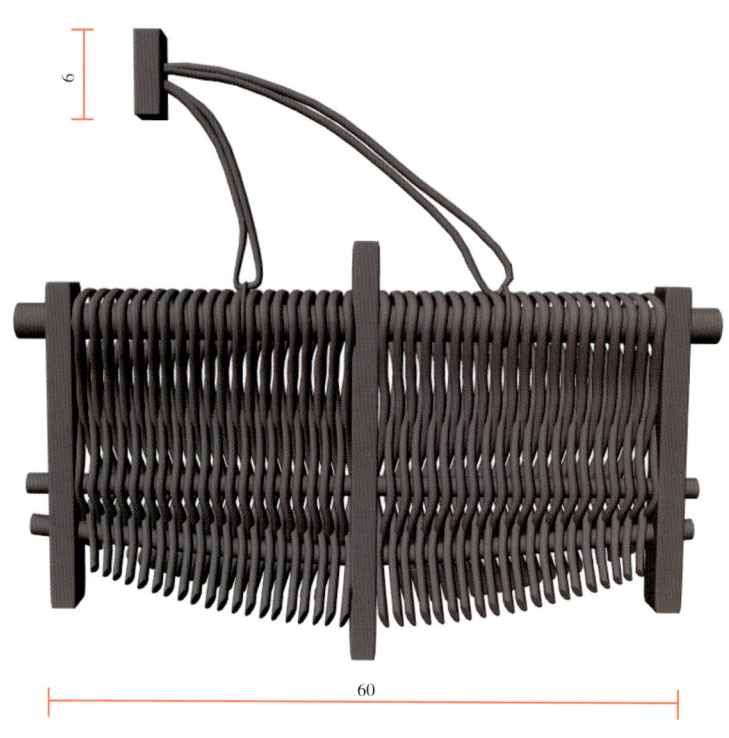

图二　土族耢子尺寸图（单位：cm）

图三　土族耢子解析图

图四　土族耢子操作示意图

第五章　土族传统生产工具

255

土族铁辕犁

图一　土族铁辕犁主图

土族民间所用铁辕犁，为"一牛一犁"式。犁梢上部穿横木为扶手，下部插入犁底并穿木板以挡泥，犁底一端安装三角形尖头铁器。对于劳动器具达到"用力甚寡而见功多"的劳动方式和使用目的，土族铁辕犁则体现了这一朴素的设计思想。犁的工作原理体现为"借力"，借牛马的拉力，操作者无需用很大的气力，一手执犁梢扶正，稍用力施压，犁铧即可向下发力翻松土壤；另一只手则持拽缰绳驱赶牛马，使之匀速慢行。借牛马的拉力，操作者减轻了劳动强度又达到了深翻土地的目的。这种铁辕犁造型精巧，无论是入土角度，还是翻土曲线的牵引点的选择，完全符合力学省力原理，是一种功能设计与审美设计的巧妙结合。

犁，系由耜发展而来，名为"耒耜"。据已知文献记载，犁最早出现于商朝甲骨文中，早期的犁，形制简陋，造型朴素。西周晚期出现了铁质犁，并使用牛马等牲畜拉耕犁田，渐渐使得"犁"与"耒耜"分开，才有了作为耕地的专用农具的"犁"。这种农耕工具，从土族由牧转农劳动形态形成之初，就与土族劳动方式密切相连，对土族农业发展起到重要的促进和保障作用。

早期土族农民主要用简易的挖掘棒或锄头来掘土开垦农田，费时费工，劳动效率较低，而犁的引进和推广运用，大大提高了土族农民翻松土壤的效率，使耕地质量有了巨大的提高。广泛使用铁辕犁，在土族传统农具史上掀开了崭新一页，标志土族农耕文明迈入了成熟时期，此后，铁辕犁就成为土族耕犁的主流犁型。（黄冉）

图片来源

图一　高鹏杰　摄影

图二、图三、图五　高鹏杰　制图

图四　高鹏杰、徐常乐　制图

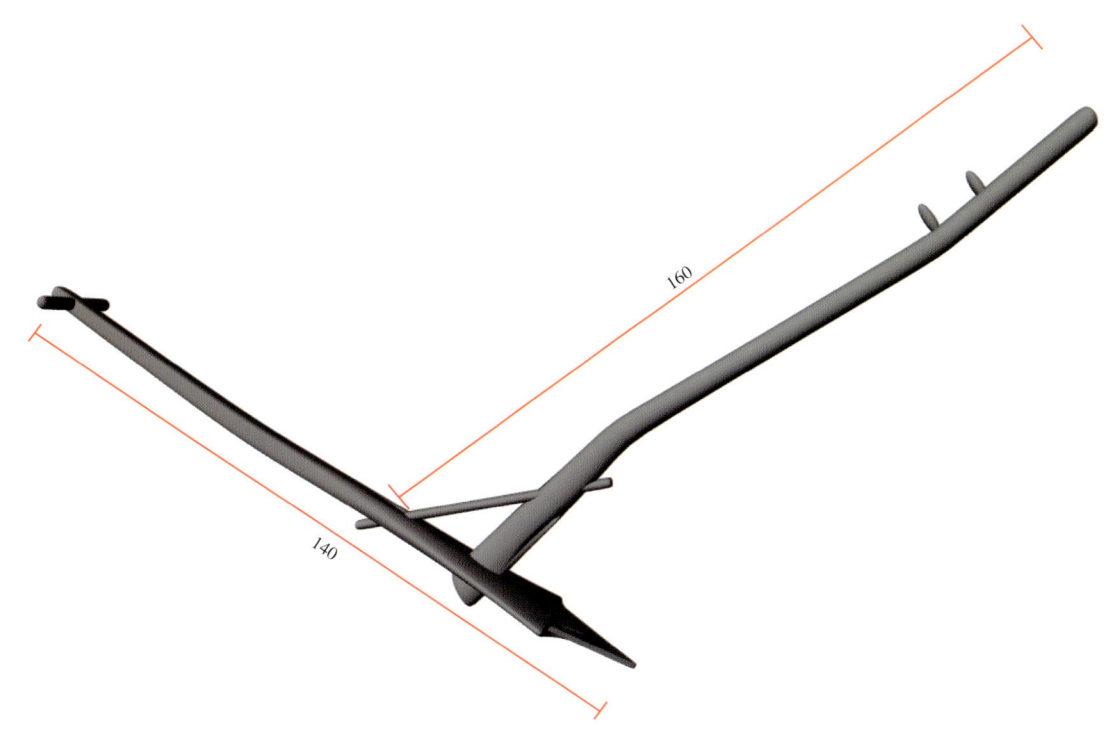

图二　土族铁辕犁尺寸图（单位：cm）

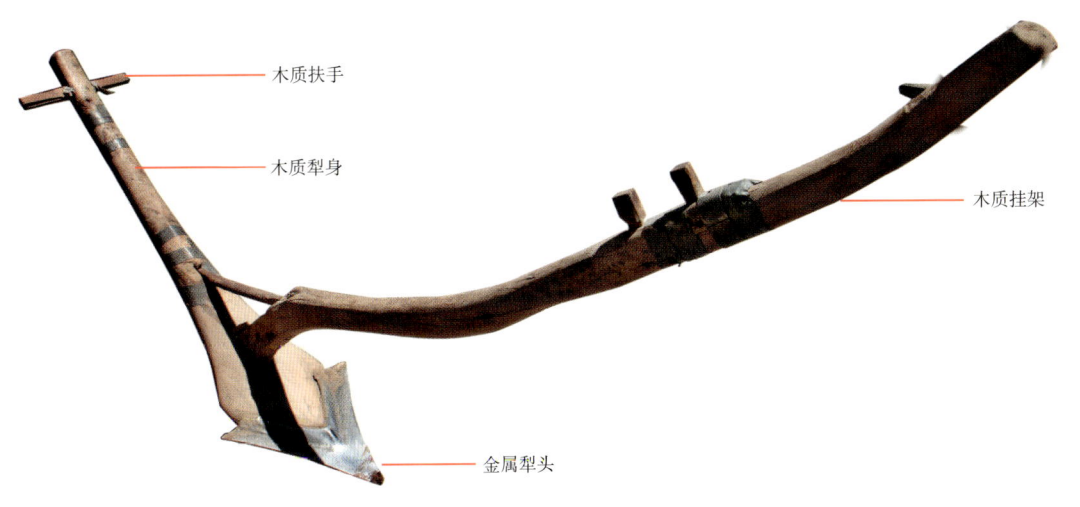

图三　土族铁辕犁结构名称图

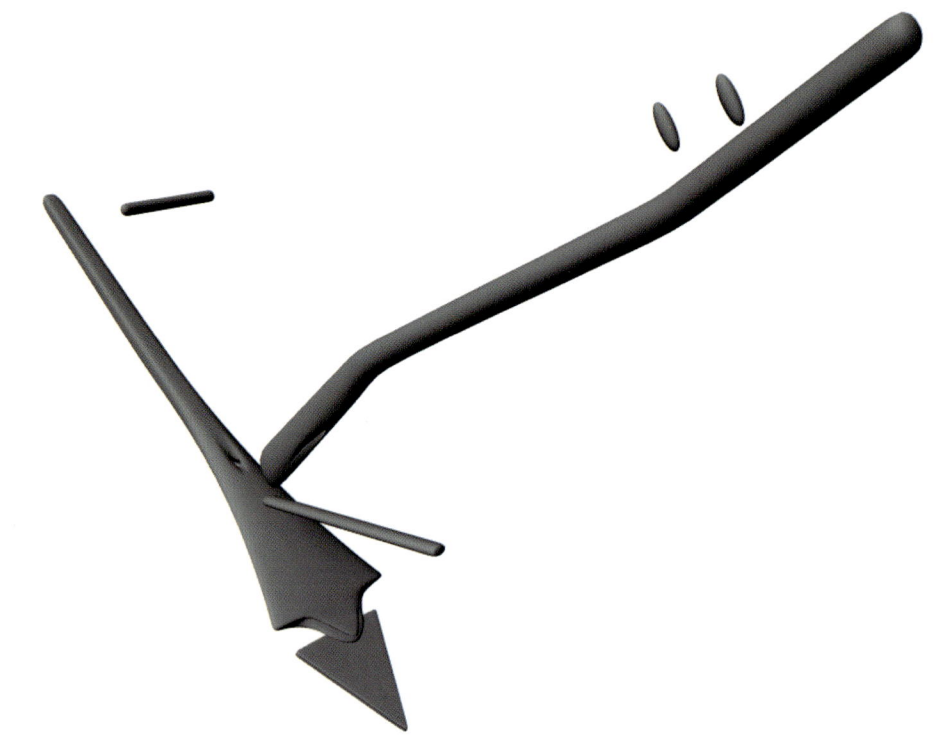

图四 土族铁辕犁解析图

图五 土族铁辕犁操作示意图

土族柳编背篓

图一 土族柳编背篓主图

土族柳编背篓使用柳条编制而成，因柳条间空隙均匀，其轻便易得，不会增加额外负担，并具有天然材料的颜色清香。此外，柳条具有韧劲，可塑性极强，并能以较少的自重承受较重的外力，在耐用性和柔韧性上都具备良好的物理属性。该背篓造型简洁、功能明确实用，整体呈倒梯形，其口长42厘米，宽26厘米，高约47厘米。顶口两端嵌入较粗麻绳作带，常单肩背挎，也可双肩背挎，在一定程度上可减少对肩部压力。该背篓常用于搬运木柴、谷物等。

此背篓为土族柳编制工艺产品之一，是土族人民劳作时的工具。其主要编制手法与其他类别储物工具篮、筐、篓基本相同。编制较为精致，采用经纬柳条的编织方式，在口部做了收束的重要工序，以保证其使用的耐久性。该背篓编织有严密的工序：盘底——编织——按压——打钉——固底——锁口——背带编结等。

从背篓盘底的穿编开始，柳条——编

盘，而后四角固定高度，柳条一圈一圈编织，每编一圈即轻轻挤压，合缝紧致，不留空隙。越往上圈框逐渐增大，呈敞口状。在编织过程中，切记要不断按压成形，该步至关重要，按压结果则直接影响其美感和使用人的舒适感。当柳条编至半米高时，背篓则已见雏形。打钎，打钎是将背篓的外面用手进行拍打，从而保证背篓形状达到人们欲求之状。底边加固和锁口是极为重要的工序，此两道工序是为保证整个背篓的牢固性和耐用性，最后嵌入麻绳背带。

背篓是土族人们最基本的劳作工具，也是刻在土族脊背上最古老的符号。恶劣凶险的生存条件，孕育了背篓的材料自然、造型别致、工艺独特、制作精美等特征，其已成为土族人们受用不尽的财富。（沈雅楠）

图片来源

图一、图四　王元杰　摄影
图二、图三　王元杰　制图

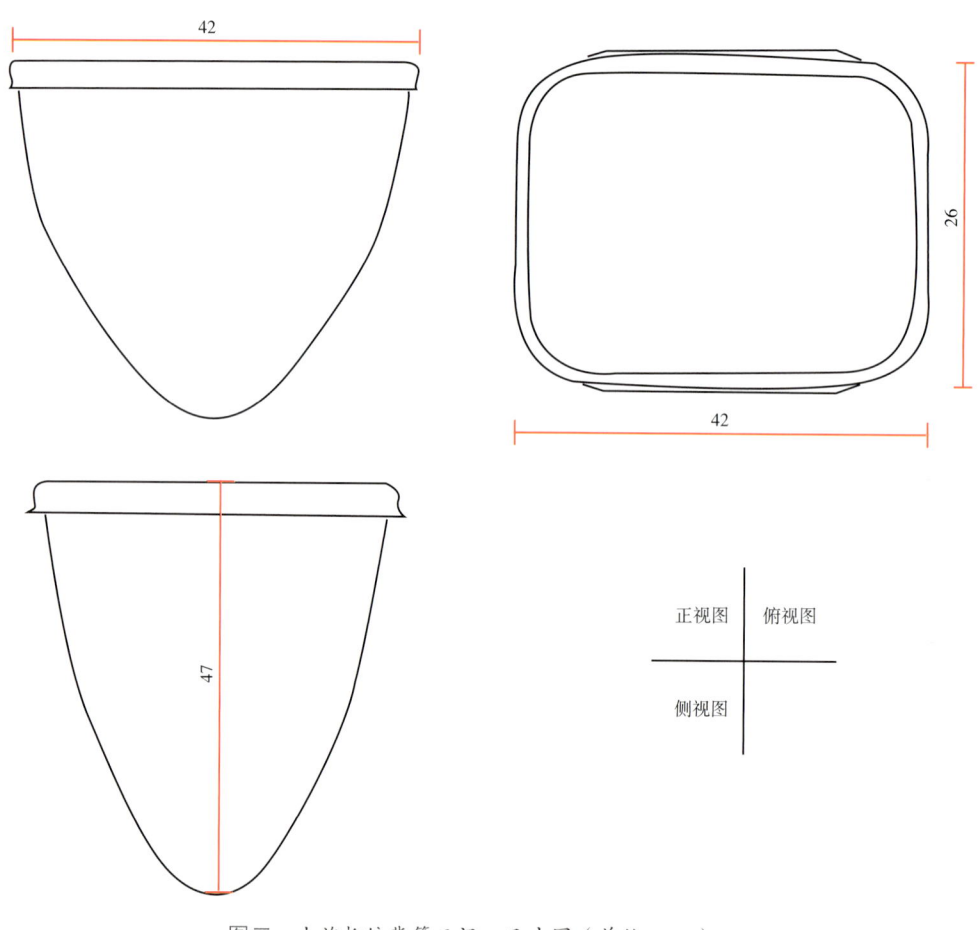

图二　土族柳编背篓三视、尺寸图（单位：cm）

图三　土族柳编背篓结构名称图

图四　土族柳编背篓使用情境图

第五章　土族传统生产工具

土族推耙

图一　土族推耙主图

土族推耙，插齿为铁制，后部为光滑的木质把手。一般是六齿，由三根弯曲的粗铁条组成，总头部长约40厘米，宽约为30厘米，推耙总长为180厘米。使用者双手一前一后握住手把利用杠杆原理翻物，把耙举过头先往后，再往前甩，铁齿由于甩劲插入所需翻动的粪草等物中，然后向后拉耙，把粪草翻松，在使用过程中耗费极大的体力。推耙常常被用以扯田坎杂草，抓牛粪等，春耕时节，土族人民将小粪堆用铁锨均匀扬撒，紧接着深耕翻地。平常其也可作归拢或散开谷物、柴草或平整土地的功用。

推耙柄头为木制圆杆柄，该圆杆柄中心位于耙体对称中心线上，其下端与耙体连接的部分均匀散开。圆杆柄施加到耙体上的作用力，从耙体中心线均匀分散，操作顺畅，使用方便，且连续强度好，不易损坏。

在漫长的发展进程中，土族人民形成了

一套自己特有的农业生产方式，但是犁、铁锨、铁锄、推耙等生产工具仍然与汉族相似。

改革开放以来，传统的农业耕作方式发生了巨大的变化，新式工具逐渐取代旧的生产工具，农业生产的现代化水平和机械化程度大幅提高。（康棣）

图片来源

图一至图三、图五　高鹏杰　制图

图四　高鹏杰、徐常乐　制图

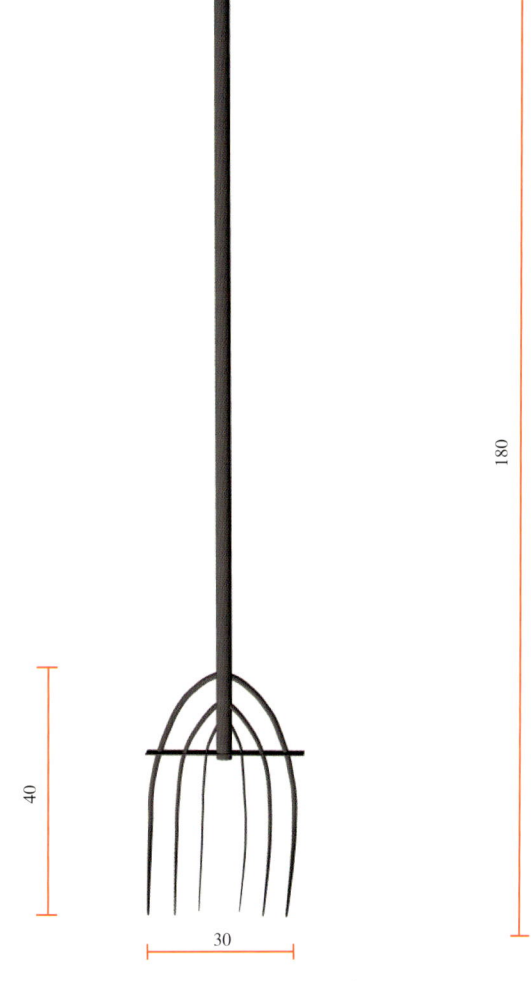

图二　土族推耙尺寸图（单位：cm）

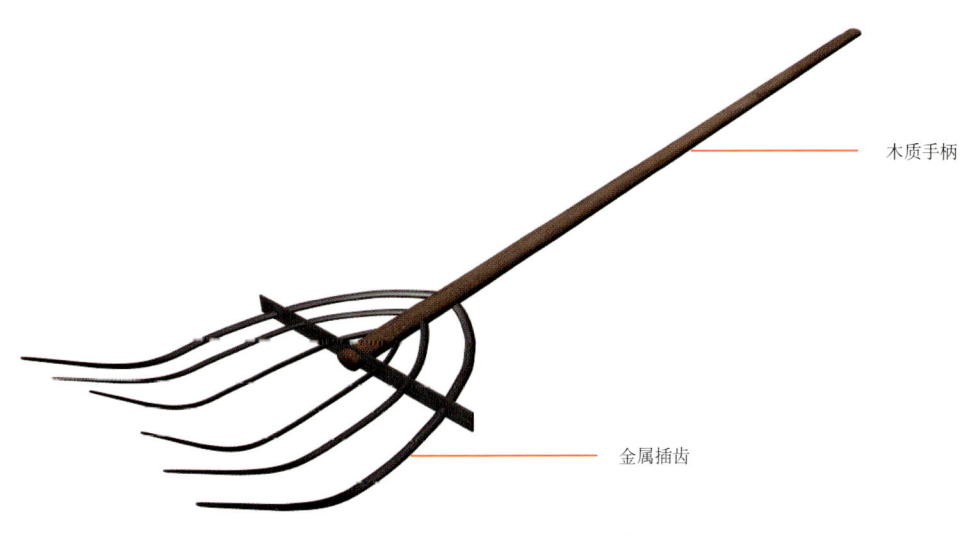

图三　土族推耙结构名称图

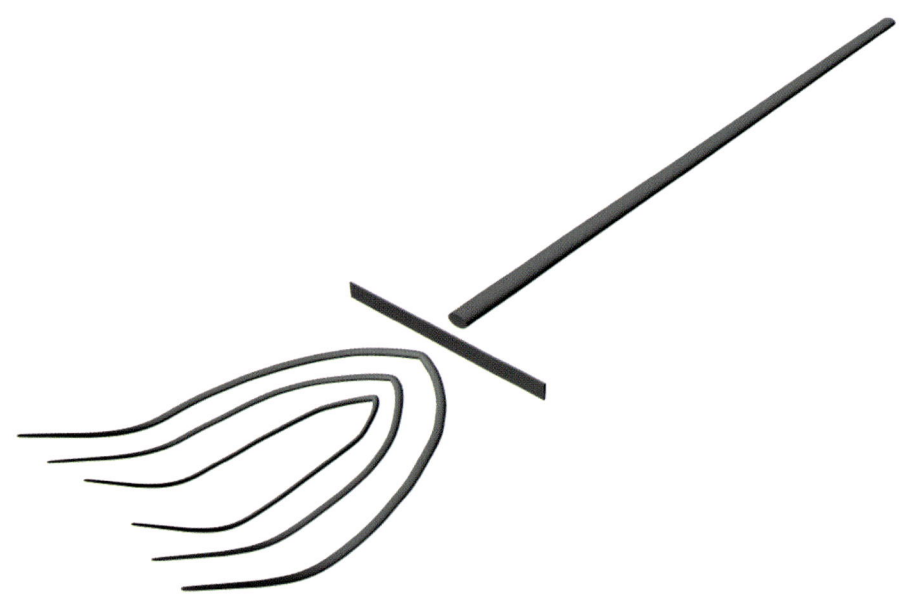

图四 土族推耙模型解析图

图五 土族推耙使用情境图

土族木质钉耙

图一 土族木质钉耙主图

耙曾是农家必备农具之一，有铁齿和木齿两大类。铁齿钉耙，耙齿锋利，可具攻杀性，兼有兵器与农具双重功能，成为冷兵器时代军中最利武器之一。周代已使用耙形铁器，明代则将耙作为兵器使用。该器械多尖、多刃、多叉，其主要击法有穿、戳、插等。木齿钉耙则主要用于农业生产。

土族木质钉耙由木把、耙头组成，耙头为木质、齿状。耙齿断面通常设计为方形、菱形和刀形耙齿。柄长，其头部削尖，榫卯于耙头断面中部。耙头断面长约72厘米，木把长为147厘米。钉耙作为农具，其使用范围极其广泛，多用于平地碎土、耙土、耙堆肥、耙草、平整菜园，此外，也可用于覆盖撒播的种子和肥料，苗期除草、疏苗、归拢或散开谷物、柴草等等。其作为耙土农具对土壤表层进行耕作，耕作深度通常15厘米左右，在犁耕后播种前或早春时节进行土地平整，破碎地表的土块以减少水分蒸发，有疏松土壤、保蓄水分、提高土温等作用。翻地时，农民手握木把一端，耙举过头先往后，然后往前甩动，木齿由于甩劲插入泥土，并向后拉动钉耙，把土翻松，即可完成碎土过程。

如今随着现代工具的广泛使用，许多传统农具都已经逐渐退出历史舞台，但这种木质钉耙由于其构造简洁，操作轻便灵活，还作为土族人们喜爱的劳动工具而被广泛使

用，现今仍保留着它强大的实用价值。（沈雅楠）

图片来源
图一　王元杰　摄影
图二、图三　王元杰　制图

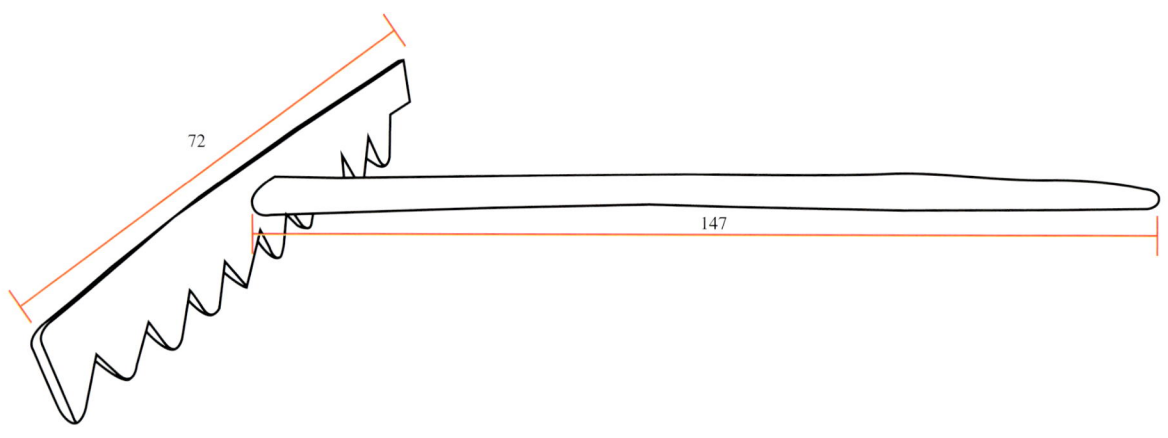

图二　土族木质钉耙尺寸图（单位：cm）

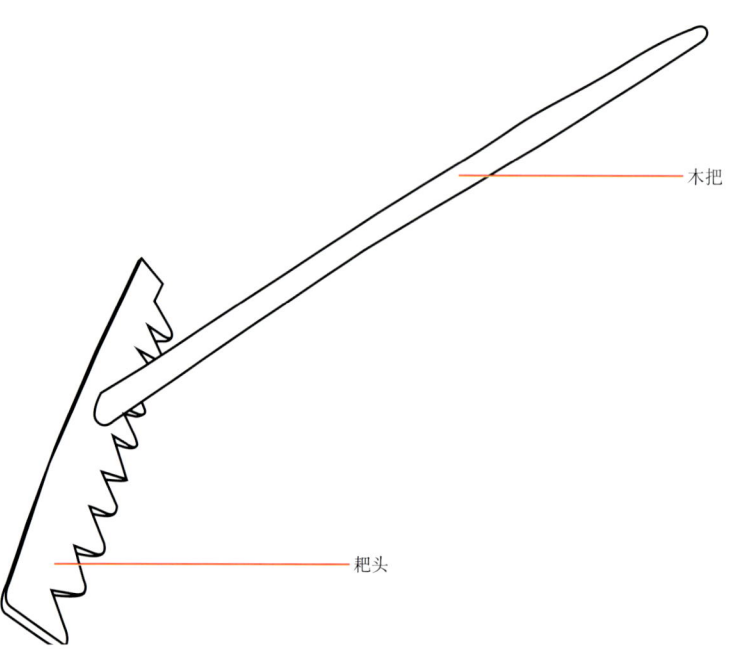

图三　土族木质钉耙结构名称图

土族木铲

图一 土族木铲主图

土族发展到今天,也有了一套完整的农牧业体系,农用工具也有了长足的发展。今天的农业工具已经实现半机械半自动化,而在民居家中,仍然能见到土族先民们流传下来的工具工艺。

土族农用工具木铲,外形依旧保留了原始造型的风格。此木铲由一根整体树干制成,前端铲头扁平以便铲起土块、麦穗等物体,上端铲柄稍长,也呈扁平长条状,以便使用者发力。木铲周身刷有黑色油漆,防止木屑扎手。整个造型古朴简单,没有多余的装饰纹样,外部已脱落油漆的木头显示出深深的沧桑感。

土族先民凭借着勤劳智慧创建了属于自己的历史。经历了几千年的发展,从原始部落到明清时期,土族已从主要从事畜牧经济的民族,通过吸收融合,发展成了以农业耕作为主,同时也从事畜牧业和手工业的民族。由于当时农业基础好,加上周围汉族先进的耕作技术的不断传入,促进了土族农业经济及与之相伴随的手工业的发展。直到今天,土族已经成为发展中的少数民族,由自

给自足的小农经济生产方式演变成为较为先进的半机械半自动化生产方式。（康棣）

图片来源
图一　王元杰　摄影
图二至图四　王元杰　制图

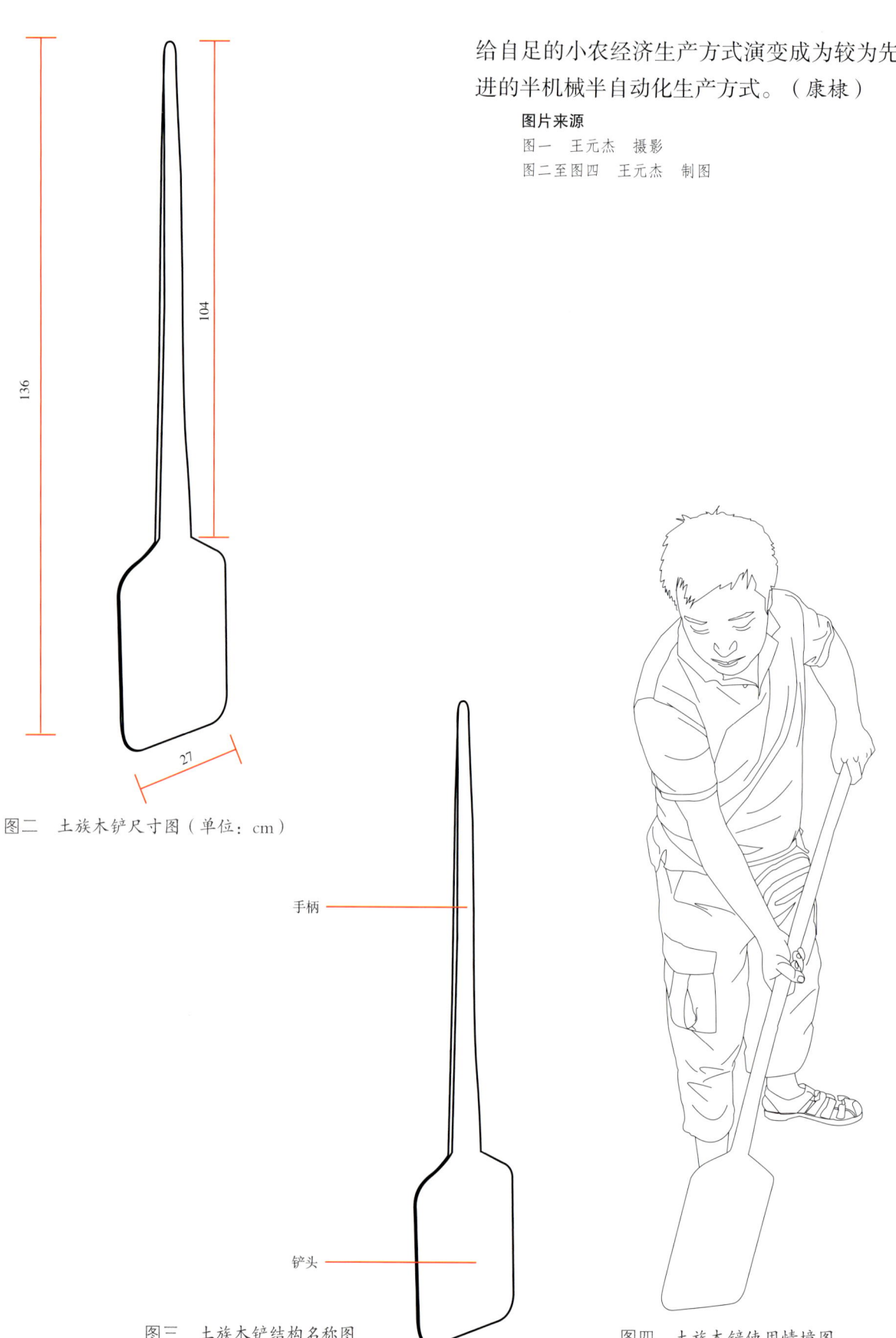

图二　土族木铲尺寸图（单位：cm）

图三　土族木铲结构名称图

图四　土族木铲使用情境图

土族撒种盒

图一　土族撒种盒主图

土族撒种盒为长方体结构，长24厘米，宽18厘米，高15厘米，由五块木板钉凑而成，盒体侧面两端1/2处连接一根长柄，以榫卯的形式固定，方便拿握。该木盒多采用香樟木、杉木制作而成，可以抑菌、杀虫、防虫害。该木盒作为一种存放、播撒种子的器具，得到广泛的使用。使用时在盒身上系一根长绳，从肩部穿过腋下，斜挂在脖子处，解放了双手的同时使农民在撒种的过程中更加省力省时。

木盒的制作过程也颇为讲究，看似简单朴素的造型却体现了土族人民伟大的智慧。首先，将木材加工成厚薄一样的板材，板面要光滑，然后划样锯板，以榫卯拼接的方式将木板边缘切割为类似拼图一样的凹凸槽，以巧妙的方式拼接固定。

其次，处理好的木板还需要再次打磨，然后涂上泥子，经过一天后再进行二次打磨，如不平整再涂再打磨，如此反复直到表面完全光滑为止。

最后就是上底漆，待底漆完全干透后用600号的水砂纸进行打磨，再次上漆后二次打磨需要使用800号的水砂纸，直到手感光滑。然后刷面漆，应当薄而均匀。过一个星期后便算完成了。这种木盒因用来存放播撒用的种子，故盒子里面可不刷漆，表面刷匀即可，能够防水防潮，使木盒更加的坚固耐用，延长木盒的使用寿命。

木制家具的制作和使用可以说是土族人民悠久灿烂的艺术文化中的一颗璀璨明珠，它充分发挥着它的使用价值，凝集着土族人民的艺术和智慧，同时反映了土族人民的审美情趣、生活习俗、科学技术以及物质的发展水平。（黄冉）

图片来源
图一、图四　徐常乐　制图
图二、图三　高鹏杰　制图

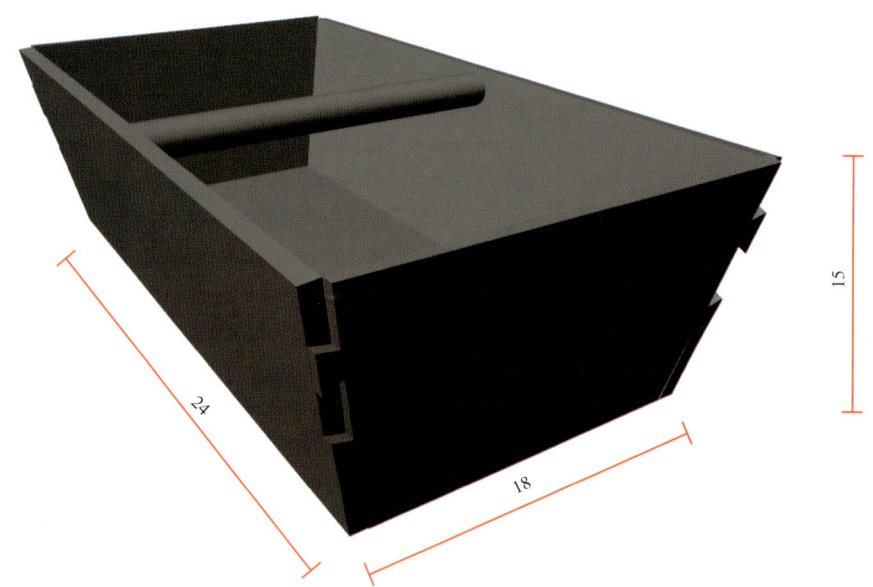

图二 土族撒种盒尺寸图（单位：cm）

将盒内的种子向外抛撒，以达到均匀的播种目的

图三 土族撒种盒使用情境图

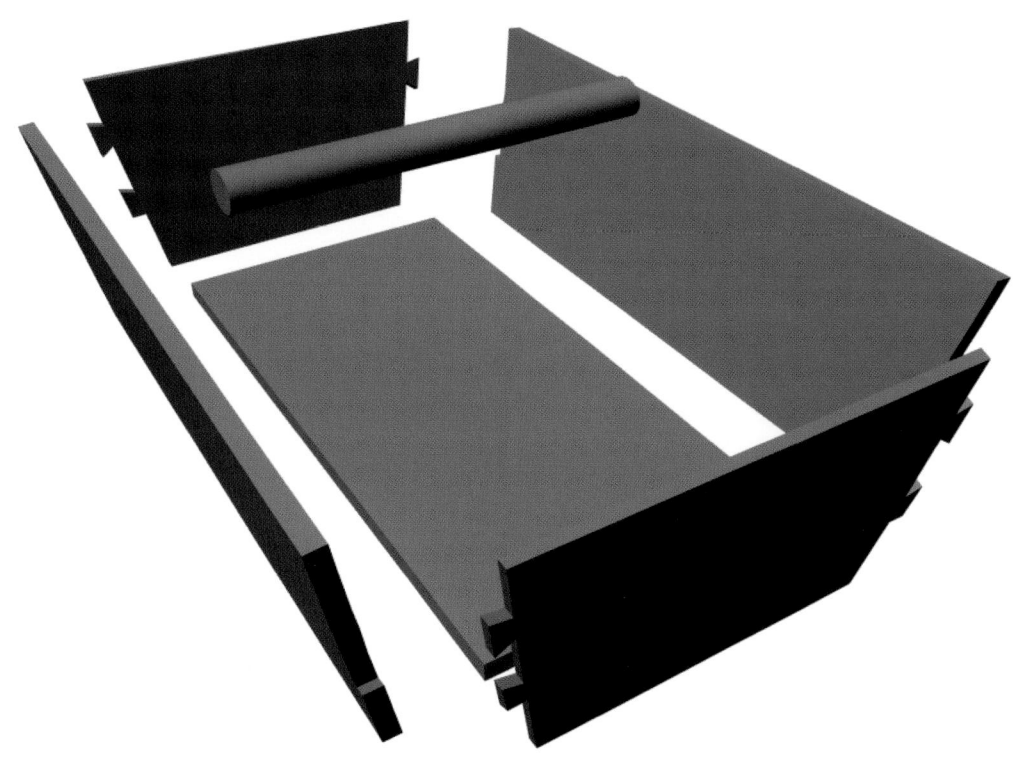

图四 土族撒种盒模型解析图

土族筛（箩）

图一 土族筛（箩）主图

土族先民为游牧民族，世世代代生活在草原上。他们不断迁徙，一直来到青海湖畔才算定居下来，伴随着他们一起保留下来的还有祖祖辈辈养成的生活习惯。身处高原干旱地区，土族人民食用的粮食主要以青稞、小麦、大麦、玉米等为主。前期的加工过程中就需要这件工具——筛（箩）。

这是一种用竹条编制成的器具，用来将粉状或颗粒状物过滤以起到分离的作用。整个筛呈椭圆形，中间凹陷，来盛放粮食，竹条相互之间稍留有空隙，使得细小的米糠等从缝隙中穿过。秋收之后，每一个土族民宅前都会堆起高高的谷堆，代表着丰收的季节。在机械技术还不那么发达的当时，每一片谷皮、每一粒米都是土族妇女用双手处理的。她们将晒干的谷子装入筛中，用力地摇晃筛子，使米和糠分离，筛子中留下的是收获的果实，而外壳则随着缝隙掉落。有时，土族妇女会将盛着谷粒的筛高高扬起，让吹来的风将外壳吹走，落下的谷子则落回筛（箩）中。

筛（箩）不仅仅是秋收季节的重要工

具，平日里也放置在土族人民家中的炕头、餐桌边。他们将清洗干净的筛（箩）用作收纳筐，平日里的剪子针线这些小物件都放在里面，顺手拿用，十分方便。作为日常工具，筛（箩）甚至出现在土族民歌里。土族民歌《哭嫁歌·骂媒人》中就有记载："花言巧语你有几箩斗，不愁银钱不到手。好比我家的饿嘴狗，东头吃了西头走。"土族人民的生活劳动并不是枯燥乏味的，他们将艺术与生活相结合，逐渐形成了自己的文化传统，传承至今。（康棣）

图片来源

图一、图三、图六、图七、图九　王元杰　摄影

图二、图四、图五、图八　王元杰　制图

图二　土族筛（箩）尺寸图（单位：cm）

图三　土族筛（箩）制作流程图

图四　土族筛（箩）编织方法示意图1

图五　土族筛（箩）编织方法示意图2

图六　土族筛（箩）制作工艺图

正面

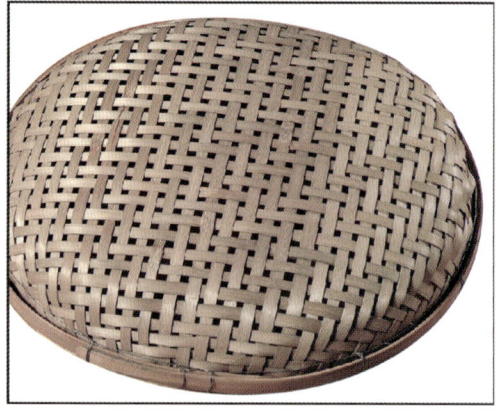

反面

图七　土族筛（箩）效果示意图

捕鸟

养蚕

晒茶

盛物

图八 土族筛（箩）使用情境图

图九 土族筛（箩）场景效果图

第五章 土族传统生产工具

土族织布机

图一 土族织布机主图

土族织布机是一种采用纤维材料（如毛、棉、麻、丝等）为原料，以人工机械的方式传动，通过直角交织两组或多组纱线形成织物的木制机械设备。该织器长约160厘米，宽约60厘米，高约180厘米，由十多根木棍以榫卯的相接手法搭造而成，侧面呈"6"字形，主要由开口机构、引纬机构、打纬机构、卷取机构、送经机构等相应构成。

织布机开口机构，功能是将经线上下分开从而形成梭口，种类有凸轮（踏盘）开口机构、多臂开口机构和提花开口机构等。踏盘开口机构，凸轮按一定的顺序控制综框的升降，用于纺织平纹、斜纹、缎纹和灯芯绒等织物。多臂开口机构则由拉刀、拉钩、提综杆等控制提升综框，再由花筒、纹钉、纹板、重尾杆控制综框有序升降。提花开口机构由提刀、直针、综线等升降经线，经线可单独升降，由花筒、纹板、横针等控制经线

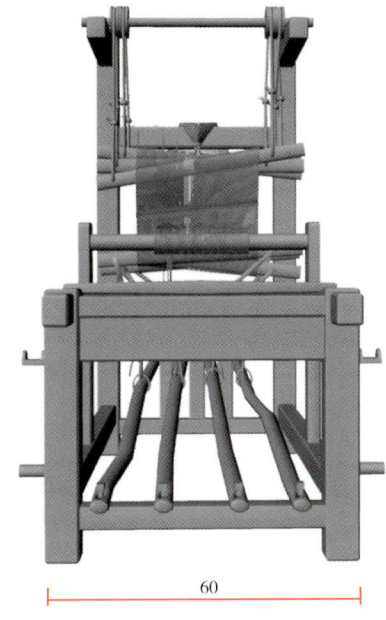
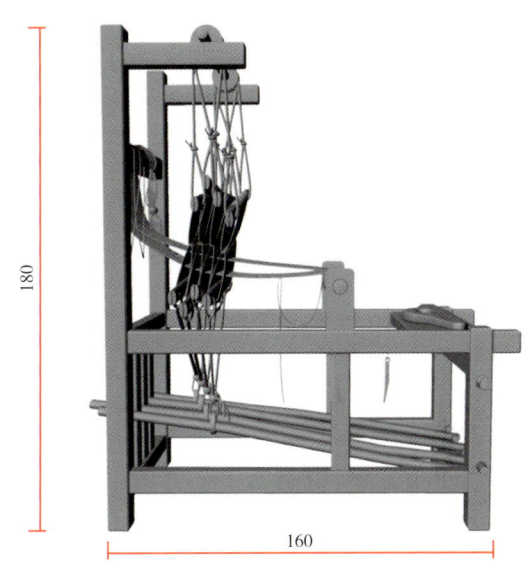
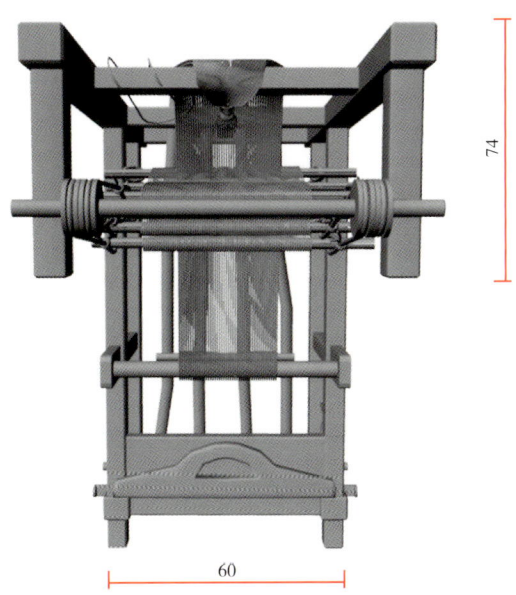

图二　土族织布机尺寸、视角图（单位：cm）

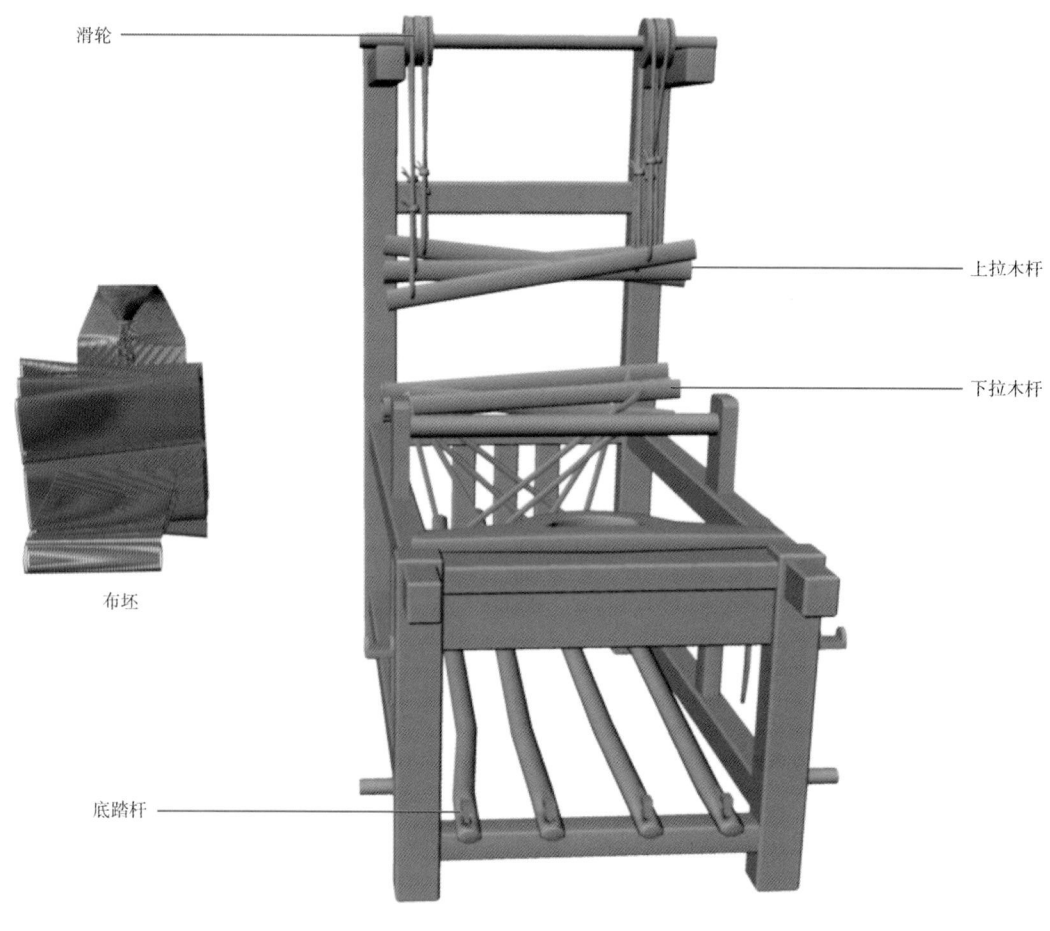

滑轮

上拉木杆

下拉木杆

布坯

底踏杆

机本体

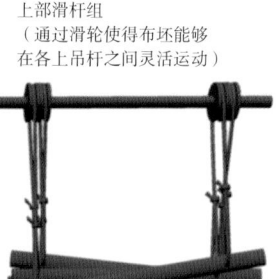

上部滑杆组
（通过滑轮使得布坯能够
在各上吊杆之间灵活运动）

下部滑杆组
（通过底杆的力量使得布匹
最终成型）

图三　土族织布机结构名称图

图四　土族织布机操作示意图

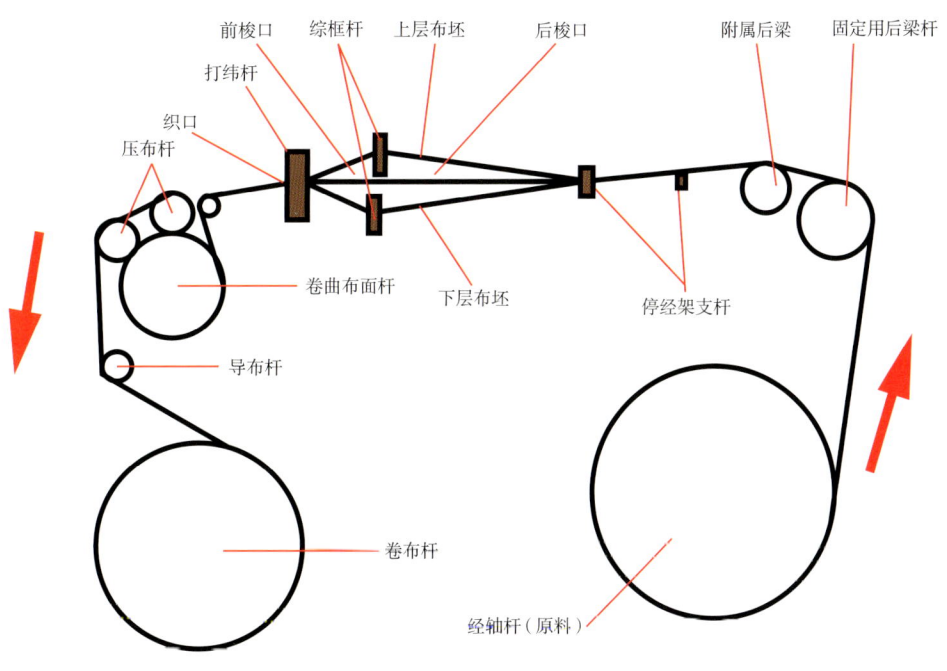

图五　土族织布机操作原理图

第五章　土族传统生产工具

279

升降次序，通常用以织造大花纹织物，如提花毛毯、提花锦缎等。

用以将纬线引入梭口的装置叫作引纬机构。由投梭机构打击梭子，梭子将纬线引入梭口，梭子有上投梭、中投梭和下投梭三种。

打纬机构是将引入梭口的纬纱推向织口的机构。可分为连杆打纬机构和共轭凸轮打纬机构。连杆打纬机构是用曲柄、连杆传动筘座上的筘，做前后运动进行打纬；共轭凸轮打纬机构是由共轭凸轮传动筘座上的筘做前后运动完成打纬工序。

使织物构成规定纬密后，引离后卷到布辊上，需用卷取机构。通过调换齿轮的方法改变织物的纬纱密度。

根据织造需要，送出经线的机构叫作送经机构，由织轴上经线送出装置和经线张力调节装置两部分组成。要求经线上机张力适当，保持经线张力，不随织轴直径的改变而不稳定波动。

除五种基本织机机构外，还配置有各种辅助装置，目的是提高织机的效率，从而提高织物数量和质量，降低纺织操作劳动强度，也为了防止零件的损坏，保护操作者的安全等。

织机对改进织物和提高产布的效率可谓成效显著，大大地提高了土族人民的生产生活水平，是土族人民辛劳与智慧的结晶。

（罗德艳）

图片来源
图一、图七　高鹏杰　摄影
图二、图三　高鹏杰、徐常乐　制图
图四至图六　高鹏杰　制图

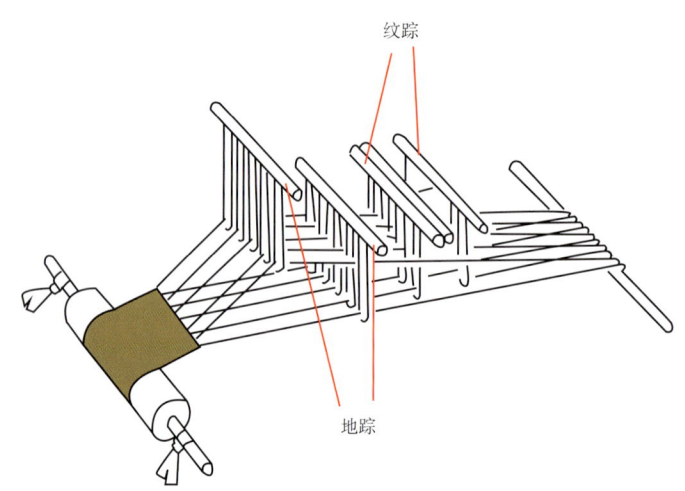

图六　土族织布机成布示意图

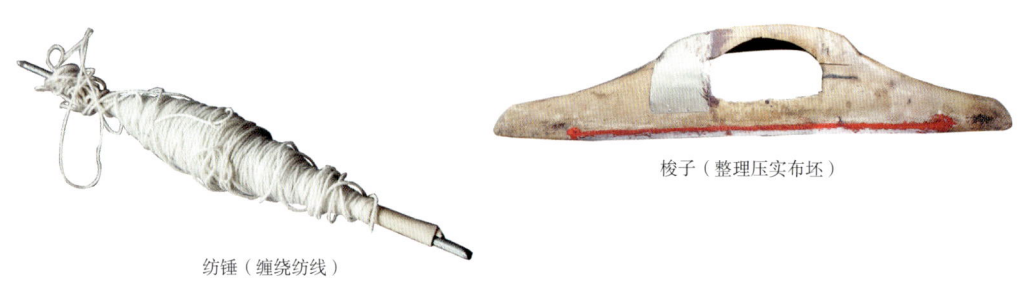

图七　土族织布机辅助工具图

土族木槌

图一　土族木槌主图

土族木槌整体由两部分组成：前端即主体部分是一个直径约5厘米、高约34厘米的近似圆柱体，后部把手部分是长约154厘米的木棍。主体圆柱高二分之一处凿有一榫眼，可将把手与其拼接完成。使用时手握把手，运用杠杆原理进行施力，使前端主体圆柱的底面与物体接触。

在今天的土族村庄里，仍然能看到保存完好的古老农具。图中所示的简易木槌，小到钉木桩，大到砸土墙，无时无刻不在土族人民的生活中起着重要的作用。由于土族地处我国较为干旱的西北地区，搭建房屋不是用水泥瓷砖等，而是筑造干打垒（即将黏土填入两块固定的木板之间，压实定型。取走木板之后待黏土干透，外面糊上草泥）。在这个过程中需要使用木槌将大块黏土捶打至细化。

土族农民们居住的屋宇庭院、身上穿戴的服装首饰，皆出自他们勤劳的双手，所以简易工具对他们来说是必不可少的。近年来，现代化工具逐渐走进土族人民的家中，但是自制简易工具仍然保存至今。（康棣）

图片来源
图一　王元杰　摄影
图二、图三　王元杰　制图

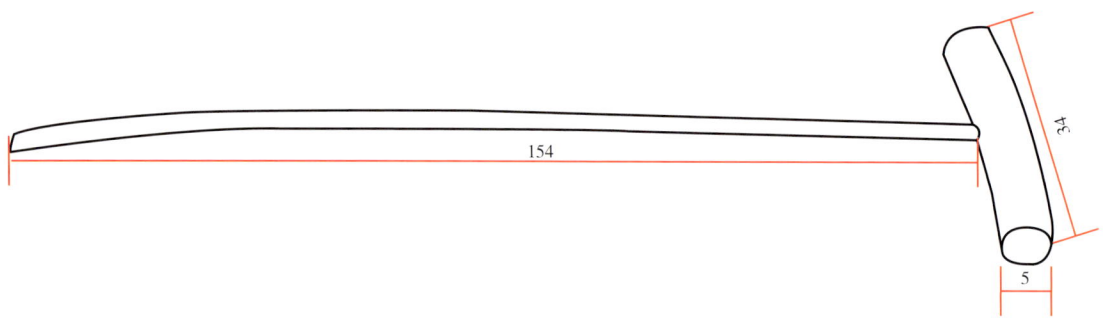

图二　土族木槌尺寸图（单位：cm）

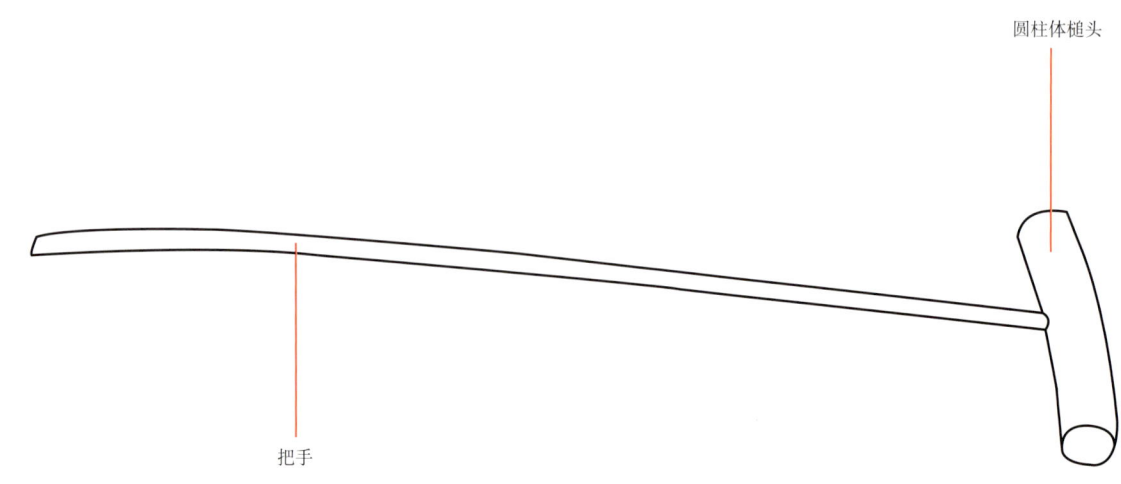

图三　土族木槌结构名称图

土族手拉风箱

图一 土族手拉风箱主图 1

风箱，是中国在鼓风技术史上最为重要的发明，其制作原理可追溯至战国时代，战国时期称之为橐（亦称橐龠tuó yuè），是一种鼓风器。

土族手拉风箱为木质助燃器具，用于鼓火助燃，俗称"风匣"。风匣由箱体、堵风板、风舌、推拉杆、出风嘴等部件组装而成，常放置于炉灶旁，故又称其为炉灶风箱。其原理为：利用压缩空气而产生的气流来获取风力，使得炉火旺盛便于烹饪。

箱体由木板组成，四周挡板与底板榫卯相套装，其为长方体构造，长约80厘米，宽20厘米，高45厘米。顶板为活动盖板，缝隙黏糊密封；前后两挡板下端各有口，称之进风口；上部紧贴内壁凸起而出，各用一小木条作架，上方两端自带木转轴活动木板做成风舌；前挡板中部凿直径寸余圆孔两个，作推拉杆孔；推拉杆为两根实心圆木，一端穿过风箱推拉杆孔，榫安于堵风板的卯孔，另一端外露于风箱，头部榫卯安装一长约30厘米、直径约5厘米的圆柱手拉柄，整体呈"Ⅱ"字形；左挡板下边紧接底板处，另镂方形风孔。前后各留进风口，中间装置活动舌板，活动于外壁凸嘴中部，推拉皆有风鼓出，嘴内有一方透孔，边长寸许，前接灶底风道，后通风箱内部，称之出风嘴。

风箱通常置于灶台右侧，垫砖架空离地，以防潮湿，顶部覆盖稍大薄石板或木板，既可稳住风箱，亦可防其湿水。风箱前后各有两孔，并有两片活动风舌，出风嘴对准灶台下方进风道。一人蹲坐，双手抓握推拉杆手柄，拉开，从风箱一头吸入空气，另一头则排出空气；推进，一侧空气吸入，另一侧空气则排出，循环运动方可挤压成风，而后经风道吹入炉底，使得火力强劲，助于烹饪，亦能炼铁、喷射液体。风箱，作为鼓风工具，现已逐渐退出历史舞台，不过在部分地区还仍旧保留其踪迹，本案例也是我国鼓风技术逐步走向成熟的一个历史印记。

（沈雅楠）

图片来源
图一、图二、图六　王元杰　摄影
图三至图五、图七、图八　王元杰　制图

图二　土族手拉风箱主图2

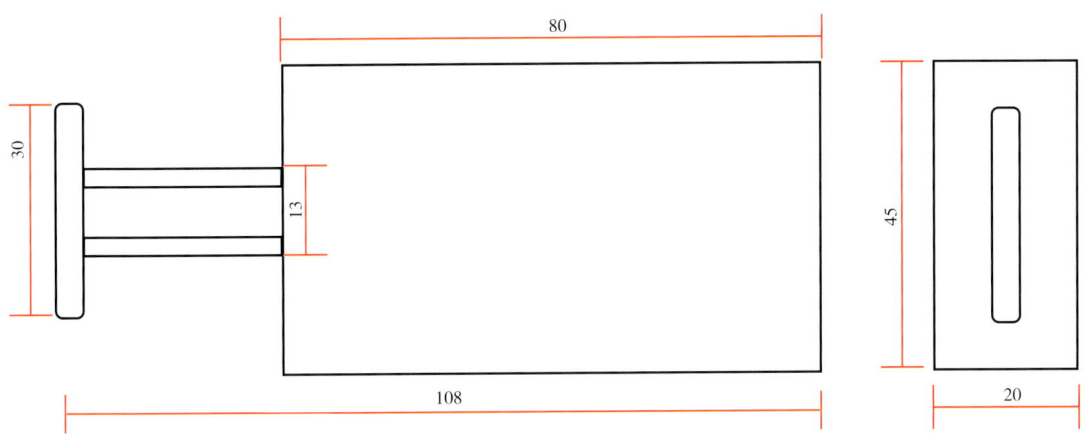

图三　土族手拉风箱尺寸图（单位：cm）

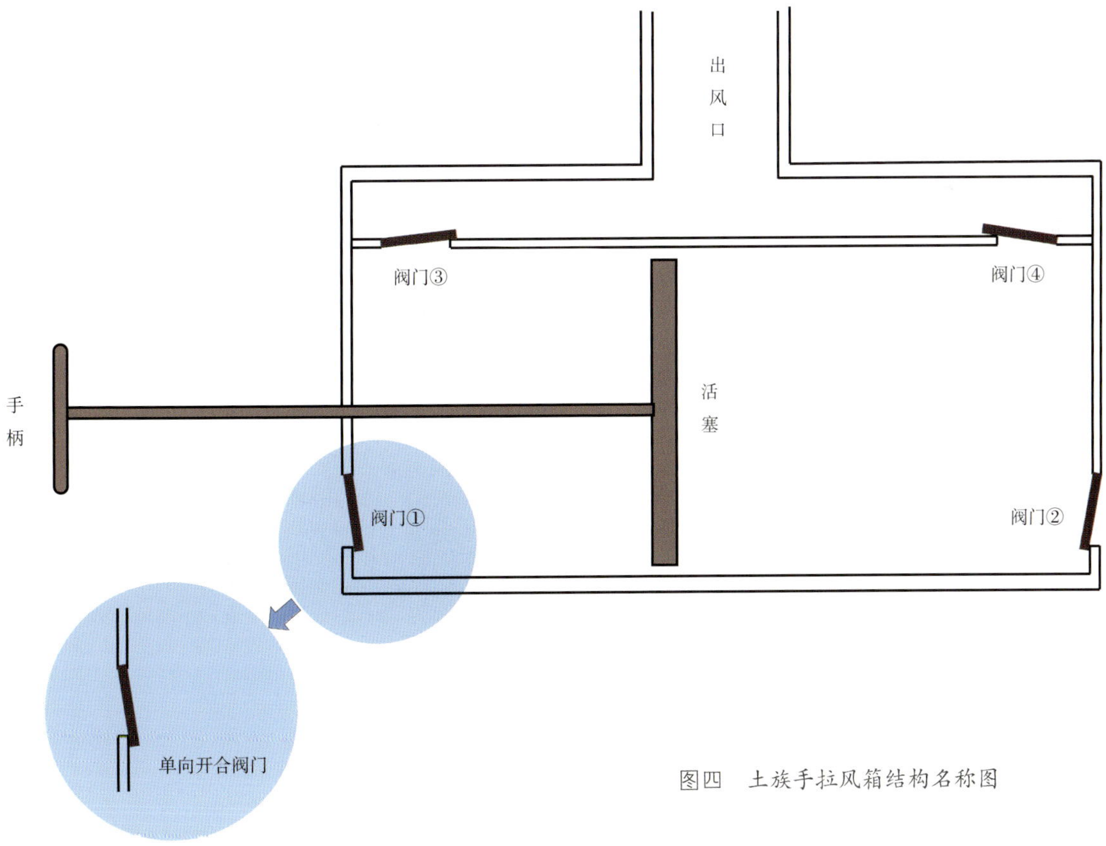

图四　土族手拉风箱结构名称图

第五章　土族传统生产工具

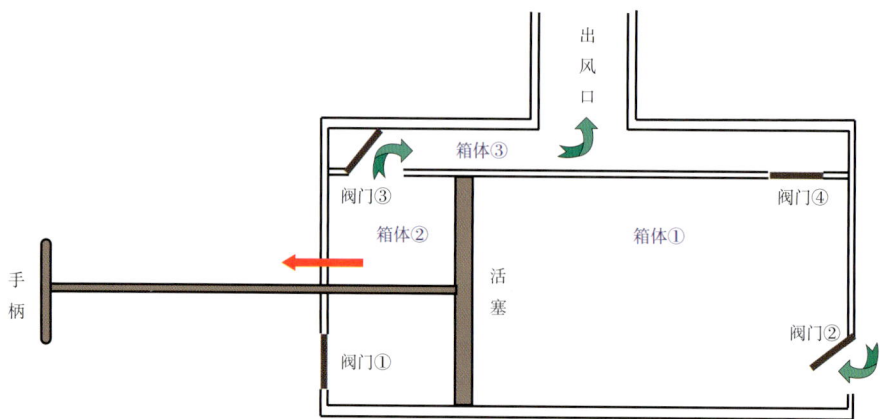

向外拉动手柄时，阀门②向内打开，外部空气进入箱体①；同时，箱体②内的空气受到活塞挤压，顶开阀门③，经由箱体③由出风口进入灶台

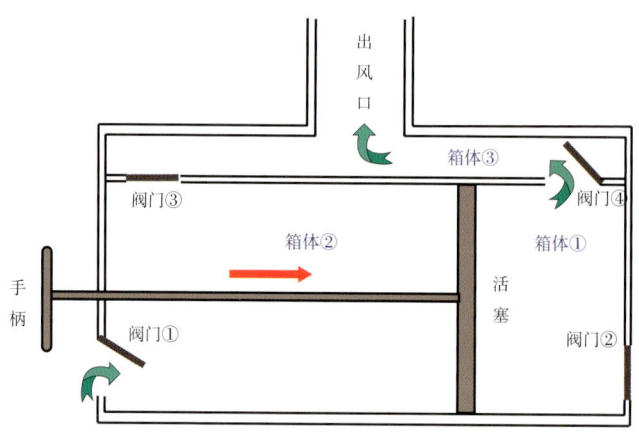

向内推动手柄时，阀门②闭合，箱体①内的空气将阀门④推开，经由箱体③到达出风口；同时，外部空气推开阀门①，进入箱体②

图五　土族手拉风箱操作原理图

图六　土族手拉风箱侧面风口细节图

图七 土族手拉风箱使用情境图

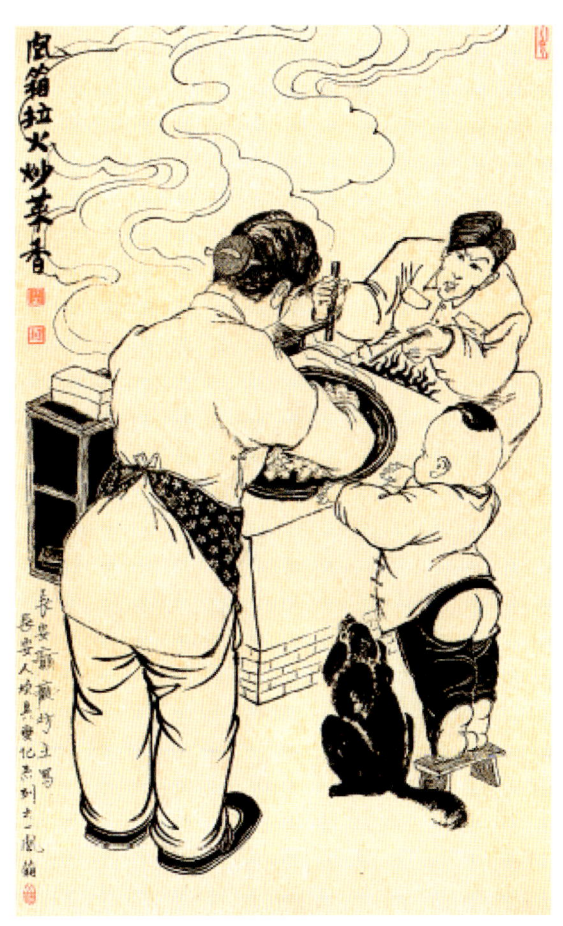

图八 土族手拉风箱效果示意图

第五章 土族传统生产工具

287

第六章 土族传统手工艺

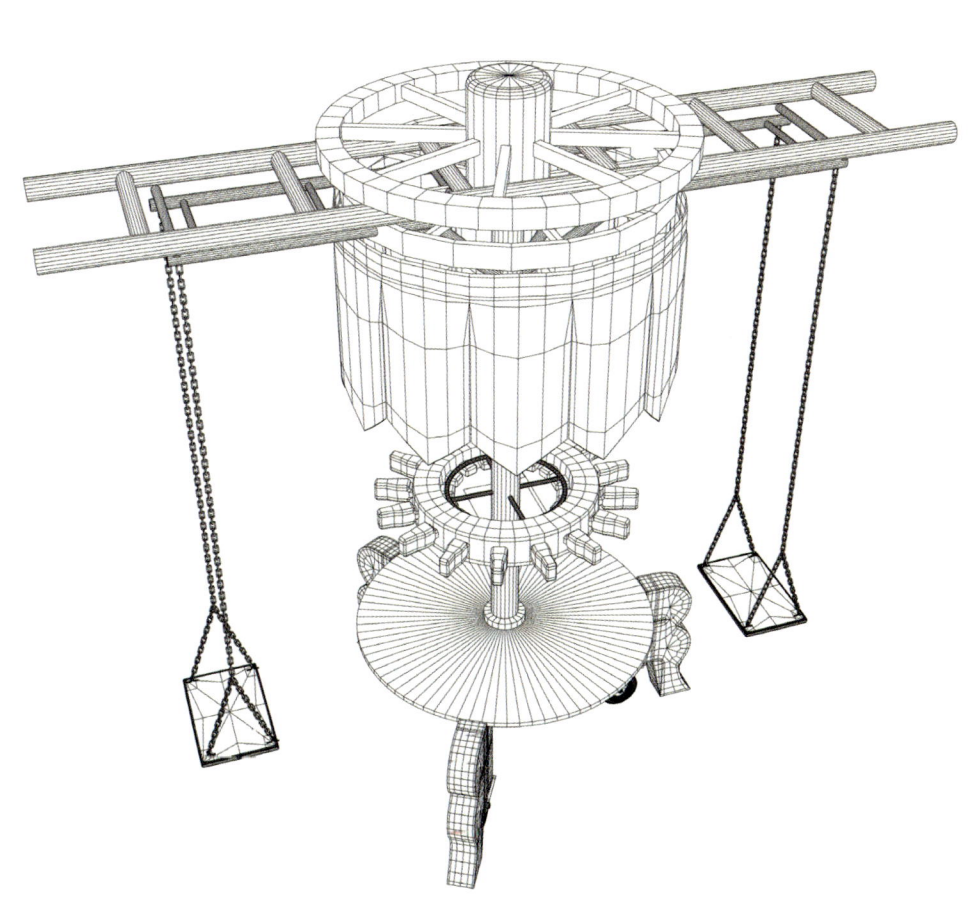

土族盘绣纹样

图一　土族盘绣太阳花主图

土族盘绣纹样采自青海互助土族自治县文化馆。土族绣品中，盘绣是最主要且富有特色的绣法，蕴含着土族文化古老而深刻的内涵。土族妇女世世代代传承着这种古老传统的民族盘绣工艺，她们技艺高超，做工精湛，巧夺天工。

盘绣具有浓郁的民族气息，其题材广泛，内容丰富，主要表现在对服饰的精心装饰上，涵盖头饰、衣领、衣胸、辫筒、腰带、围肚、鞋袜以及枕巾、荷包、烟袋、背包等。

盘绣选料极为考究，常以黑色纯棉布或丝绸作底料，再选面料贴上。盘绣也属于丝线绣，常用有红、黄、绿、蓝、紫、白、桂红等七色绣线，绣品往往七色皆具，然配色和谐，视觉效果鲜艳夺目。

盘绣的针法具有民族特色，操作时配两根色彩相同的线，一用作盘线，另一用作缝线。盘绣直接用双手操作，不用绷框，操作者左手拿布料，右手提针，盘线挂在右胸，缝线则穿在针眼上。上盘下缝，一针二线，看似费工费料，然成品厚实华丽，经久耐用。其图案具有浓郁的土族风情，以吉祥驱邪为主题，内容包括法轮、太极图、梅花、神仙、魁子、云纹、菱纹、雀儿头、富贵不断头、历史人物、佛像等几十种风格独特的样式。

目前，土族盘绣常常以"太阳花"图案为主，绣品为正方形，边长为22厘米。绣品图案是由太阳花、樱子花、阴阳鱼相组合的单独纹样，四角绣有叶子纹饰，内部为小花朵图案，外部绣有大花朵图案，颜色由深入浅，中心为圆形太极图。

传承千年的土族盘绣，其传统传承方式以母传女为主，今天亦在姊妹、妯娌、婆媳间传承乃至非亲属关系的师徒之间传承，其文化与艺术的价值值得重视。土族盘绣追求色彩缤纷，图案鲜明，在形、色、质、意、趣、知等诸多方面体现了本民族的审美态度和价值判断，弘扬了土族"天地有大美而不言"的热烈沉厚的文化取向。（沈雅楠）

图片来源
图一、图五、图六、图七　王元杰　摄影
图二、图三、图四　王元杰　制图

图二　土族盘绣太阳花尺寸图（单位：cm）

图三 土族盘绣太阳花纹样分析图

正方形外边框
外部大花朵图案
中心为圆形太极图案
四角为叶子纹饰
内部小花朵图案

图四 土族盘绣太阳花色彩分析图

292

图五 土族盘绣其他常见图案

图六 土族盘绣延展图

图七 土族盘绣效果示意图

土族羊皮梆梆舞手鼓

图一　土族羊皮梆梆舞手鼓主图

土族羊皮梆梆舞手鼓中"梆梆"土族念"biangbiang"。梆梆舞手鼓是土族一种带有萨满意味祭祀活动"梆梆会"的重要法器。"梆梆会"是土族最具影响的传统宗教节日之一，因木棍敲击鼓面，发出"梆梆"声而得名。手鼓的主体部分是蒙着羊皮的团扇形鼓面，手握部分是铁质的，为了更方便手握，上面缠绕着五色彩布，下端焊接着三个圆环，每个圆环上各穿着三个有孔圆形铁片，随着梆梆舞的节奏，敲击鼓面，振动手柄之下的圆环和铁片，发出"哗啷、哗啷"的声音，显出梆梆舞的神秘。鼓面的鼓边厚2.5厘米，鼓柄长13厘米，铁环部分长8厘米，最宽处达11厘米。

梆梆舞是土族人们在安昭舞会上所表演的带有萨满意味的舞蹈，其具体的起源年代已难以确定，据传在明朝万历年间兴起。"梆梆会"在每年的农历二月初二，结合庙会和祭祀一起进行，给土族人所信仰的神灵上香供奉，祈求风调雨顺，出入安康。其主要仪式过程丰富，主要有竖幡、跳神、招魂、放幡、卜卦等等。在神殿前竖10米左右的幡杆，埋地60厘米深，用黄色彩纸剪贴的云纹、水波纹、万字纹、连环套等剪纸花样做成长幡和彩带,上部悬挂于杆头,下端垂落至地。以红枣、花生、水果糖、硬币等制成"粮蛋子",系于幡绳两端。仪式开始,由大法师领班,其余法师手举梆梆法鼓紧随其后,皆身着黑色法衣,在法衣之外还套有对襟红底绣花长袍,头戴黑色法冠,随着鼓声念诵咒语并齐跳法舞,通常长达两三个小时。

"梆梆会"如今已演化为群众文体娱乐或商贸交流类民间综合性活动,萨满宗教色彩已大为减弱了。作为土族人民的一种民俗活动,现已被列入青海省非物质文化遗产。

"梆梆舞"在土族人民的精神世界中占有重要的地位,是精神生活中不可替代的要素。土族的"梆梆会"作为土族民俗文化的一种活的形态,是土族精神文化的象征,是土族人民在世代繁衍生息中积淀而形成的,具有浓郁的民族特色和地方特色。(王政)

图片来源
图一　王元杰　摄影
图二至图六　王元杰　制图

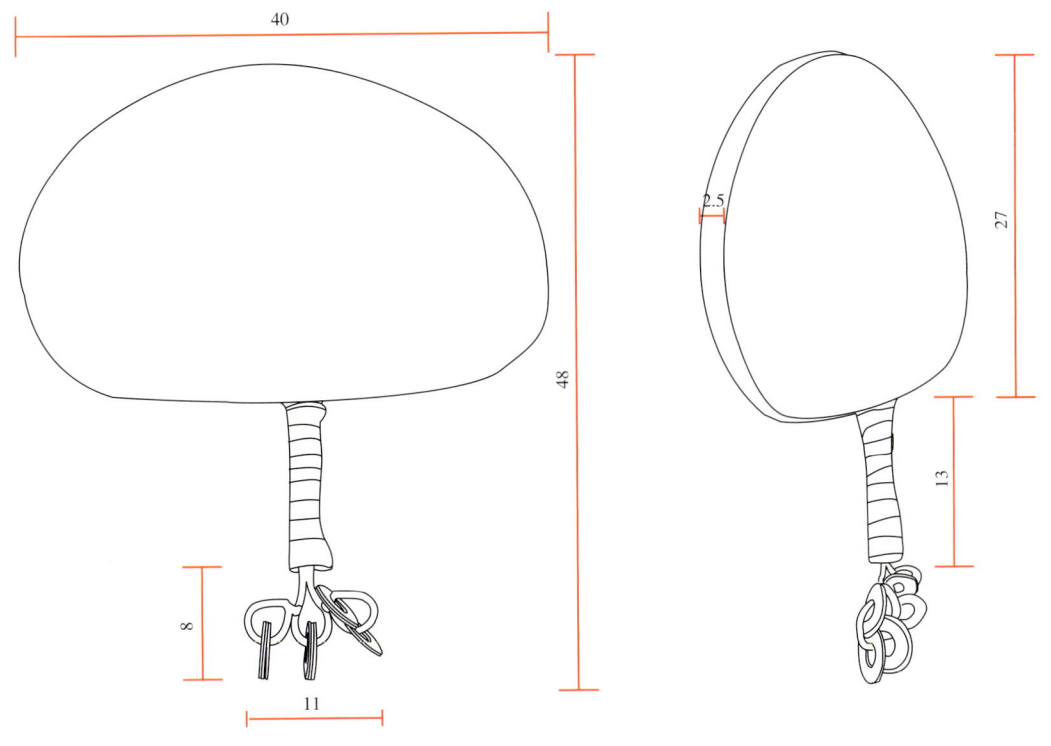

图一　土族羊皮梆梆舞手鼓尺寸图(单位:cm)

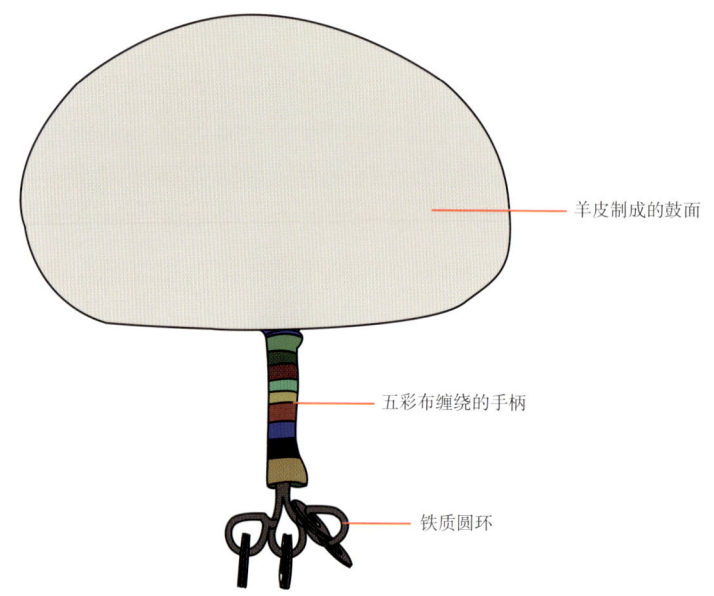

图三　土族羊皮梆梆舞手鼓结构名称图

- 羊皮制成的鼓面
- 五彩布缠绕的手柄
- 铁质圆环

底部主要由两部分组成

三个相互连接的水滴形铁环

厚度约0.5厘米的圆环形铁片

每个水滴形铁环中串有三个圆环铁片

图四　土族羊皮梆梆舞手鼓底部细节分析图

图五 土族羊皮梆梆舞手鼓握持方法

图六 土族羊皮梆梆舞手鼓使用情境图

第六章 土族传统手工艺

民国土族吹奏器及饮水器牛角号杯

图一　民国土族吹奏器及饮水器牛角号杯主图

民国土族吹奏器及饮水器牛角号杯是土族人民的一种吹奏器,也是一种饮水器。其由牛角制成,呈一头紧缩一头开放的形状,其两端上翘成弧形。牛角号杯里呈中空状,两端各有一端口,其小口约为大口的1/5,小口直径约为2厘米,大口直径在11厘米左右,总长为32厘米。作为一种吹奏器,人们小孔端吹奏时发出的声音浑厚缓和且传播悠远,作为土族人们通信联络的讯号,别具民族韵味。作为一种饮水器,使用时手握牛角号杯的中部,在溪水中用大口端抄水饮之,其常与木质筒状水杯构成一套完整的饮水器具组合,水杯以松木、榉木、桦木等常见树木制成。

牛角号杯的制作通常有如下几个工序:首先是选取合适的牛角,其形状美观,有一定的耐久性,且厚薄柔软度适中,方便制作。然后是将采选的牛角置于清水中浸泡数日,使其吃水后柔软并分解消除血腥、异味及杂质;也有直接将牛角放在大锅内煮沸的快速处理法。由于牛角不宜曝晒,过度脱水会导致开裂变形,处理后的牛角必须在背阴处风干方可作为加工材料。紧接着是打磨工序,将牛角号杯内外及端口都打磨平滑,尖部切掉呈孔洞,以便用来吹奏。

牛角是土族常见的工艺加工原材料,象征着土族的一种生产方式和生活行为习惯。较之其他材质,牛角耐磨性、密致性强,因此具有很好的抗腐蚀性能。牛角号杯不但制作简便,成本低廉,而且经久耐用、不易破碎,还易于携带,功能性极强。古代游牧民族将牛角用以制作日常器物有着漫长历史,土族也不例外。土族牛角工艺历史悠久而且"原生态工艺"保存完好。土族传统牛角梳、牛角簪以及各类牛角器皿久负盛名，作为土族传统造物的主要载体之一，体现出土族的民族特色，弥足珍贵。（沈雅楠）

图片来源

图一　王元杰　摄影
图二、图三　王元杰　制图

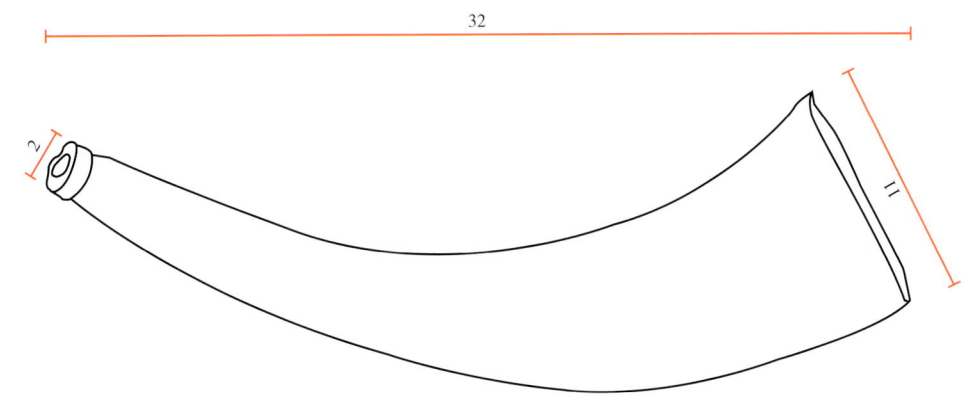

图二　民国土族吹奏器及饮水器牛角号杯尺寸图（单位：cm）

饮水

吹奏

图三　民国土族吹奏器及饮水器牛角号杯使用情境图

现代土族钢制轮子秋

图一　现代土族钢制轮子秋主图

　　现代土族钢制轮子秋又称转轮秋、车轮秋，土族语"卜日热"，意为"旋转""转轮轮"。轮子秋采自青海互助土族自治县，高为350厘米，下面部分是圆形底座，底座上安装3个脚部支架，可以固定在地面，脚部支架内侧各装一个轮子，方便移动。底座正中心安装一根钢管，在钢管1/3处装有木质小转轮，通过推动小转轮使轮子秋旋转。钢管上端装有一个直径120厘米的钢质转轮，上面焊接一个长400厘米的钢质梯子，这是对过去轮子秋的车轮和木梯的模仿。钢质轮盘上挂有绣有文字、花鸟鱼虫、宗教标识的七彩布帘，钢质梯子两边各装有一个秋千，秋千高为270厘米，秋千的踏板为钢质。

　　轮子秋是一项土族传统的体育项目和舞蹈项目，主要流行于青海互助土族自治县各个乡村。关于轮子秋的起源有许多传说，秋收季节以木车运送庄稼，最后一车翻在了谷场中央，但见朝天的车轮上有两个娃娃旋舞，这就是轮子秋原型，凸显了土族人民乐观向上的精神。

　　轮子秋比赛一般在农忙之后和喜庆节日

之时举行。过去，在平整的麦场上，将牛车的车轴连同车轮竖起来，底下的车轮插上碌碡，上面车轮上平直放一根横杆，或平绑一架木梯，横杆（平放的木梯）两头悬绳索做成秋千，两位打秋千者分别坐于秋千上，另一人推动横杆，转动车轮带动秋千，乘着惯性坐或站在秋千内，并在梯架上做出高难度惊险的动作。土族的姑娘和小伙脚踩踏板，随着轮子秋的转动，身手好的还做各种"把式"，如做出"天女散花""猴子捞月""寒鹊探梅""金鸡独立""孔雀开屏""猛虎下山"等优美的高难度动作。周围的观众不时帮忙推轮子秋，使之加速旋转，还在周围跳"安昭舞"，陪唱"转秋歌"。轮子秋这项运动以转时长、做出多种优美动作，并能在下地后头不晕、眼不花、站立稳当的转秋者为优胜选手。现在，钢质轮盘和滚珠轴承代替了原来的车轮和车轴，轮子秋这项运动也变得更为美观和安全。

轮子秋运动展现的是土族人民勇敢、智慧、乐观、团结的生活态度，受到男女老少的喜爱。如今轮子秋演变成集体育和舞蹈为一体的运动，极富土族文化特色，已被列为全国农民运动会和少数民族运动会的表演和比赛项目，受到人们的广泛关注。土族轮子秋曾参加北京奥运会开幕式表演，这是土族传统体育运动轮子秋在世界上的展示，这再一次显示出它的活力，凸显出土族人民的勇敢及富有的探险精神。（王政）

图片来源

图一　王元杰　摄影
图二、图三　张家灵、王元杰　制图
图四　张家灵　制图
图五、图六　黄冉　摄影

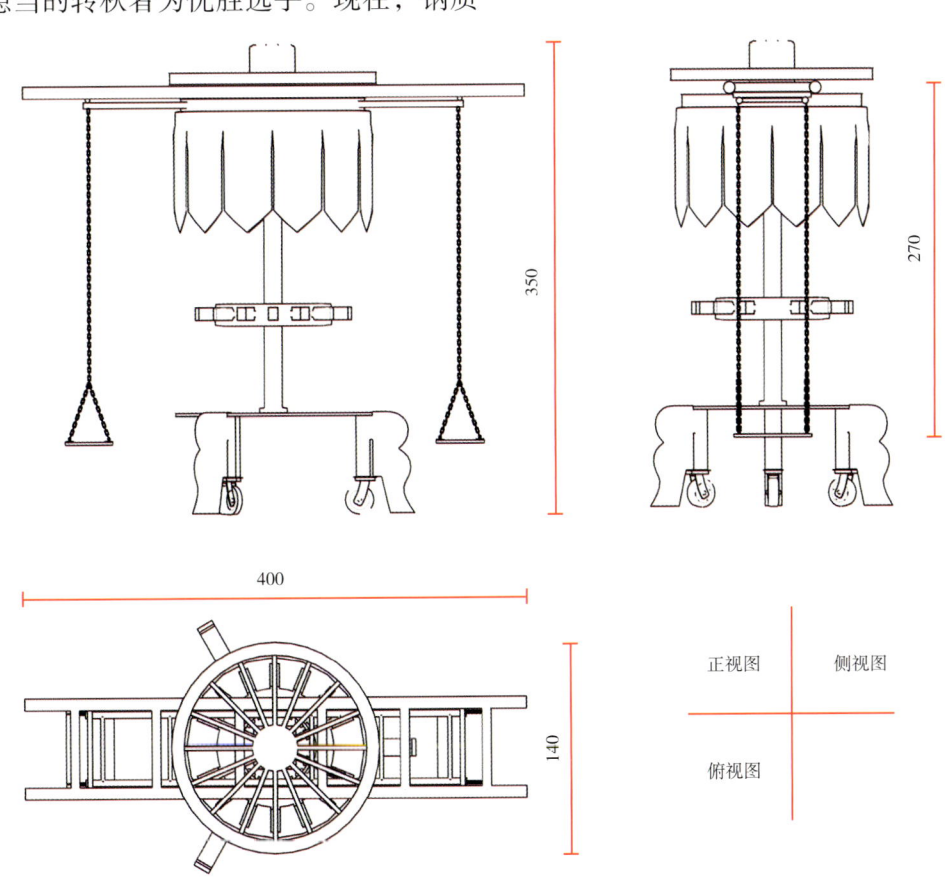

图二　现代土族钢制轮子秋三视、尺寸图（单位：cm）

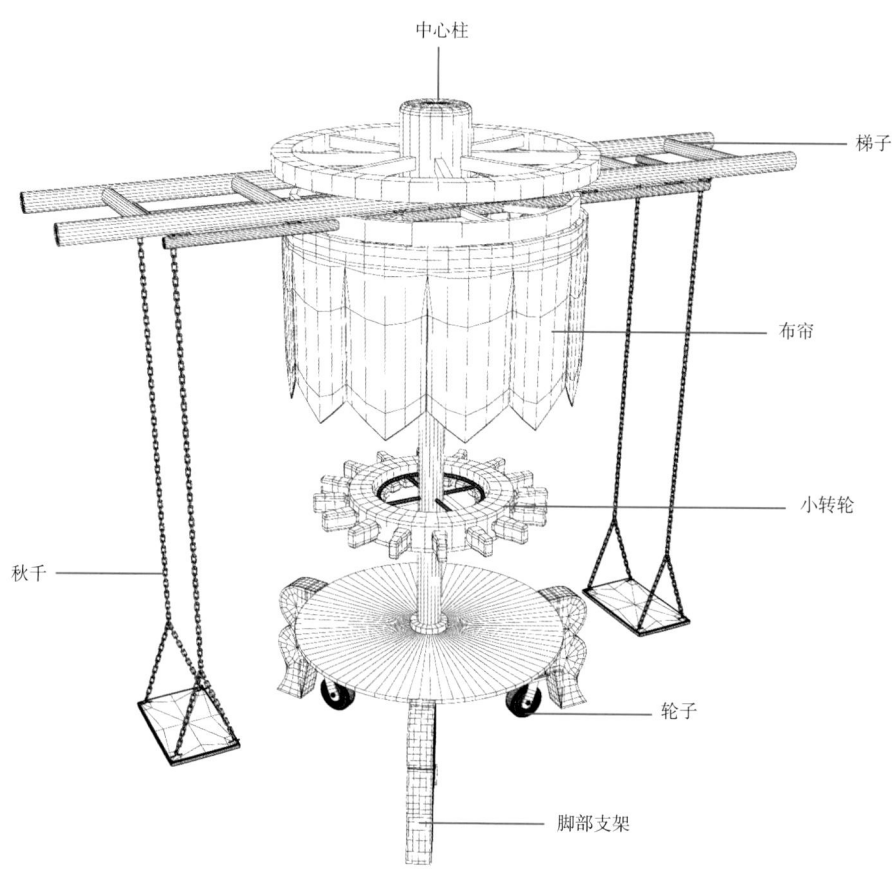

图三　现代土族钢制轮子秋结构名称图

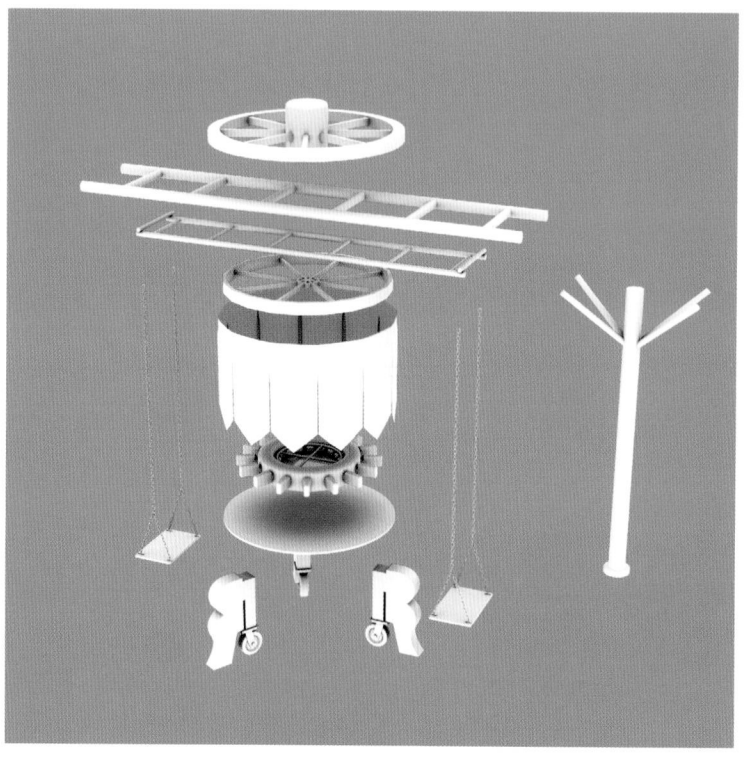

图四　现代土族钢制轮子秋解析图

图五 现代土族钢制轮子秋表演效果图1——猴子捞月

图六 现代土族钢制轮子秋表演效果图2——天女散花

土族女子两根发辫

图一 土族女子两根发辫主图

土族女子两根发辫图样采自青海互助土族自治县五十乡古堡村民家中。土族女子发式通常以中分两侧梳两根长辫为特征,发辫类似于一般的麻花辫,发梢相连,并在相连处系上红色丝绒或丝穗,抑或黑色,简洁质朴,也配以珊瑚、松石等缀饰,十分美观。发辫及腰,整条发辫从根部至发梢由粗及细,纤细紧密,自然垂落于背后,显得利落大方。发辫的美观是土族女子对生活的审美需求,与此同时,这种独特的发式处理方式也体现了土族人民在生产活动中的实用需要。

土族系马背上的游牧民族,曾以畜牧业生产为主导,在长期的生产活动中,相对于男子,女子的劳作也起着不容忽视的作用。土族女子亦从事田间劳作,但主要以刺绣为主。整齐利落的两根发辫，发梢相连，加以固定，刺绣时更显得方便利索，提高了劳动效率。这样既满足了土族女子的审美需求，也达到了一定的实用目的。

土族女子的发辫时时刻刻流露着她们天真烂漫、质朴自然的性情。而发辫所包含的实用性，更体现了土族人民无穷的生存智慧。（梁成）

图片来源

图一　高鹏杰　摄影

图二、图三　高鹏杰　制图

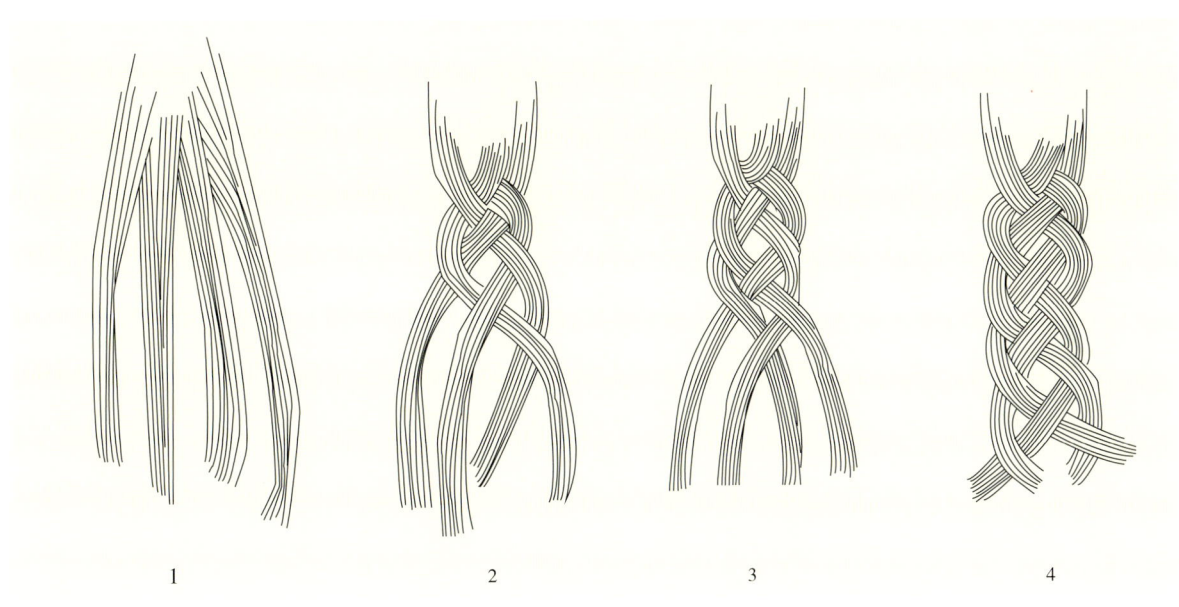

图二　土族女子两根发辫编法示意图

红头绳装饰

图三　土族女子两根发辫之头绳细节图

第六章　土族传统手工艺

305

第七章 土族传统民俗和宗教造像

土族花轿

图一 土族花轿主图

花轿，也叫喜轿，是土族婚礼上使用的一种特殊轿子，装饰华丽，以红色来显示喜庆吉利，因此俗称大红花轿。花轿的选材要求既轻又硬，一般选用樟木、银杏等木质坚硬不易被虫蛀的木材。花轿的制作工艺非常复杂，采用了浮雕、镂空等装饰手法，花卉植物等吉祥如意的图案，整体精美华丽，系当地颇具特色的立体工艺品，表达了人们的美好愿望。

花轿高约250厘米，长达350厘米，宽约145厘米，顶微微凸起，四角为含苞待放的荷花，犹如宝莲灯，轿子周围的雕饰内容极其生动，图案个个活灵活现，工艺繁复，主要装饰在轿子的上部，分为三部分：最上面

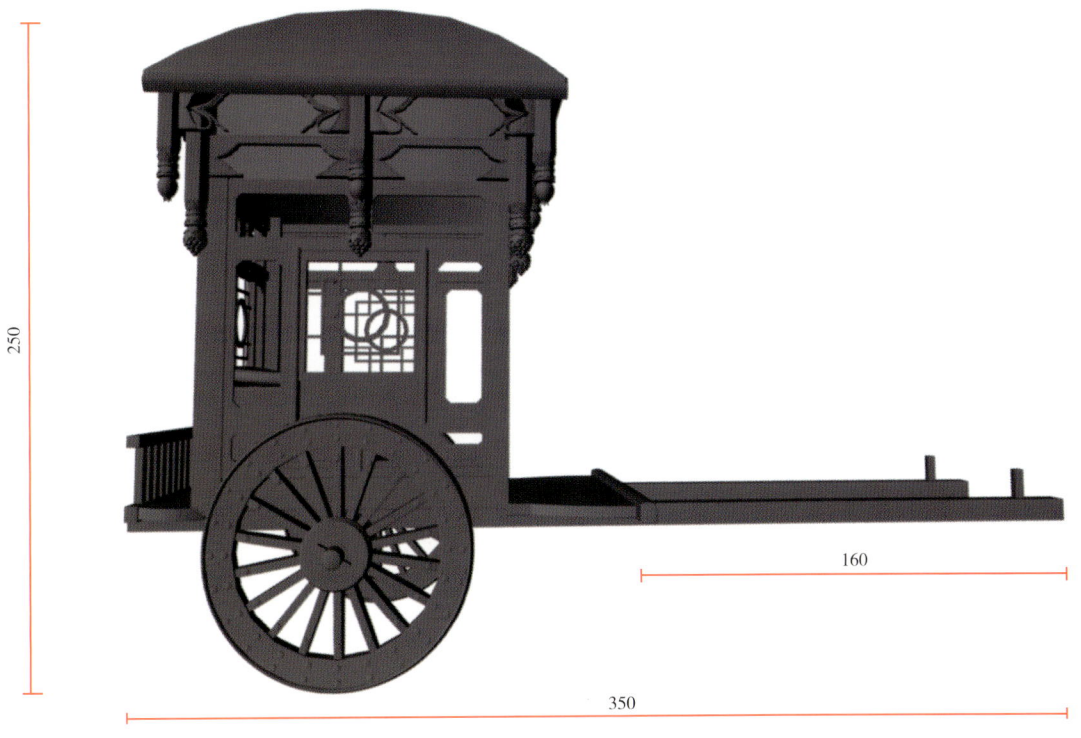

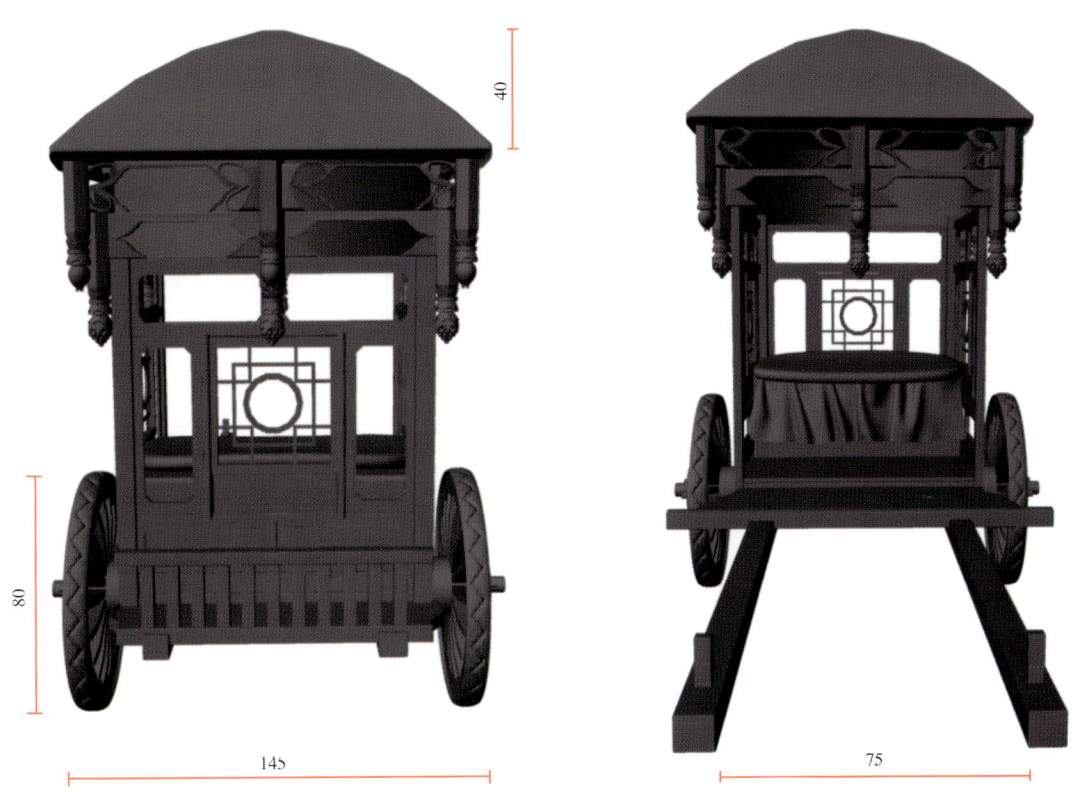

图二 土族花轿尺寸图（单位：cm）

第七章 土族传统民俗和宗教造像

309

刻有葫芦、如意等吉祥图案；中间为各种富贵花卉，雕刻细腻精致，千姿百态，栩栩如生；下层为动物的刻画，有正在摘果子的小松鼠，还有奔跑在森林里的麋鹿，采用了层次分明的深厚浮雕、细部清晰的浅浮雕及镂空相结合的雕刻手法。窗户采用大面积镂空的设计，运用简单的方框分割，里面刻有蝴蝶和莲花。轿身雕刻的是喜上眉梢的喜庆图案。轿子结构整体前后、左右大致对称，运用多种雕刻手法组成了各种吉祥主题，体现了多种透雕的重叠组合所产生的奢华明丽的效果。

花轿由底座、边框、立柱、栏杆、顶盖、轿杆和抬杠等部分组成。底座呈长方形，顶盖仿四面起坡的房屋顶，轿身呈长方体，左右开窗，门扉施帘，轿内放置长榻供人休息，上面搭挂绣花软缎。四周施红色罩纱，喜气盎然，同时也有透气的效果，轿身正面开放，以供新娘出入。值得一提的是，车轮并不是单纯的木质，而是在外围粘上一层皮圈，方便运行。

这种完好的花轿，不但四面透雕，而且富丽堂皇，它凝聚着土族雕刻艺人的心血，闪耀着土族人的艺术才华。（迟亚妮）

图片来源
图一　高鹏杰　摄影
图二、图三　高鹏杰、徐常乐　制图

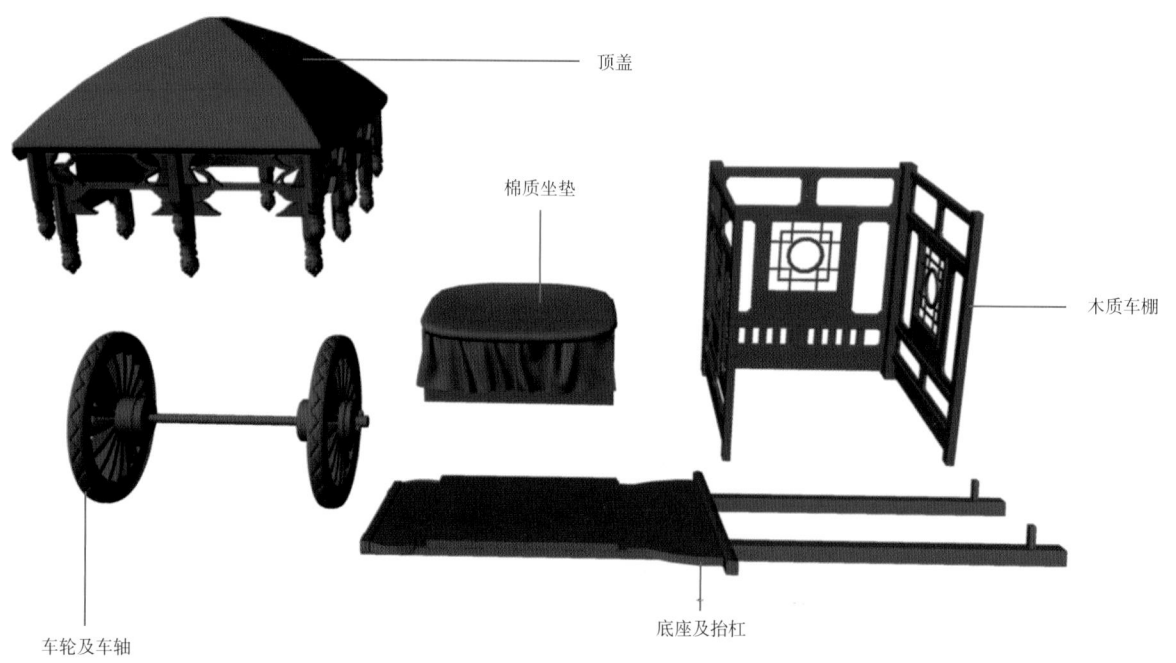

图三　土族花轿结构名称图

土族婚礼习俗

图一　土族婚礼习俗主图

土族婚礼习俗源远流长，是千百年来土族人民在长期生产生活的实践中逐步形成并发展起来的，是土族劳动人民文化生活及生存方式的历史积淀。土族婚礼习俗分定亲、嫁女、婚礼、回门四个部分，嫁女在土族语中称为"麻泽"，婚礼在土族语中称为"呼仁木"。整个婚礼过程在说、唱以及舞蹈中相继完成，自始至终都在载歌载舞中进行，堪称一部优美的歌舞剧。说唱种类近20种，曲调也根据婚礼进程的不同而各有差异，其中有领唱、合唱、问答唱等形式，3/8拍占多数。说唱内容包含天文、地理、历史、神话、童话、民俗礼仪、先人伟业等，抒发土族人民对祖先无限怀念以及对美好生活的憧憬。因此，土族婚礼习俗是土族民间文化中说唱艺术精华的集中体现，已被列入第一批国家级非物质文化遗产保护项目名录。

古时候，土族青年男女受父母之命、媒妁之言所约束，婚姻并不自由。有些地方，聘礼较重，穷人娶妻极为困难。有些女方不收聘礼，但要男子为女方家做工几年后方能结婚或者招女婿入赘，抑或两家互相要嫁，称为换门亲。

土族婚礼习俗过程有许多环节，迎亲和送亲队伍里人们由于分工的不同形成了固定的角色，带有极浓的土族独特民俗色彩。过去土族有抢婚的风俗，为了避开亲朋好友，抢婚往往在黄昏以后进行，后来演变为在太阳落山后去迎娶新娘的习俗，流传至今。在娶亲头天晚上，男方家派两名娶亲人，土族人称之为"纳什金"（亦称"纳西金"），"纳什金"素以能歌善舞著称，服饰也十分讲究，"纳什金"带上礼物，包括酒、羊肉、蒸馍等，还需带上"信偶孔"（新娘）上马时穿戴的服装和首饰，内有红包头、红头绳、上马袍等，拉一只叫"央立"的白母羊到女方家去娶亲，象征着纯洁、财富；牵一匹马（为新娘专乘）和一头驴（驮嫁妆箱用），约于傍晚时分到达女方家门口。当"纳什金"到女方家时，阿姑们上前迎接，受礼后边唱边舞边后退。大门前男子们也列队迎接"纳什金"。阿姑们则唱起《康德格玛》，跑进家院，紧闭大门，并用诙谐风趣的方法百般戏谑"纳什金"。

阿姑们唱完后，两位"纳什金"也要载歌载舞直到鸡叫头遍。鸡叫二遍时分，新娘就梳好发式，穿戴新婚服饰，此时新娘头戴新婚"扭达"，身穿七彩花袖衫并佩有女式褡裢，足蹬高腰绣花鞋，颈挂镶有翡翠的项圈，佩戴金手镯和耳坠，显得花团锦簇。在堂屋举行上马仪式，新娘上马时，由阿姑们演唱上马曲，在迎亲路上，还要举行"图斯乎"仪式，土族语"图斯乎"意为迎宾酒。启程后，新娘的哥哥、弟弟、姐姐、姐夫、舅父等会组成"红仁切"，一直护送新娘至婆家。沿途村庄，凡是与新娘同村的红姑（已婚女子）皆手捧酒杯在路旁恭候，向"红仁切"们敬酒，新娘家人也会回敬一尺红布。

离男方家两三里路时，男方家派两人前往，向"红仁切"敬酒并献哈达。男方门前摆有接待桌，放着有酥油花的"西买日"和插着柏枝的一碗牛奶，桌边还有一木质方斗，内装麸皮，插一支系有哈达的箭，围绕方斗边撒麸皮边载歌载舞。新娘入门时，由两个女子在前，铺红白毛毡，新娘踏上毛毡时，新郎身穿绸缎衫子，脚蹬绒布鞋，头戴扎拉帽，肩搭白色哈达，腰系红缎腰带前去迎接新娘。男左女右，双方手持被红布包裹的瓷瓶，并肩走入庭院，随后举行拜天地仪式。席间，在男方家摆针线、抬送礼品之前要答谢媒人：先备齐酥油、炒面、酒、木匙等，在酒瓶颈和木匙上系一束白羊毛。届时，主持人给媒人敬酒诵词，然后由其他人往媒人额头抹酥油，嘴里喂炒面，还不停地灌酒，众人高唱谢媒歌《西也其·瓦日睦》。

最后，在院子中央铺上草并搭上木板，伴随着仪式，"红仁切"入席。"红仁切"入席之际，有许多仪式。其中"苏哈达"是男方家款待"红仁切"，并于席间商量数额的一种附加聘金，相当于奶母钱。在给"红仁切"敬食手抓大肉时，由执事代表东家向"红仁切"敬酒致颂词，同时敬"麻哈方子"（一份方肉）和哈达，献上作为"苏哈达"的茯茶、礼金等。"红仁切"代表也向主人敬奉"麻哈方子"和哈达，予以答谢。但对"苏哈达"双方多有争执，"红仁切"极力争取多要，一定要拉一匹3岁马驹；执事再三敬酒央告求情，争执不休，有意识地推到第二天，在起发席上再议。第二天又和盘托出"苏哈达"向喜客敬酒求情，争执片刻后接受。一般男女两家预先商定的限额为一包茯茶（马驹的替代物）及礼金。这种聘金也叫"拉马驹"。"红仁切"吃长面条被称作"起发面",男方家的小伙子们,手捧酒碗在大门口唱起"起发禧客歌",恭送新娘家人,标志着婚礼圆满结束。

新娘出嫁后第三天,新娘的父亲初次认亲家探望女儿。清晨举行新媳妇下炕开口仪式:让新媳妇端一升白面,上放若干元钱,从洞房送到厨房。婆母教导敬老爱幼、做一个贤妻良母、懂得守家理财、勤俭持家、不

图三　土族婚礼娶亲人"纳什金"服饰穿戴效果图

揽是非、内外有别等。然后,新媳妇下厨,擀面做饭。大门口设案供焜锅、牛奶、枣盒、柏枝、酒器、糖果等物,隆重迎接亲家,款待丰厚,最后端上新媳妇擀的长面,长面薄如纸,细如丝,敬给所有人吃,在座的向新媳妇致谢。端盘人替新媳妇向长辈和兄嫂要"压碗钱",相互取笑逗乐,气氛热烈。(沈雅楠)

图片来源
图一、图五、图六　青海省互助土族自治县文化馆
图二至图四　王元杰　摄影

图二　土族婚礼新娘服饰穿戴效果图

第七章　土族传统民俗和宗教造像

图四　土族婚礼花轿效果示意图

图五　土族婚礼习俗娶亲进门场景图

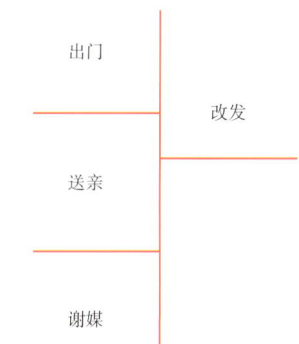

图六　土族婚礼习俗主要环节场景图

现代土族砖砌煨桑炉

图一 现代土族砖砌煨桑炉主图

现代土族砖砌煨桑炉采自青海互助土族自治县五十乡古堡村民家中。它是用红砖水泥堆砌而成的，高133厘米，长50厘米，宽48厘米。煨桑炉上端是燃烧松柏枝的炉膛，呈三角尖顶，在顶端镶嵌有三枚鹅卵石，中间大两边小。煨桑炉下端是其基座部分，高90厘米，成"I"形柱体，上下粗中间细，周围堆放着大小、形状、材质不一的玛尼石，有的玛尼石上还刻有祭拜的符号藏文"唵"。

煨桑是以松柏枝、青稞粒焚起烟雾，供奉佛、菩萨和祭祀天地先祖，源于藏族相关仪式。在藏区，凡是有人烟的地方就有寺院，有寺院就有桑烟。土族信奉藏传佛教，煨桑炉也是家家户户的必备品。"桑"是藏语，为"清洗、消除、断除、驱除"之意，也引申出了祭祀供奉的内涵，"煨桑"一词几乎成了供奉佛、菩萨和祭祀活动的代名词。煨桑活动在桑烟台上进行，在野外举行煨桑仪式，则在高处或洁净之处按照固定的仪式进行，先把柏树枝和香草堆放于煨桑炉中点燃，燃着后再在柏树枝和香草堆上投撒青稞粒，再加上炒面、酥油、曲拉和白糖等，洒上一些水或酒，让其慢慢闷燃，整个过程都要口诵"唵嘛呢叭咪吽"六字真言。

藏历新年或农历大年初一这一天，土族人们第一件事就是煨桑，供奉佛、菩萨和祭祀祖先，人们以能够第一个煨桑为荣，后来的则是在燃起的煨桑堆上再加青稞粒、松枝、柏枝、炒面等物，并敬献美酒，按秩序跪拜叩首，添插嘛呢箭杆。传说煨桑产生的烟雾，不仅使人们有舒适感，也会令佛、菩萨和祖先欣喜。信徒们以此作为祈福纳祥的主要手段，期望佛、菩萨和祖先护佑人们吉祥安康、风调雨顺。（王政）

图片来源
图一　黄冉　摄影
图二、图三　张家灵、王元杰　制图
图四　张家灵　制图
图五　王元杰　摄影

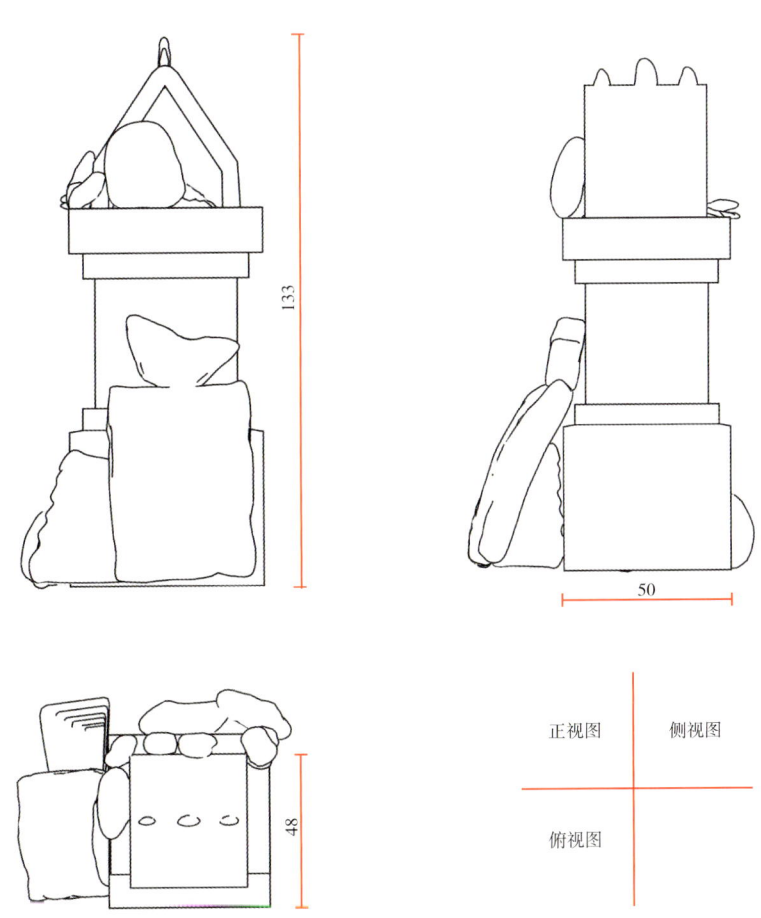

图二　现代土族砖砌煨桑炉三视、尺寸图（单位：cm）

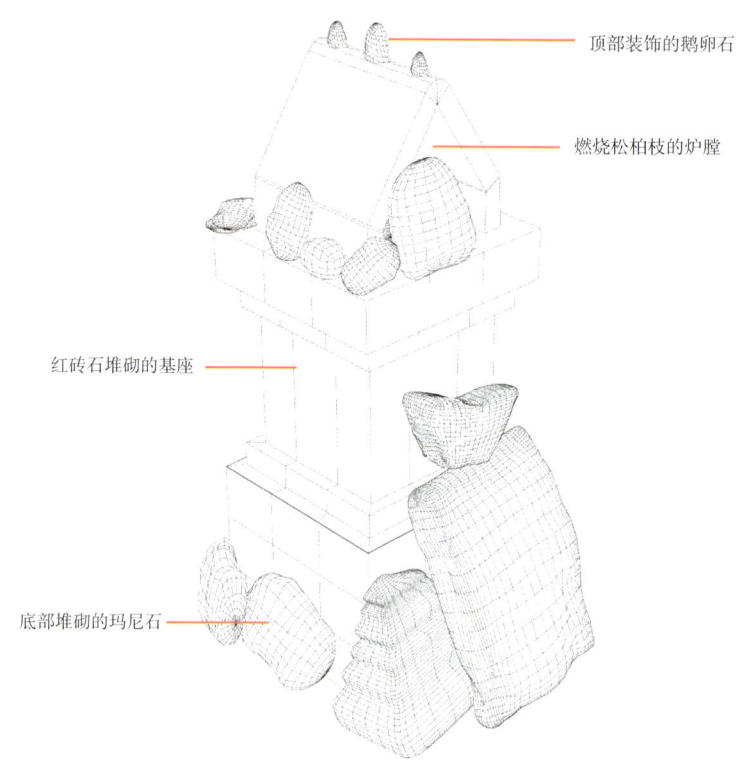

图三　现代土族砖砌煨桑炉结构名称图

图四　现代土族砖砌煨桑炉解析图

图五　现代土族砖砌煨桑炉使用情境图

土族煨桑罐

图一　土族煨桑罐主图

土族煨桑罐采自青海互助土族自治县五十乡古堡土族村民家中，使用生铁铸造而成。形制为圆柱体，高35厘米，罐体内部中空，顶部有一凹槽，在罐子底部有一拱形的孔洞，宽约6厘米，高约15厘米，罐体四周有数条波浪形的纹饰，在起到美观装饰效果的同时增加了罐体与手部之间的摩擦力，使其在移动过程中不易滑落摔坏。

土族信奉藏传佛教，有人烟的地方即有寺院，有寺院必有桑烟，煨桑罐与煨桑炉一样，都是家家户户的必备品，二者功能一致、作用相同，区别在于煨桑罐更轻便、易搬运，方便在小规模的仪式中使用。

如今，煨桑随着时代的变化而逐渐变

化。从用材方面来讲，古时候由于采集手段的限制，主要原料一般是随手采集到的芳香植物。随着工艺和技术的发展，煨桑的香材越来越丰富多彩，有了专用的香粉、香料。这裹挟着美好憧憬和敬畏之心的袅袅桑烟伴随了土族人民几千年的生死繁衍，是土族文化中不可忽视的风俗遗产。（黄冉）

图片来源
图一 高鹏杰 摄影
图二 高鹏杰、徐常乐 制图
图三 高鹏杰 制图

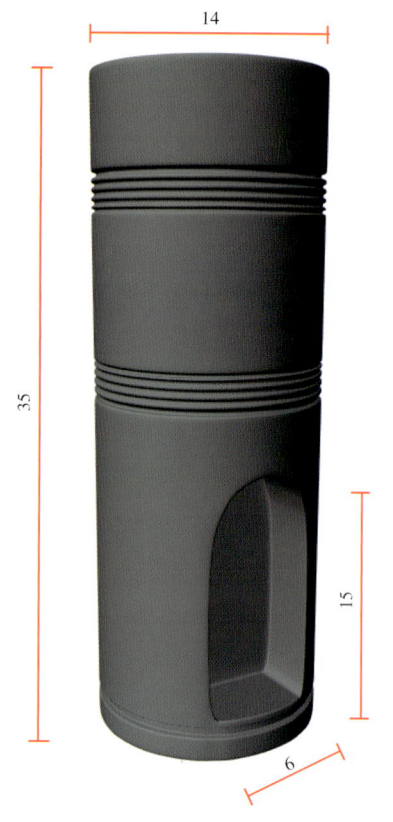

图二 土族煨桑罐尺寸图（单位：cm）

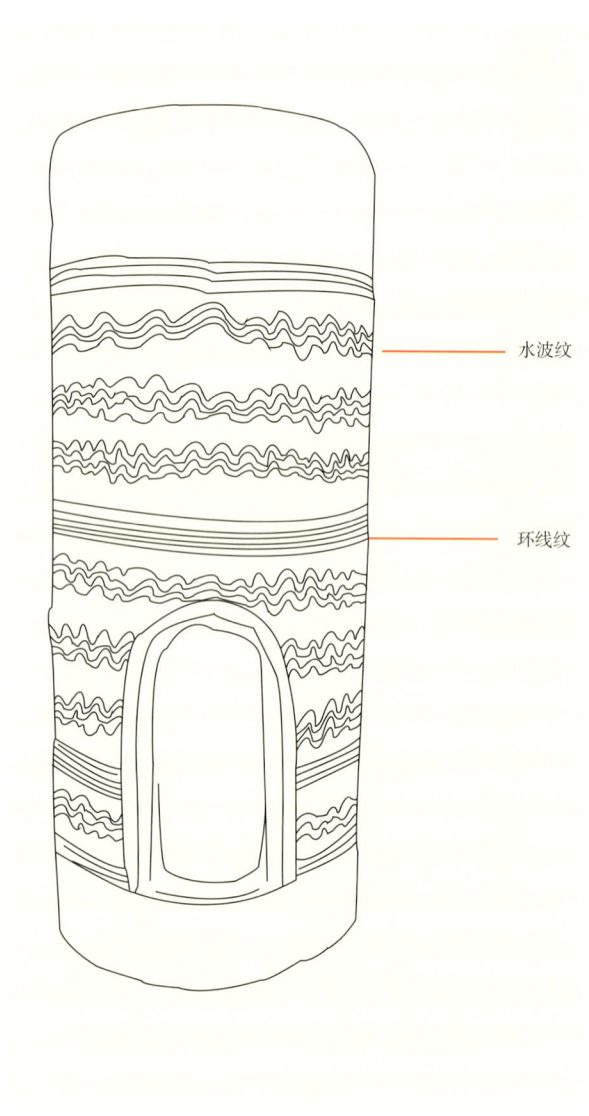

图三 土族煨桑罐纹样分析图

土族嘛呢旗杆

图一　土族嘛呢旗杆主图

　　土族信仰藏传佛教，常在庭院中央设有一根具有藏传佛教寓意的嘛呢旗杆。"嘛呢旗"，也叫"风马旗"，在藏区常见，土族也深受影响，有悬挂嘛呢旗的习惯，"嘛呢"是六字真言"唵嘛呢叭咪吽"的缩略语。旗杆常选用挺拔直立的松木或桦木，并对其进行去皮打磨，旗杆高约450厘米，底径15厘米，旗杆上部逐渐变细。土族嘛呢旗杆上悬挂印有六字真言或平安经的五色经幡，迎风飘扬，发出哗哗的声响，之所以称其为经幡，是因为这些幡上都印有佛经，在信奉藏传佛教的土族人民看来，随风而舞的经幡飘动一下，即为诵经一次，在不停地向佛祖传达人的愿望，祈求佛祖的庇佑。这样，经幡便成为连接神与人之间的纽带。经幡所在即意味神灵所在，也意味人民对神灵的祈求所在，其寄托着土族人民美好的愿望。

该旗杆上经幡的颜色已根据佛教教义严格规定下来，不得随意修改创新。不同颜色的经幡排列顺序也有极严格的规定，不可有错位。因为经幡受宗教影响，意义明确，其不单单为美化环境，而是祈求福运隆昌，消灾灭殃。分别将蓝、白、红、绿、黄五色经幡依次系在木质旗杆上，故又称"五色经幡"，该五块经幡色彩排列寓意复杂，简单说来，最顶端为蓝色幡条，是蓝天、力量和金刚藏菩萨的象征；其下为白色幡条，象征白云和内心的纯洁；再往下是红色，是火焰、太阳、观音菩萨慈悲心的象征；紧接着为绿色，象征水和文殊菩萨的智慧；象征大地的黄色挂在最底端。自然界风调雨顺之时，人间便太平祥和、幸福康乐。长期耕牧的土族人民对自然的变化更为敏感，企盼人间太平幸福，期盼大自然无灾无祸，就用五色经幡来表达这种期盼，嘛呢旗杆上的五色经幡绝妙地象征着天、地、人、畜的和谐吉祥，并沟通世俗与神界。

经幡除颜色具有象征意义外，还有文字和图案，经幡上密密麻麻的藏文字母和栩栩如生的鸟兽图案皆为木质刻板印刷而成。该藏文字母皆为佛说经教，内容常以慈悲为怀、普度众生为主旨，多为直传达意，不像颜色和线条常为托物言志。经幡印制过程并不复杂，却充满着宗教严肃感。如所用的布、纸、油墨必须洁净，木板使用过一次必须经过熏桑方可再用，工匠亦应于工作前焚香净手诵经，并应尽量选择东南朝向的房屋作为工作间，否则就会减损经幡的神圣力。

在土族，大年初一过后某个良辰吉日的清晨，土族人都穿上节日盛装，聚集成群，举行一次隆重而欢乐的插经幡仪式，即为祭神祈福仪式，后演变为一种宗教习俗活动。
（沈雅楠）

图片来源
图一、图四、图六　王元杰　摄影
图二、图三　王元杰　制图
图五　张家灵　制图

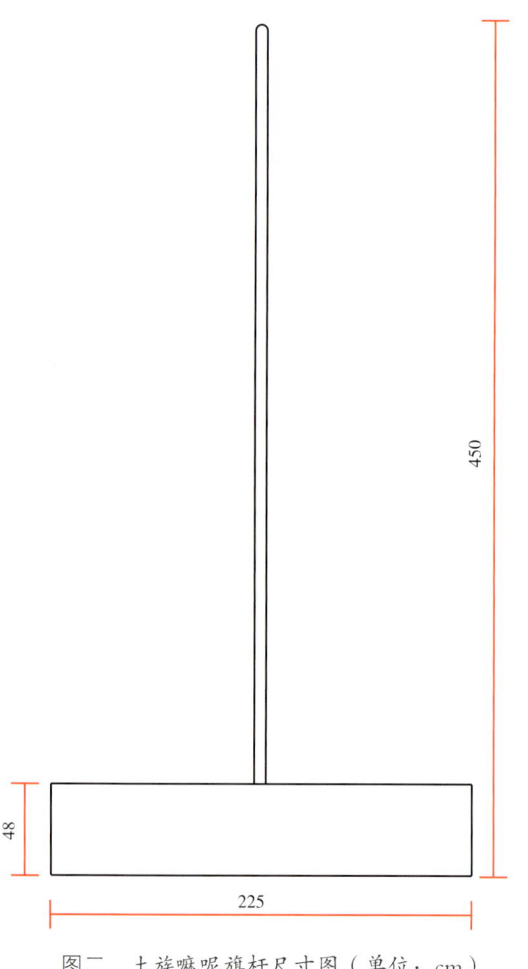

图二　土族嘛呢旗杆尺寸图（单位：cm）

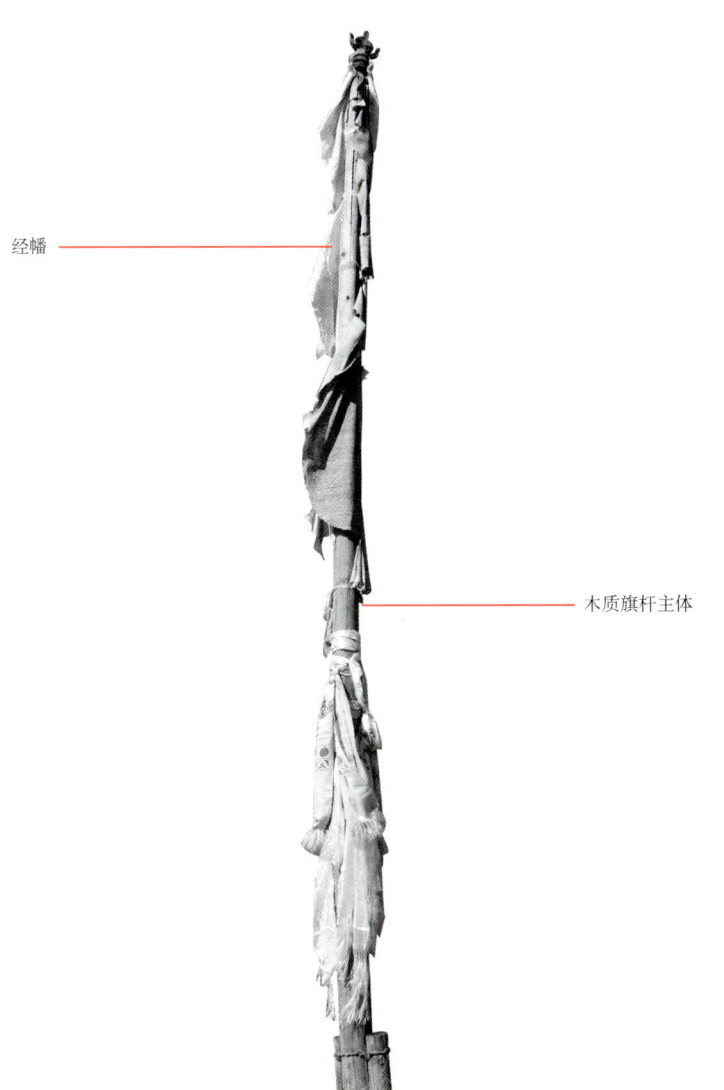

经幡

木质旗杆主体

图三　土族嘛呢旗杆结构名称图

图四　土族嘛呢旗杆经幡细节图

第七章　土族传统民俗和宗教造像

323

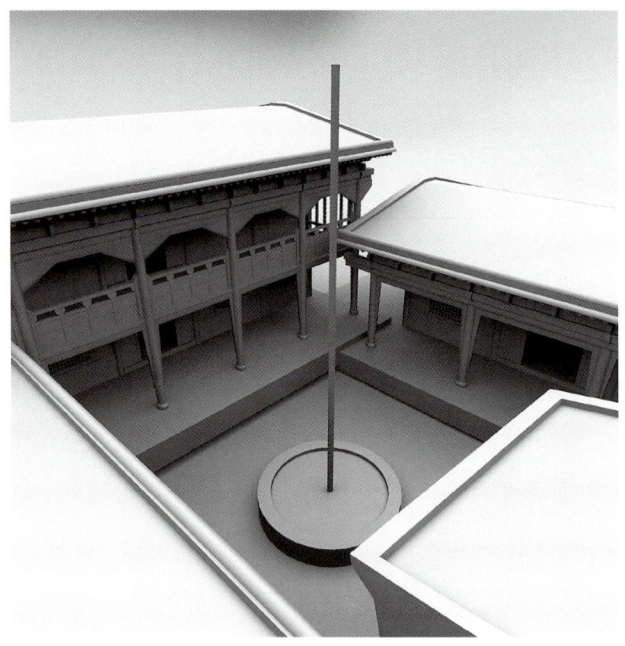

图五 土族嘛呢旗杆位置示意图

图六 土族嘛呢旗杆使用情境图

后记

　　《中国少数民族设计全集·土族》的编撰工作具有一定的挑战性。土族文化由于深受汉族、藏族和蒙古族的影响，显得多元化。以往研究土族的文献不多，想要编撰好这部书就必须进行实地的人类学田野调查。2013年暑期，本课题组远赴青海省互助土族自治县，深入土族发源地之一的五十乡，调查土族民居、生产工具、日用器具、染织刺绣、服饰等，形成了数千字的报告、四百分钟的影像资料以及两千多张高清图片，对土族作了较全面的了解。

　　经过一年多的学术梳理和图像还原，本卷的编撰工作终于画上句号。由于所涉及的民族学知识对于课题组成员来说是比较新鲜也是较为陌生的领域，因此，课题组成员在编撰过程中强化补足了这方面的知识，从民族学、人类学角度对土族的民俗、生产、生活有了较全面了解，确保了本卷编撰工作的高质量完成。

　　《中国少数民族设计全集·土族》的顺利完成与课题组各位成员的辛勤劳作是难以分开的，他们是：王元杰、高鹏杰、沈雅楠、王政、康棣、黄冉、迟亚妮、梁成、罗德艳、徐常乐、承恺、陈葛般若。三百多个日日夜夜的辛苦是他们奉献精神的最佳体现，在此向他们表示诚挚的感谢，对他们刻苦勤奋又充满智慧的创造精神表示赞扬。还要感谢青海省互助土族自治县文化馆刘应军、王存辉、保广元，五十乡包发英，"国家级非物质文化遗产传承基地"盘绣传承人李安言索，西部土族民俗

文化村袁忠泰等同志。同时，向那些提供无私帮助和提出宝贵意见的专家、学者、老师和同仁们表示深深的谢意。

陈见东
2015年4月10日

声　明

　　本书编写时收入的个别图片，因条件所限，未能同相关著作权人取得联系，获得授权，敬请谅解。请相关著作权人及时与编者联系，以便奉上稿酬。谢谢！